2017年教育部人文社科研究青年基金项目

我国术科课程与教学理论体系构建：基础理论与基本问题研究

张 磊 著

北京理工大学出版社
BEIJING INSTITUTE OF TECHNOLOGY PRESS

内容简介

本书回顾了我国高师院校体育专业术科课程在政策、教材、研究层面的发展历程，弥补了术科课程"无史"的缺憾。一方面运用哲学、教育学等理论，重点围绕"术科课程知识是什么、是什么类型知识、如何学、如何教"等术科课程与教学的基本问题，匡补并构建了"实践取向的术科课程与教学的基础理论体系"；另一方面遵循"问题中心研究范式"，结合术科教学中的实践问题与实际状况，从"实然"与"应然"框架出发廓清了教学目标、教学方法、教学内容、教学评价等术科教学基本问题，构建了"问题化取向的术科课程与教学基本理论体系"，为术科课程与教学体系的健康可持续发展贡献了理论成果与现实素材。全书逻辑体系科学严谨，资料引用丰富翔实，理论分析有深度，对于提高体育专业人才培养质量具有较高的借鉴价值，更是体育专业术科课程与教学领域难得的理论成果。

版权专有　侵权必究

图书在版编目（CIP）数据

我国术科课程与教学理论体系构建：基础理论与基本问题研究 / 张磊著. --北京：北京理工大学出版社，2023.2

ISBN 978-7-5763-2105-0

Ⅰ. ①我… Ⅱ. ①张… Ⅲ. ①体育-课程体系-教学研究-高等学校 Ⅳ. ①G807.4

中国国家版本馆 CIP 数据核字（2023）第 029767 号

出版发行 / 北京理工大学出版社有限责任公司
社　　址 / 北京市海淀区中关村南大街 5 号
邮　　编 / 100081
电　　话 /（010）68914775（总编室）
　　　　　（010）82562903（教材售后服务热线）
　　　　　（010）68944723（其他图书服务热线）
网　　址 / http://www.bitpress.com.cn
经　　销 / 全国各地新华书店
印　　刷 / 三河市华骏印务包装有限公司
开　　本 / 787 毫米×1092 毫米　1/16
印　　张 / 10.75　　　　　　　　　　　责任编辑 / 龙　微
字　　数 / 250 千字　　　　　　　　　　文案编辑 / 李　硕
版　　次 / 2023 年 2 月第 1 版　2023 年 2 月第 1 次印刷　责任校对 / 刘亚男
定　　价 / 65.00 元　　　　　　　　　　责任印制 / 李志强

图书出现印装质量问题，请拨打售后服务热线，本社负责调换

前　言

前言，说说我的写作起点与旨趣。

首先，提一本书，《课程：走向新的身份》，美国当代著名教育家、课程理论家威廉·F. 派纳（William F. Pinar）所著。派纳在该书中借助政治学、文学、民族理论以及女性主义等领域的最新理论研究成果，勾勒了课程身份的当前面貌与未来愿景。

我对术科课程的研究兴趣便源于此书。读罢此书，"术科课程在师范教育的不同时期是否扮演着不同的身份？承载着不同的价值？""运动项目由竞技体育身份转向学校体育身份，其知识论基础是什么？是否会生发身份危机？"等问题开始萦绕在我心中。虽至2012年断断续续有些许成果，但真正深入集中思考术科课程与教学相关问题，仍是有幸于2012年开始跟随恩师孙有平教授攻读博士学位之后。时至今日，有感于恩师的不断提点，我对术科课程与教学相关问题的思考未敢停歇。

此著述一部分来自我的博士学位论文，其中你会看到，我着重思考了三个问题：一是借助哲学、教育学等理论，叙述了"术科课程知识是什么、是什么类型知识、如何学、如何教"等术科课程知识论问题；二是扎根理论，描述了"术科课程与教学的价值是什么"等术科课程价值论问题；三是遵循问题中心研究范式，勾勒了来自教学目标、教学方法、教学内容、教学评价等术科课程教学的基本问题。著述有一章关于"术科课程与教学政策发展、教材发展、研究发展"的历史性梳理，我称之为"问题史"，恰当与否，请诸位方家指正。

最后，对于此著述，我若能做到自圆其说，那我便可放心关上一扇门，心安；若不能，那便是为你敞开了一扇门，心亦安。

张磊于杭州师范大学
2022 年 12 月 1 日

目 录

第一章 绪论 ……………………………………………………………………（1）
 第一节 研究缘起 ………………………………………………………………（1）
 第二节 研究目的与意义 ………………………………………………………（3）
 第三节 研究内容与方法 ………………………………………………………（4）
 第四节 概念界定与创新 ………………………………………………………（6）

第二章 回顾与审视：我国术科课程与教学领域的问题史 ……………………（9）
 第一节 我国术科课程与教学的合法性问题：基于政策史梳理 ……………（9）
 第二节 我国术科课程与教学的知识体系（选择）问题：
    基于术科教材发展史梳理 ……………………………………………（17）
 第三节 我国术科课程与教学的研究范式问题：
    基于术科教学二十年研究史梳理 ……………………………………（27）

第三章 我国术科课程与教学理论体系构建的理论基础与时代要求 …………（37）
 第一节 我国术科课程与教学理论体系构建的理论基础辩思 ………………（37）
 第二节 我国术科课程与教学理论体系构建的时代要求 ……………………（40）

第四章 我国术科课程与教学的基础理论研究："实践取向"
   的术科教学基础理论体系 ………………………………………………（46）
 第一节 术科课程与教学的基础理论薄弱 ……………………………………（46）
 第二节 术科课程与教学的知识论基础 ………………………………………（50）
 第三节 术科教学的价值论基础 ………………………………………………（78）

第五章 我国术科课程与教学的基本问题研究："问题化取向"
   的术科教学基本理论体系 ……………………………………………（108）
 第一节 术科教学基本问题的论域与论说方式 ………………………………（108）
 第二节 术科教学目标的取向问题 ……………………………………………（109）
 第三节 术科教学内容的改造问题 ……………………………………………（112）

第四节　术科教学方法的发展问题 …………………………………（127）
　　第五节　术科教学评价的优化问题 …………………………………（133）
　　第六节　术科教学模式的改进问题 …………………………………（143）
第六章　后记：新时代术科课程的身份问题 ……………………………（149）
参考文献 ………………………………………………………………………（151）

第一章 绪 论

第一节 研究缘起

一、一个问题：运动项目的师范教育身份不明，进入高师教育后"水土不服"现象严重

19世纪初，常见的运动项目，如田径、篮球、排球、足球等逐渐进入高等师范院校并成为体育师资培养的重要术科课程，然而，运动项目进入学校并不意味着其教育角色或教育身份的合法性与合理性被自然赋予。"竞技运动教材化"[①]的当代呐喊，以及"术科内容与运动训练内容差别不大，缺乏有效的教材加工，脱离中学实际需要，术科课程实施偏向竞技化、训练化"[②]的长期批判，无不反映出竞技运动项目在进入高等师范教育系统后的"水土不服"现象。从根本上讲，这种"水土不服"的"症结"在于竞技运动项目的身份模糊，各术科课程以各自"学科知识体系"自居，一味追求"学科中心"地位，致使高校中术科课程无论是在课程建设上还是在教学实施层面都未彰显出其"师范性""教学性"。对于术科课程与教学的相关基本问题，如对"术科教学传授的知识是什么？""术科课程知识如何教？""术科课程知识如何学？""对于职前体育教师，术科课程的教学价值何在？"等问题未能给予及时澄清。这不得不说是"新体育"在满足人们课程资源野蛮扩张欲望的同时所产生的流弊。

二、一个事实：教育期待的多元性与术科课程责任、教学指向的"单一性"矛盾突出

不同时期，人们对人才培养规格有着不同的要求，这些培养规格具体反映在相应的专业培养目标上，培养目标又成为课程教学目标的具体来源，自然地，课程教学目标也承载和体现着相应的课程责任。历史上来看，术科课程责任在不同时期有着不同的内涵与要求，但都不是唯一的，从传统的"三基"，到新时期的"一德三会"，每个时期由于教育

[①] 曹卫. 对"竞技运动教材化"的思考 [J]. 中国体育科技，2003（3）：13-14.
[②] 张磊，孙有平，季浏，等. 范式及其反思：我国高校体教专业术科教学改革研究20年 [J]. 武汉体育学院学报，2014，48（7）：78-83+97.

期待的多元性而使课程所承担的价值也是多元的。然而，从现实术科教学的情况来看，无论是教学内容，还是教学考核，更多还是围绕运动技能的提高展开，我们在前期研究中曾指出，"研究所呈现出的我国高校体育教育专业术科教学的现状着实令人担忧。研究结果表明，这一时期的术科教学虽然在教学方法与教学考核上有了一定的发展，但是作为主干课程的田径、篮球、排球、足球、体操等课程的整体教学情况并未摆脱传统术科教学的窠臼。各学校在教学过程中只注重专业知识和基本技术的传授，整个教学过程围绕学习和掌握技战术进行，忽视了作为教师基本素质的教学能力的培养。教学评价也是以结果性评价为主，只注重达标和技评，忽略了能力的考核"[①]。可以说，教育期待的多元性与术科课程责任、教学指向的"单一性"矛盾已经成为一个不争的事实，在"课程思政""立德树人"等新时代教育理念和要求下，术科课程如何走出传统论说方式，在追求多元价值过程中实现传统与现代的融合，实现学科价值与社会价值的融合，应是新时代术科教学改革不得不面对的问题。

三、一个追问：术科教学改革尚未找到它的"伽利略"，中观理论有待建构

在我国，师范教育已有百年历史，正如黄爱峰（2003）所言，"综观我国体育教师教育百年发展，最鲜明的特征不外乎'依附'特征。（时至今日）中国的体育教师教育以改革促发展，在曲折中找出路，取得了显著成绩"[②]。进入21世纪后，我国的体育教师数量已经基本上可以满足社会发展的需要，体育教师教育开始由"数量型要求"向"质量型要求"转变，1999年颁布的《关于深化教育改革全面推进素质教育的决定》明确提出，要"加强和改革师范教育，大力提高师资培养质量"。教育部发布的2006年工作重点中指出，要"推进教师教育课程改革，提高教师教育质量"。2010年颁布的《国家中长期教育改革和发展规划纲要（2012—2020年）》中更是提出建设"高素质专业化教师队伍"和"提高教师专业水平和教学能力"等要求。这一系列政策的出台不仅是对我国的教师教育在新时期发展的要求，同时也为我国体育教师教育指明了改革方向。此外，从现实状况来看，我国体育师范生的教学能力也着实不容乐观。"一些校长和当地进修学校的教师在参与选拔'应聘教师'考核工作时感叹道：'真可惜，一些在省大运会上拿金牌的（体育专业）毕业生，要教态没教态，要教法没教法，人都站不稳，更谈不上教学方法与教学能力了。'"[③] 近年来，虽然在不断尝试改革，但这一状况并未得到改善，已有研究显示，"（体育师范生）专业功能丧失，施教能力一年不如一年"（向家俊，2007）、"文不文来武不武，体育教学几成纸上谈兵"（王健等，2007）等问题凸显。而由于教学实践不足，缺乏系统的教学能力、综合的考核机制，以及高校体育教育专业的教育与基础教育相脱节等问题，高校培养出来的"准体育教师"不能满足中小学体育实际工作的需要[④]。"不管教学改革如何进行，除了术科技（战）术训练外，培养体育教育专业学生体育技术施教能力始终是专业教学的重中之重，虽然它以运动技术的掌握为基础，但若忽视这一内容，必然

---

① 张磊，孙有平，季浏，等. 范式及其反思：我国高校体教专业术科教学改革研究20年 [J]. 武汉体育学院学报，2014，48（7）：78-83+97.
② 黄爱峰. 依附与自主：中国体育教师教育百年省思 [J]. 山东体育学院学报，2003，19（4）：6-8.
③ 方爱莲. 新世纪我国体育教育专业人才培养的思考 [J]. 北京体育大学学报，2004，27（6）：802-804.
④ 张明伟，吕东旭. 高校体育教育专业学生教学能力培养的调查分析 [J]. 体育学刊，2009，16（4）：48-52.

会导致专业功能的丧失。"① 术科教学改革作为体育教师教育整体改革的重要组成部分，"在新的历史条件下，我国体育教育专业的术科课程（包括教学）必须实施有效的改革，以顺应体育教师教育发展的潮流"②。

然而，纵观20多年以来的术科教学改革状况，我们不禁对术科教学的现状感到担忧——术科教学改革的进展是如此缓慢。笔者以1992年《全国普通高校本科体育教育专业十一门课程基本要求》（以下简称《基本要求》）的颁布为时间起点，按照1992年至2004年和2005年至今两个时间段，对这两个时间段中关于术科教学及其改革方面的研究进行了梳理，结果表明，20余年间，我国高校体育教育专业的术科教学除了教学目标有了一定的发展之外，"教学内容所存在的脱离中小学现实需要的问题、教学方法存在的训练化与灌输式问题、教学考核所存在的单一僵化问题"等虽为人们一直所诟病，但现实中这些问题并未得到实质性解决，这些问题逐渐成为我国高校术科教学的"顽疾"，术科教学问题也成为制约体育教师培养质量的关键。术科教学的改革进程如何与时代发展对人才培养的要求相匹配，如何与我国的基础教育改革对教师的要求相匹配？无疑，术科教学改革势在必行，但术科教学改革的方向在哪里呢？研究表明，术科教学改革尚未找到它的"伽利略"，而涉及术科教学目标的取向问题、术科教学内容的改造问题、术科教学方法的发展问题、术科教学评价的优化问题、术科教学模式的改进问题等，这些术科教学中观理论更是亟待加强。

第二节 研究目的与意义

一、研究目的

研究表明，实现学术课程和职业课程的融合和平衡是当代高等教育发展的趋势，也符合大众化阶段高等教育培养实用型人才的目标③。就师范教育课程而言，"高等师范教育的学术性必须突出师范性的特点，离开师范性的特点，高等师范教育的学术性便失去了其特殊意义"④。学术性与师范性的统一已成为当代教师教育课程发展的重要趋势与时代要求⑤。传统的运动技能取向的体育教师发展模式已经无法适应现实需要，学术性与师范性的统一问题也成为术科课程与教学摆脱"竞技化"、突破"学科化"、实现"师范教育属性"——由"会做"到"会教"所不得不面临的问题。因此，术科课程与教学在理论层面面临着更为本真的、符合教师教育发展趋势的建设与发展需求。

基于以上思考，本课题主要围绕术科课程与教学的基础理论与基本问题展开研究，在运用哲学、教育学等有关理论的基础上，构建出旨在提升高等师范院校人才培养质量、符合高等师范院校教育身份、体现"师范性与学术性统一"的术科课程与教学理论体系。该

---

① 向家俊. 体育教育专业学生术科能力欠缺的原因及解决对策 [J]. 体育学刊, 2007, 14 (4): 72-75.
② 王健, 黄爱峰, 吴旭东. 体育教师教育课程改革 [M]. 北京: 人民体育出版社, 2005: 142.
③ 杨贤均, 陆步诗, 李新社. 大学课程结构优化的思考 [J]. 中国高教研究, 2009 (5): 77-79.
④ 袁贵仁. 中国教师教育的新境界——中国高等师范教育体制改革研究作序 [M]. 北京: 北京师范大学出版社, 2001: 15.
⑤ 康翠萍. 师范性与学术性统一: 高等师范教育运作的基本原则 [J]. 江苏高教, 2001 (3): 81-83.

体系具体包括三个层次的理论，分别是基础理论——"实践取向的术科课程与教学基础理论体系"，微观理论——基于"技术理解"的术科教学价值论，以及中观理论——"问题化取向"的术科教学基本理论体系。在关注传统与现代、理论与实践的同时，一方面匡补术科课程与教学中的相关基础理论问题，注重研究的理论关怀，构建出术科课程与教学的"基础理论"——"实践取向的术科课程与教学的基础理论体系"；另一方面遵循"问题中心研究范式"，结合术科教学中的实践问题与实际状况，从"实然"与"应然"的框架出发廓清"教学目标、教学方法、教学内容、教学评价"等术科教学基本问题，构建出旨在提升高等师范院校人才培养质量、符合高等师范院校师范教育身份的中观理论——"问题化取向的术科课程与教学基本理论体系"，为术科课程与教学体系的健康可持续发展贡献理论思考成果与现实参考素材。

二、研究意义

（一）理论意义：匡补与厘清基础理论问题，推动学科建设与发展

一个学科的成熟与否，关键在于这个学科是否建立了完善的基础理论[①]。就术科而言，诸如"术科教学传授的是什么类型的知识？""术科课程知识如何组织、呈现？""运动技术与教学能力的关系如何？""术科教学价值何在？"等知识论与价值论基础问题至今仍未得到明晰与重视。体育学科的发展离不开术科课程与教学理论的建设与发展，对术科课程与教学基础理论问题的匡补与澄清也必将推动体育学科的成熟与发展。

（二）实践意义：圆熟与深化基本问题认识，提升人才培养质量

教师的培养是高等师范院校的重中之重。然而，"高等师范体育教育专业在其教育教学改革过程中，术科师范技能训练的理论和实践体系、教学模式尚未建立或完善，教师常感到无所适从"[②]。从近20年的相关研究来看，我国高校体育教育专业的术科教学改革可谓"步履维艰"，高等师范院校体育教育人才培养质量受到影响。对此，钟勇为（2009）曾指出，"当前，大学教学改革已陷入难为窘境。深刻认识和圆熟把握大学教学改革的基本问题，是有效解决大学教学改革中的矛盾和困难之首要前提"[③]。因此，从"实然"和"应然"的维度系统认识术科教学基本问题，建立起相应的"术科教学基本理论体系"，在推动术科教学改革的同时，也将有助于体育人才培养质量的提升。

第三节 研究内容与方法

一、研究内容

根据当前的研究状况以及术科课程与教学理论所需要解决的现实问题，本课题确定了以下研究内容，如图1-1所示。

---

① 刘俊. 新闻学研究：本土问题聚焦下的学术进展 [M]. 北京：中国传媒大学出版社，2015：56.
② 向家俊. 体育教育专业学生术科能力欠缺的原因及解决对策 [J]. 体育学刊，2007 (4)：72-75.
③ 钟勇为. 冲突与调谐：大学教学改革的基本问题探论 [D]. 武汉：华中科技大学，2009.

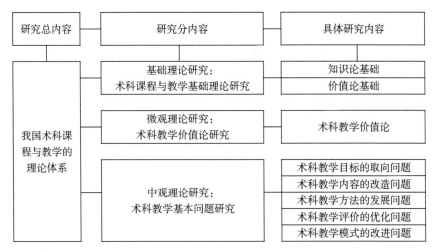

图 1-1 研究内容

本课题的具体研究内容如下。

（一）术科课程与教学的基础理论研究

（1）术科课程与教学的知识论基础研究。
①术科课程"有没有知识传授"的问题。
②术科课程知识"是什么"的问题。
③术科课程知识"是什么类型知识"的问题。
④术科课程知识"如何学"的问题。
⑤术科课程知识"如何教"的问题。
⑥术科课程知识与教学能力的关系问题。
（2）术科课程与教学的价值论基础研究。
①术科教学的价值判断。
②术科教学的价值取向。
③基于扎根理论的术科教学价值论。

（二）术科课程与教学的基本问题研究

（1）术科教学目标的取向问题研究。
①术科教学目标的实然取向。
②术科教学目标的应然取向。
（2）术科教学内容的改造问题研究。
①术科教学内容的选择、整合与呈现问题。
②术科教学内容"问题化"组织策略。
（3）术科教学方法的发展问题研究。
①传统术科教学方法的功利与有效问题。
②现代术科教学方法的多元与缺席问题。
③术科教学方法的有效性"追问"。
（4）术科教学评价的优化问题研究。
①传统术科教学评价的"去情境化"问题。

②术科教学评价方式的现代转向问题。
③术科教学多元评价方案。
（5）术科教学模式的改进问题研究。
①传统术科教学模式的优缺点。
②"参与式PBL术科教学模式"的理论构建。

二、研究方法

根据本课题的研究目标和研究内容，坚持以"目标引领"与"问题中心"的思维论述方式、"事实判断"与"价值判断"相结合的行动指南、"理论建构"与"实证解读"相结合的研究方式为研究范式，采用了理论分析与实证研究相结合的方法。

（一）理论分析

本研究采用理论分析的方法，借鉴诸如伽达默尔、波兰尼、欧克肖特、奥苏伯尔、舒尔曼等人的哲学、教育学理论，对术科课程与教学的知识论基础与价值论基础给予匡补与深入探讨；采用"问题中心研究范式"，从术科教学现实问题出发对术科教学的基本问题给予审视与梳理，构建出术科课程与教学的"基础理论"——实践取向的术科课程与教学的基础理论体系，以及"中观理论"——问题化取向的术科课程与教学的基本理论体系。

（二）实证研究

本研究采用"扎根理论"对术科教学价值问题给予实证研究，通过访谈法这一"质性研究方法"收集在职术科教师对术科教学价值——"运动技术与教学能力关系"问题的看法与切身体会，从而构建出"微观理论"——"基于技术理解的术科教学价值论"。扎根理论这一研究方法的具体描述将在后文阐述术科教学价值时一并详细展开，在此不再赘述。

第四节　概念界定与创新

一、概念界定

（一）术科

这里的"术科"专指高校体育教育专业中"以运动项目为主，以实践性课程为主要特征所构成的课程群"。① 对于"术科"这一提法，虽然有学者并不认同，认为"体育领域中有关'学科'与'术科'的学术争论是一个在现实中存在的，但在逻辑上并不存在的'真实的假问题'"②。但是从人们的习惯性称谓和高校系科与课程设置来看，"术科"的提法具有其现实可操作性，并未因为此概念而导致现实理解的困难。因此，本研究所说

---

① 刘斌. 体育专业教育中的"术科"课程[J]. 体育学刊, 2010, 17(8): 64-67.
② 黄爱峰, 王健. 一个真实的假问题: 体育教育专业"术科"探究[J]. 西安体育学院学报, 2006, 23(4): 92-95.

的"术科",特指体育专业中田径、体操、篮球、足球、排球等实践类课程群。

(二) 课程与教学

谈到课程与教学,其关系问题始终无法回避,也在人们的不断争论中。人们或者认为课程与教学是两个独立的研究领域,或者认为教学属于课程实施领域,或者认为课程是教学内容的研究领域,如此种种。对此,施良方、崔允漷(1999)指出,美国在20世纪60年代曾就课程与教学的关系问题进行了持久的讨论,讨论的结果便是"课程与教学存在着相互依存的交叉关系;课程与教学虽是可以进行分开研究与分析的领域,但是不可能在独立的情况下各自运作;鉴于课程与教学有着胎联式的关系,'课程-教学'一词也已经被人们接受,且被广泛采用"[①]。基于此,我们在本研究中对课程与教学两者的运用也比较灵活,并未进行严格的区分。这一方面体现在行文上,会有"术科课程与教学"之说法,另一方面体现在讨论术科教学"教什么知识"问题时,更多的是从术科课程知识入手进行的论辩。

二、研究创新

(一) 学术观点的推陈出新

首先,相比于当前人们将运动技术看作"默会知识""操作性知识"等知识类型,将运动技术界定为"实践知识"这一知识类型更能凸显运动技术的实践性特征;其次,就术科课程内容的组织或呈现问题,提出了术科课程内容"问题化"组织策略;最后,就运动技术与教学能力的关系问题,经由扎根理论研究,提出了"技术理解"这一概念,并生成了基于技术理解的术科教学价值论。以上种种观点,既有基于批判性反思的对既往认识的总结,更有对既往研究未给予解答或关注的问题的匡补。

(二) 研究范式的转向

刘义兵等(2011)指出,"问题中心并非'非理论'的,其理论构建是在实践基础上的理论构建,(这种研究范式)从长远来看更有助于学科建设"[②]。与以往进行学科理论体系构建的研究不同,本课题无论是在基础理论体系的构建方面,还是在基本理论体系的构建方面,都坚持了"问题中心研究范式",即从现实问题出发,构建符合现实术科教学实际、"师范性与学术性统一"的术科课程与教学理论体系。

(三) 研究内容的拓展

本课题对术科课程与教学方面长期未得到关注的问题,如"教什么知识?""如何教与如何学?""运动技术与教学能力的关系如何?"等给予了深入探讨,在对相关问题进行解答的基础上形成了术科课程与教学的理论体系,即"基础理论"——"实践取向的术科课程与教学的基础理论体系","中观理论"——"问题化取向的术科课程与教学的基本理论体系",以及"微观理论"——"基于技术理解的术科教学价值论"。

[①] 施良方,崔允漷. 教学理论:课程教学的原理、策略与研究 [M]. 上海:华东师范大学出版社,1999. 7: 23-24.

[②] 刘义兵,段俊霞. 教学研究范式论:内涵与变革 [M]. 北京:人民教育出版社,2011:316.

(四) 研究方法的突破

首先,本课题对术科课程与教学理论体系的构建采用了"问题中心研究范式",这与当前很多术科课程的"学科中心"形成鲜明的对比;其次,本课题在探索术科教学价值问题时运用了质性研究中的扎根理论,这一形成理论的方法与其他注重理论思辨的研究相比表现出了浓重的实践性。因此,本课题可以说突破了传统研究在进行理论构建时的"宏大叙事式的研究"。

第二章 回顾与审视：我国术科课程与教学领域的问题史

> 过去是现在的前历史，没有对历史的理解，我们既无法解释现在，也无法评价现在提供给我们的种种选择。①
>
> ——弗朗西斯·马尔赫恩

第一节 我国术科课程与教学的合法性问题：基于政策史梳理

当代英国颇有影响的文学批评家弗朗西斯·马尔赫恩（Francis Mulhern）认为，没有对历史的理解，我们便无法解释现在。术科课程与教学，亦有其发展史，术科课程进入高等师范院校，成为培养体育专业人才的重要课程，在不同的历史时期，其发展依托于作为课程与教学规定性与合法性依据的相关政策文件，从这些政策文件中，不仅可以窥视不同时期术科课程的价值性所在——课程与教学目标，还可以对其合法性——是否符合时代要求——进行判断。就课程的合法性问题，郝明君（2009）认为，"既然所有课程都具有政治性，并总是与一定社会阶层的意识形态、价值观念相联系，那么课程必然涉及是否合法、公平、合理等问题"②。那么，"课程是不是合法的呢？这既可从对课程知识选择、课程知识传递和课程知识评价的政治学研究中窥见端倪，也可以进一步从合法性的认同主体、认同原因、认同程度等维度加以佐证"③。因此，术科课程与教学研究不能抛开其所处的历史时期走本质主义道路，知识作为事实性与价值性的统一体，注定了其进入学校成为教育载体的政治化身。由此，本节所讨论术科课程与教学的合法性问题，旨在通过梳理有关术科课程与教学的政策文件，以历史脉络的形式考察不同时期术科课程与教学在知识选择等方面所反映的社会价值取向，以期为术科课程与教学的今后发展提供政策学视角。毕竟"一门成熟的课程，必须有结构化的课程内容，否则这门课程的合法性就会受到质

---

① 弗朗西斯·马尔赫恩. 当代马克思主义文学批判 [M]. 刘象愚，译. 北京：北京大学出版社，2002：2.
② 郝明君. 课程中的知识与权力 [M]. 重庆：重庆大学出版社，2009：159.
③ 郝明君. 课程中的知识与权力 [M]. 重庆：重庆大学出版社，2009：160.

疑"①，那么，考察政策文件是如何为术科课程与教学提供合法性支撑的便显得异常重要。

从历史上来看，专门针对术科课程与教学的相关政策文件往往存在于（体育专业）教师教育政策文件之中。结合教师教育发展的历史背景，以及具有代表性的政策文件的颁布，我们将术科课程与教学的相关政策史划分为六个时期，即清末的确立期、民国的动荡期、1949—1976年的移植依附期、1977—1990年的恢复发展期、1991—2013年的规范提高期、2014年至今的改革创新期。

一、清末时期的术科课程与教学政策：确立期

20世纪初，清政府在内忧外患之际，产生了对师范教育的极大需求，开始创立师范教育制度。"1902年，清政府颁布中国近代第一个学制——《钦定学堂章程》（壬寅学制），对初等教育、中等教育、高等教育及师范教育出台规定。同时，也对学堂中体操科的课程内容、学时明文规定。体操教育的师资以士兵和留日归国学生为骨干，教育模式上基本抄袭日本体育教育模式"②。《钦定学堂章程》的颁布，也被认为是我国近代独立的师范教育制度的开始。"1904年，由张百熙、荣庆和张之洞等重新拟定的《奏定学堂章程》，较《钦定学堂章程》对师范教育有了更为明确的规定，师范教育制度在这个学制中得到了明显的改进和提高。《奏定学堂章程》把师范教育分为初级师范学堂和优级师范学堂两级"③。这里的初级师范学堂和优级师范学堂便主要是为培养中小学师资而设立的师范教育机构，当时大中小学体育课都称为体操，在教学内容上皆以兵式体操为主，师范教育体操科设置的目的自然在于培养中小学体育教师。

"《奏定学堂章程》是我国近代教育史上第一个正式颁行的全国法令性文献，影响深远。它正式将体操纳入各级学校课程，揭开了近代体育课程的序幕，在立法上为体育课程提供法制层面的保障。"④ 从术科课程的演进来看，《钦定学堂章程》与《奏定学堂章程》确立了师范教育在我国整个教育体系中的地位，体操自此进入师范教育课程体系，成为术科课程的开端，特别是《奏定学堂章程》，从法令层面上确立了体操——术科课程的雏形的合法性地位。当然，此一时期的术科课程与教学由于当时的时代局限与现实状况，体操作为术科课程的主要课程载体，在目标与内容上都表现出较为单一的一面，由于体操教育的师资以士兵和留日归国学生为骨干，在教学方法上更多地受到日本教学模式的影响。可以说，从师范教育体制的创立，到术科课程作为课程设置一部分的引入，再到课程内容与教学模式，术科课程合法地位的确定因为国情原因多少带有一些"师夷长技以制夷"的"救国色彩"。

二、民国时期的术科课程与教学政策：动荡期

1911年，孙中山先生领导的辛亥革命推翻了清政府，结束了两千多年的封建统治，于1912年建立了中华民国临时政府，开始了中国历史的新纪元，中国教育也进入了新的历史

---

① 褚清源. 立场：20位课改人物访谈录[M]. 济南：山东文艺出版社，2017：57.
② 刘洪涛，毛丽红，王文莉，等. 我国体育教师教育政策的演变历程及特征研究[J]. 吉林体育学院学报，2017，33（2）：8-11+33.
③ 曹晓明. 对我国体育教师教育制度沿革与发展的研究[D]. 济南：山东师范大学，2010.
④ 刘斌. 从体操到体育[D]. 长沙：湖南师范大学，2011.

轨道。这一时期,中国经历了抗日战争与解放战争的动荡时期,进入新历史轨道的中国教育也难逃动荡的命运,依附于师范教育的术科课程与教学亦是如此。尽管如此,这一时期仍然有一些教育政策颁布实施,具体如表2-1所示。

表2-1 不同时期政策文件有关术科课程与教学的规定

政策文件	背景以及有关术科课程与教学的规定
1912年《师范教育令》	民国初年的体操课程,基本上沿袭了清末的体操课程。课程内容仍以兵式体操为主
1919年《改革学校体育案》	"加强师范学校的体育,使一般小学教师都能担任体操课"
1922年,教育部仿效美国颁布"壬戌学制"	
1923年《课程纲要草案》	改"体操课"为"体育课",增加并改变了原有体育课程内容。这标志着体育师资培养模式向"美式化"方向发展
1932年《改革我国教育之倾向及其办法》	"大学以农工医为主,现行师范教育一并取消。"我国师范教育的发展处于低谷期。受美国师范教育发展的影响,否定教师职业的专业性、否定教师需要专门的培训和师范教育独立存在的思潮泛起
1932年《师范学校法》	师范学校开始脱离普通中学而独立
1933年《师范学校规程》	
1933年《师范学校教学科目及各学期每周教学时数表》	
1935《简易师范学校课程标准》	
1935年《修正师范学校及简易师范学校教学科目及时数表》	师范教育的体育走上正轨
1942年《修正体育师范学校教学科目》	
1943年《师范学校及简易师范学校体育课程标准》	规定师范学校第一、二学年各学期,每周正课三小时,以一小时教授学科,两小时教技术科。简易师范学校第一学年各学期及第二学年第一学期,每周正课三小时,教授学科;第二学年第二学期及第三学年各学期,每周正课三小时,以一小时教授学科,两小时教授术科,第四学年各学期每周正课两小时,必要时得于正课内举行中心国民学校、国民学校体育教学之实习,俾将来担任体育教学时,有教学之技能

资料来源:[1]刘洪涛,毛丽红,王文莉,等. 我国体育教师教育政策的演变历程及特征研究 [J]. 吉林体育学院学报,2017,33(2):8-11+33.
[2]曹晓明. 对我国体育教师教育制度沿革与发展的研究 [D]. 济南:山东师范大学,2010.
[3]李乐虎. 民国时期高等学校体育教育发展状况研究 [D]. 长沙:湖南师范大学,2013.

此外,资料显示,当时有些师范学校有明确的体育师范科教学科目及各学期每周各科教学时数,具体如表2-2所示,从中也能看出当时体育师范科中术科课程设置情况,已经开设有"田径""韵律活动""球类运动""体操游戏""武术"等术科课程。

表 2-2　体育师范科教学科目及各学期每周各科教学时数表

科目	第一学年时数		第二学年时数		第三学年时数		备注
	第一学期	第二学期	第一学期	第二学期	第一学期	第二学期	
国文	四	四	四	四	四	四	
地理			二	二			
历史			三	三			
生物	三	三					
理化	三	三					
解剖生理	三	三					包括运动生理摘要
卫生学					三	三	包括个人与社会卫生及卫生教育
公民							
音乐	二	二	二	二	二	二	兼教学法
军事训练	（男）四	四	四	四			
看护	（女）（二）		（二）	（二）			包括军事看护
童子军	二	二					包括急救术
家事	（女）三	三	（二）	（二）			
教育概论	三	三					儿童与成人兼习并包括心理卫生
教育心理			三	三			
体育教材及教学法			二	二	二	二	包括普通教育法提要
体育原理			三	三			包括游戏原理及体育史
体育行政					三	三	包括建筑设备
体育测验及统计					二	三	
健康检查							
改正操与按摩操					二		
运动裁判					三		注重课外实习
韵律活动	（男）一 （女）（二）	一 （二）	一 （二）	一 （二）	一 （一）	一 （一）	
田径运动	（男）二 （女）（一）	二 （一）	二 （一）	二 （一）	二 （一）	二 （一）	
球类运动	一	一	一	一	一	一	
机巧运动							
体操游戏	二	二	二	二			
水上及冰上运动有设备者							
武术	一	一	一	一	一	一	包括一切打拳、摔跤、射击等自卫活动
实习					五	九	
每周教育总时数	（男）三三 （女）三二	三三 三二	三三 三三	三三 三三	三三 三三	三三 三三	
每周在校自习及课外运动总时数	（男）二一 （女）二一	二一 二一	二二 二二	二二 二二	二一 二一	二一 二一	

附注：（一）师范学校学生每日上课自习及课外运动总时数规定为九小时，每星期以五十四小时计算；
（二）在校自习及课外运动时间均使教育督促指导；
（三）实习包括参观、见习、试教三项，每项实习前后须具备报告讨论三种手续，均由教员指导批评。
注：资料来源：成都体育学院体育史研究所．中国近代体育史资料［M］．成都：四川教育出版社，1988：286.

由表2-2可以看出，伴随着民国时期颁布的相关师范教育政策，术科课程与教学的发展呈现出两个特点，一是很大程度上受制和依附于国外教育，二是伴随着我国师范教育发展的起起伏伏而动荡不定。但从师范学校的课程来看，这一时期兵操已不复存在，且出现了田径、球类、体操、武术、游泳（水上）等现代师范教育体育专业术科课程体系相关内容。可以说，就术科课程而言，在课程体系上相较于清末已经有了很大的发展。

三、1949—1976年间的术科课程与教学政策：移植依附期

中华人民共和国成立后，限于当时的形势，我国的体育教师教育模式几乎完全照搬苏联，从培养目标、学制、课程方案到教学大纲、教材，几乎全部从苏联原封不动地引进。从1953年到1965年，在借鉴参考苏联的同时，我国也在积极探索符合当时国情的体育教师教育模式，并相继颁布了一些体育专业师范教育的教学大纲，正如毛泽东同志在1960年6月所总结的，"前年照抄外国的经验，但从1956年提出十大关系起，开始找到一条中国的路线"[1]。此一时期的教学大纲有1955年教育部颁布的体育专业教育计划（草案）、1960年国家体委和教育部颁布的体育系教学计划、1963年教育部颁布的体育专业教学计划等，其中有关术科课程与教学的规定如表2-3所示。

表2-3 1955—1963年期间有关术科课程与教学的规定一览表

政策文件	有关术科课程与教学的规定	
1955年教育部颁布的体育专业教育计划（草案）	体操、田径、球类、活动性游戏、舞蹈、重竞技运动、专门选修术科（滑冰、游泳）	术科类共1 568学时，占总课时的47%；专修术科占总课时的7.9%；普修术科中理论讲授平均比重为15.5%
1960年国家体委和教育部颁布的体育系教学计划	田径、体操、球类、游泳、举重、武术、专修课	术科类共2 048学时，占总课时的58%；"一专"上强调突出一项并要求达到或接近一级运动员水平
1963年教育部颁布的体育专业教学计划	田径、体操、球类、举重（男）、艺术体操（女）、武术、技术专修	术科类共1 402学时，占总课时的53.4%；术科中理论讲授时数为10%，专修课占总课时的10.3%

资料来源：王健. 体育专业课程的发展及改革 [M]. 武汉：华中师范大学出版社，2003：49-59.

由表2-3可见，这一时期体育专业的政策文件对术科课程给予了足够的重视，其特点表现在两个方面，一是课程目标上，体育专业的课程体系曾一度追求运动技能的提高，甚至要求达到一级运动员水平，这可以看作是对运动员与体育教师的专业性认识不足，过于强调二者的统一性而忽视差异性的表现。例如，1958年4月国家体委《关于改进体育学院工作的指示》指出，"体育学院必须为国家培养又红又专的师资、教练员和优秀运动员，三者的差别是次要的，统一是基本的，将来无论担任教师或教练员，首先应当是个运动员"[2]。二是课程内容上，有举重、重竞技运动项目等，可以说，这实际上也是在当时情况下对在体育学院内进行运动员培养的高度期待。

---

[1] 黄爱峰. 体育教育专业的发展与改革 [M]. 武汉：华中师范大学出版社，2008：23.
[2] 张健. 中国教育年鉴 [M]. 长沙：湖南教育出版社，1988：329.

四、1977—1990 年间的术科课程与教学政策：恢复发展期

到了 20 世纪 70 年代末 80 年代初，随着 1977 年高考制度的恢复，高等教育当然也包括体育教师教育进入了恢复发展期。为了明确师范教育人才培养规格、规范培养方案，教育部和国家体委从 1980 年至 1988 年颁布了四份体育专业教学计划（课程方案）或专业目录，从中也能看出术科课程与教学的恢复发展历程，具体内容如表 2-4 所示。

表 2-4 1980—1988 年体育专业教学计划（课程方案）中有关术科课程与教学内容表

政策文件名	有关术科课程与教学的规定	备注
1980 年国家体委颁发的体育学院体育系教学计划	田径、体操、篮球、足球、排球、乒乓球、武术、游泳	术科 1 618 学时，占总学时的 52.9%
1980 年教育部颁发的体育专业教学计划	田径、球类、体操、艺体、武术、游泳或滑冰、举重	术科 1 512 学时，占总学时的 49.95%
1986 年国家体委颁发的高等师范院校体育专业教学计划	锻炼手段方法：田径、体操、球类、武术与气功、游泳或滑冰、健美、音乐与舞蹈、体育游戏	900 学时，占总学时的 31.41%
	选修术科：田径、体操、艺术体操、篮球、排球、足球、武术	300 学时，占总学时的 9.75%
1988 年国家教委制定并颁发的《全国普通高等学校体育本科专业目录》	特别注明：体育教育专业田径、体操、球类、武术等术科课程也可统列为"体育手段与方法"	明确了体育各本科专业的设置、名称、培养目标、业务培养要求、主干学科、主要课程等

资料来源：王健. 体育专业课程的发展及改革 [M]. 武汉：华中师范大学出版社，2003：65-67.

由表 2-4 可知，这一时期的术科课程表现出两个特点，一是少了举重等重竞技类项目，这也说明这一时期的术科课程更好地与中小学体育教师教学对接的趋势；二是突出了术科课程作为锻炼手段与方法的定位，这实际上也是为了强调术科课程与中小学实际相结合、增加增强体质的实效性的课程价值，"在课程设置上该计划强调紧密结合中学实际应以增强体质的实效性强的内容为重点，不应追求运动技术体系的系统性和完整性"[①]。这样一些政策既可以看作对前一时期术科课程过于注重运动技能水平的"拨乱反正"，也可以看作术科课程与教学的价值定位由运动员向作为学生健康锻炼指导者的体育教师的转变。

五、1991—2013 年间的术科课程与教学政策：规范提高期

进入 20 世纪 90 年代，随着《中华人民共和国教师法》《教师资格条例》《教师资格条例实施办法》等法律法规的实施，特别是 1991 年《普通高等学校体育教育专业教学计划》、1992 年《普通高等学校本科体育教育专业十一门课程基本要求》、1997 年《体育教育专业（本科）专业课程方案》、1998 年《普通高等学校体育教育专业九门主干课程教学指导纲要》等文件的颁布，体育专业课程设置逐渐稳定下来，术科课程体系也进入了规范

---

① 王健. 体育专业课程的发展及改革 [M]. 武汉：华中师范大学出版社，2003：67.

期。这一时期相关文件中有关术科课程与教学的规定如表2-5所示。

表2-5　1991—2013年间有关术科课程与教学政策内容一览表

政策文件名	有关术科课程与教学的规定
1991年《普通高等学校本科体育教育专业教学计划》	田径、球类、体操、武术与保健气功、游泳、滑冰、健美、舞蹈、体育游戏等"专业技术课"统称为体育手段与方法课；术科限选课285学时
1998年《普通高等学校体育教育专业九门主干课程教学指导纲要》	体操、田径、球类、武术等主干课程
2003年《全国普通高等学校体育教育本科专业课程方案》	主干课程：田径类，包括田径、户外运动、定向越野、野外生活生存等课程；球类，包括篮球、排球、足球等课程；体操类，包括基本体操、健美操、舞蹈等课程；武术类，包括武术、跆拳道等课程
	一般必修课程：球类、艺术体操、地方性运动项目
	体育锻炼手段与方法方向 主项提高课：田径，篮球，排球，足球，体操，武术 副项提高课：田径，篮球，软式排球，足球，体操，健美操，武术，地方性运动项目，艺术体操，舞蹈，乒乓球，网球、羽毛球
2004年《普通高等学校体育教育本科专业各类主干课程教学指导纲要》	田径类课程教学内容主要由基础运动能力、田径主要技术和实用技能三大板块构成。 教学基本要求：不断改进教学方法，在田径类课程教学中，要转变传习式技术教学的倾向，倡导启发式教学和研究性学习，重视学生创新精神的培养和实践能力的提高，积极引进多媒体辅助教学
	体操类课程包括体操、健美操和舞蹈等。 体现教育功能与健身功能，教学基本要求：注重教学方法创新，帮助学生建立自主、探究和合作学习方式，课堂教学要为学生课下延伸学习创造条件
	球类课程包括各种球类项目，其教学内容重点是篮球、排球、足球。 体现健身与育人功能，重视教学方法和手段的改革与创新，注重采用多样化的教学手段，采用启发式教学、研究性学习的教学方法
	武术类课程总学时中理论部分占20%左右，技术部分占80%左右。 突出师范特点，武德教育，重视教学方法的改革与创新，努力倡导开放式、探究式教学

注：相关内容主要来自相关时期文件。

表2-5表明，这一时期有关高等师范院校体育专业课程的政策文件，对术科课程与教学体系，从目标、到内容，再到教学方法与评价，都给出了详细的规定。可以说，这一时期的术科课程与教学走上了规范化发展道路，并且表现出三个特点：一是术科课程与教学

更加凸显对作为今后中小学体育教师所具有的通过相应术科课程进行体育健身指导的价值取向，此特点从"体育锻炼手段与方法"模块或方向课程称谓中便可获知。二是术科课程与教学内容趋于稳定，相关政策文件所反映出的课程与教学体系化规定明显，特别是 2004 年教育部颁布的《普通高等学校体育教育本科专业各类主干课程教学指导纲要》，从课程目标到教学内容再到方法与评价，给予了完整的规定，"打破了传统学科间的壁垒，进行课程整合，即强调教学与课程的整合，突出教学对课程建设的能动作用"[①]。三是术科课程与教学的育人价值开始得到重视。

六、2014 年至今的术科课程与教学政策：改革创新期

从现实情况来看，自 2004 年《普通高等学校体育教育本科专业各类主干课程教学指导纲要》颁布以后，便鲜有专门针对高校体育专业课程教学指导纲要或课程纲要之类的政策文件出台，这一方面反映出前期体育专业课程与教学体系在经历了较长时间的建设发展后，已经较为稳定成熟；另一方面，在这种稳定成熟的情况下，各地高等师范院校已经具有根据国家相关教育教学改革方案要求进行课程与教学改革的高度自觉性，从学校到教师也都意识到了进行课程与教学改革的重要性。在这期间，一个值得关注的问题是术科课程与教学的综合化或整合性。如前所述，尽管术科课程与教学的育人价值已经开始得到重视，但也只是被认为术科课程与教学的一种自发行为，从政策上加以自觉规定的情况还比较少，现实中能够进行自觉实践的情况更为少见，也就是说，"在课程的综合化方面，我们的体育（教育）专业没有很好地学习与吸收"[②]。这实际上是对课程责任担当的思考，该问题自 2014 年开始，相关教育政策文件对此有积极地回应，具体如表 2-6 所示。

表 2-6　2014 年至今教育政策文件对高等师范院校课程育人价值的表述一览表

相关政策文件名	有关课程育人价值的表述
2014 年《教育部关于全面深化课程改革落实立德树人根本任务的意见》	统筹各学科，特别是德育、语文、历史、体育、艺术等学科。充分发挥人文学科的独特育人优势，进一步提升数学、科学、技术等课程的育人价值。同时加强学科间的相互配合，发挥综合育人功能，不断提高学生综合运用知识解决实际问题的能力
2018 年教育部《普通高等学校本科专业类教学质量国家标准》	运动技能课程模块：田径类、体操类、球类、武术与民族传统体育类、游泳类、冰雪或滨海类、健身休闲类、户外运动类，不同专业可以有所侧重
2020 年教育部关于印发《高等学校课程思政建设指导纲要》的通知	专业教育课程。要根据不同学科专业的特色和优势，深入研究不同专业的育人目标，深度挖掘提炼专业知识体系中所蕴含的思想价值和精神内涵，科学合理拓展专业课程的广度、深度和温度，从课程所涉专业、行业、国家、国际、文化、历史等角度，增加课程的知识性、人文性，提升引领性、时代性和开放性

注：相关内容主要来自相关时期文件。

由表 2-6 可知，2014 年教育部主要从宏观层面就整个高等教育课程与教学改革问题

---

① 许宗祥. 广州体育学院优秀教学研究成果论文汇编 [M]. 北京：人民体育出版社，2006：28.
② 王健. 体育专业课程的发展及改革 [M]. 武汉：华中师范大学出版社，2003：84.

提出了方向与要求，特别是在党的十八大提出了"把立德树人作为教育的根本任务"以后，相关政策文件就高等院校课程与教学改革"立什么德""如何立德"等问题给出了方向性要求与指导性建议，这实际上也是对术科课程与教学改革提出的政策性要求，这样的政策性要求实际上也从侧面说明了术科课程与教学在德育理论与实践方面的欠缺。新时代的术科课程与教学政策更加关注教书与育人的整体教学效果，或者一体化教学效果，这从课程的政治性角度给术科课程的合法性问题提出了新时代要求。如此，新时期，处于改革创新期的术科课程与教学在相应政策的引导下，理应将育人价值或德育责任作为一种自觉的课程品质加以挖掘实践，以便赢得来自国家、社会、学校、学生多元主体更广泛的认同。

七、术科课程与教学的政策史梳理小结

通过对不同时期术科课程与教学相关政策的梳理，一方面可以看出国家对术科课程与教学的价值期许，即国家认同情况，此为其合法性基础；另一方面政策本身对术科课程与教学体系的建设发展又起到方向性要求的作用。

术科课程与教学的合法性问题表现为特定的价值性问题，术科课程与教学需要自觉思考自身的价值定位问题。不同时期国家对术科课程与教学的价值期待不同，其在高等师范院校中的合法性地位也不同。例如"1955年教育部颁布的新中国成立后第一套体育教育专业国家指导性文件《体育系暂行教学计划》对所有学科、术科课程均设置了一定的实践学时，并规定了实践内容，如体操课程实践主要包括基本体操（中等学校各年级的教材）、竞技体操、辅助体操、体操教学法实习、体操比赛实习、体操裁判法实习等，其他各门课程中的实践内容各不相同。这就说明当时的课程教学除了理论、技能讲授外，还包括一定的'课堂实践'，以帮助学生从'会技能'到'会教技能'的转变，从'懂理论、懂技能'到'在实践中运用理论与技能'的转变。此后，各版文件保留了集中实践形式，逐渐淡化了各课程中分散实践形式，多数术科课程变成了以'教会运动项目技术'为目标的'满堂灌'式实践课"[①]。这种情况实际上说明了人们对术科课程与教学价值定位的窄化，即从术科知识技能、教学能力、裁判能力的提高与培养窄化为术科知识技能的提高，这又在无意中降低了术科课程与教学在体育专业教师教育课程体系中的价值与地位，其合法性问题也在学科与术科的课时分配、术科课时无法保证术科教学等问题的纷争中得以彰显。

第二节　我国术科课程与教学的知识体系（选择）问题：基于术科教材发展史梳理

教材之于课程、之于教育的重要性自不必说，其作为教师教与学生学的重要载体，是课程知识的主要承载者与课程知识体系的集中体现。教材一方面作为教师教的主要依据，

---

① 张玉宝. 从"计划"到"国标"：体育教育专业课程设置演变、特征、启示[J]. 体育学刊, 2020, 27（1）: 93-98.

教师从相应教材中选择一定的内容进行教授，另一方面又是学生自主学习的主要依据，因此更是教育目标、功能得以实现的重要媒介。教材随着课程的产生、发展而发展，课程的发展成熟又以教材内容的不断完善为支撑。因此，考察教材的发展史，便可窥视课程建设过程中可能存在的问题，亦可为理解实践层面的教学问题提供视角。术科教材的发展伴随着术科课程的发展一路走来，又形成了怎样的术科课程知识体系呢？这一课程知识体系是否符合体育专业人才培养的目标需要呢？术科教材的时代性、师范性又如何呢？此为第二节主要考察的问题。需要说明的是，因 20 世纪 90 年代以来颁布的教学计划或课程方案对于教材内容体系有相应的指导性意见，如 1998 年印发的《普通高等学校体育教育专业九门主干课程教学指导纲要》明确指出，"《课程纲要》列出的教学基本内容和时数分配，是课程教学的重要依据。课程教学大纲、教材内容的排列体系和具体的教学安排等，各校可根据实际情况确定"①，由此建设起来的术科课程教材具有一定的统一性要求。因此，这里术科课程教材发展史的考察，有时以一门课程教材为例，有时会综合几门术科课程教材的情况作为论证的依据。

一、教材知识体系稳定，但竞技化倾向严重

术科课程在课程名称上以相应的运动项目命名，如田径、体操、篮球、足球等，这些竞技运动项目在进入学校课程之前便具有了各自相应的技战术体系，成为高等师范院校术科课程后，其教材内容体系又呈现出怎样的特征和问题呢？对此，于军早在 1997 年便指出，"长期以来，体育教育专业术科必修课教学始终未摆脱以竞技技术为中心的教学体系，忽视终身健身意识与能力的培养，教材内容竞技化，教学方法陈旧，必须进行改革"②。那么，术科课程教材内容体系的竞技化问题是否随着时代的发展而有所缓和呢？这里以足球教材为例，不同时期足球教材的内容体系如表 2-7 所示。

表 2-7　不同时期足球教材的内容体系

版本	作者	内容体系
1979 年体育系通用教材（人民体育出版社）	体育院系教材编审委员会《足球》编写组	一、足球运动概述；二、足球技术（足球技术的教学与训练）；三、足球战术（足球战术的教学与训练）；四、足球运动员的专项身体训练；五、学校足球队的组织、教学、训练与比赛指导工作；六、足球运动的科学研究工作；七、足球规则分析与裁判法；八、足球运动的竞赛工作；九、足球场地修建与辅助练习器材
1988 年高等学校试用教材（高等教育出版社）	足球教材编写者	一、足球运动概述；二、足球技术基本理论与教学法；三、足球战术基本理论与教学法；四、专项身体训练与足球游戏；五、中学足球教学与训练；六、比赛的指导与临场统计工作；七、足球规则分析与裁判法

---

① 国家教委办公厅关于印发《普通高等学校体育教育专业九门主干课程教学指导纲要》的通知. 国家教育委员会政报，1998（3）.

② 于军. 体育教育专业术科必修课教学现状及改革思路 [J]. 山东体育学院学报，1997（3）：73-75.

续表

版本	作者	内容体系
1990年体育系通用教材（人民体育出版社）	体育院系教材编审委员会《足球》编写组	一、足球运动概述；二、足球技术（足球技术的教学与训练）；三、足球战术（足球战术的教学与训练）；四、足球运动员的专项身体训练；五、学校足球队的教学与训练工作；六、足球运动的科学研究工作；七、足球运动的竞赛工作；八、足球规则分析与裁判法；九、足球场地修建与辅助练习器材
1992年体育学院专修通用教材（人民体育出版社）	全国体育学院教材委员会	一、足球运动概述；二、足球技术（足球技术的教学与训练）；三、足球战术（足球战术的教学与训练）；四、足球运动员的身体训练；五、守门员；六、青少年足球训练；七、女子足球运动；八、足球运动员的心理训练；九、比赛成绩与竞技训练过程分析；十、足球教学训练文件的制定；十一、足球比赛的指导工作；十二、足球队的组织与教练员；十三、足球运动保健知识；十四、足球运动的竞赛组织工作；十五、足球竞赛规则分析与裁判法；十六、足球运动的科研方法；十七、足球场地修建与辅助练习器材
1993年（北京体育学院出版社）	年维泗，麻雪田，杨一民	一、足球运动概述；二、比赛成绩与竞技训练过程分析；三、足球运动员的选才；四、训练计划的制定；五、足球技术训练；六、足球战术训练；七、足球运动员的身体训练；八、足球运动员的心理训练；九、守门员训练；十、青少年足球训练特点；十一、女子足球训练特点；十二、足球训练法及在训练中的选用；十三、足球运动的科学研究工作；十四、足球比赛规则与裁判法；十五、足球比赛的指导工作；十六、足球训练过程的管理工作；十七、足球教练员
1997年高等学校教材《球类运动——足球（修订版）》（高等教育出版社）	足球教材编写组	一、足球运动概述；二、足球技术（足球技术教学）；三、足球战术（足球战术教学）；四、身体训练；五、中学足球教学训练与竞赛；六、足球竞赛规则与裁判法
2000年"九五"国家级重点教材，全国体育院校通用教材《现代足球》（人民体育出版社）	全国体育学院教材委员会	一、足球运动特点和作用；二、国际足球运动；三、中国足球运动；四、女子足球运动；五、比赛成绩与竞技能力；六、足球技术（足球技术教学与训练）；七、足球战术；八、身体训练；九、守门员；十、心理训练；十一、高原训练；十二、青少年足球训练；十三、女子足球训练；十四、足球教练员；十五、足球队的组建与机构；十六、足球教学训练计划的制定；十七、足球训练的科学控制；十八、足球运动竞赛组织工作；十九、足球竞赛规则与裁判法简析；二十、足球比赛的指导工作；二十一、现代标准足球场；二十二、小型足球和足球游戏；二十三、疲劳与消除疲劳；二十四、运动损伤；二十五、运动性疾病；二十六、运动员营养；二十七、足球科研工作概述；二十八、足球运动科研选题；二十九、研究设计与收集和整理资料的方法；三十、足球训练和比赛中常用的科研方法；三十一、中国职业足球俱乐部概述；三十二、注册与转会；三十三、经营管理

续表

版本	作者	内容体系
2001年高等学校教材《球类运动——足球》（高等教育出版社）	王崇喜	一、足球运动概述；二、足球技术；三、足球战术；四、足球教学理论与方法；五、足球训练理论与方法；六、足球竞赛与裁判工作；七、足球运动的科学研究工作
2005年普通高等教育"十五"国家级规划教材《球类运动——足球》（高等教育出版社）	王崇喜	一、足球运动的起源与发展；二、足球基本技术；三、足球技术教学与训练；四、足球战术理论与原则；五、足球比赛阵型与队形；六、足球进攻战术；七、足球防守战术；八、定位球战术；九、运用足球战术时应考虑的因素；十、足球战术教学与训练；十一、中学足球教学基本理论与方法；十二、足球训练的理论与方法；十三、足球运动员的健康保护与营养；十四、足球运动常用研究方法；十五、足球运动竞赛与裁判工作；十六、五人制足球
2009年普通高等教育"十一五"国家级规划教材《球类运动——足球》（高等教育出版社）	王崇喜	一、足球运动的起源与发展；二、足球运动的价值；三、职业足球与足球产业；四、足球文化现象；五、足球基本技术；六、足球技术教学与训练；七、足球战术理论与原则；八、足球比赛阵型与队形；九、足球进攻战术；十、足球防守战术；十一、定位球战术；十二、运用足球战术时应考虑的因素；十三、足球战术教学与训练；十四、中学足球教学基本理论与方法；十五、足球训练的理论与方法；十六、足球运动员的健康保护与营养；十七、足球运动科学研究工作；十八、足球运动竞赛与裁判工作；十九、足球场地的管理
2014年普通高等教育"十二五"国家级规划教材《球类运动——足球》（高等教育出版社）	王崇喜	一、足球运动的起源与发展；二、足球基本技术；三、足球技术教学与训练；四、足球战术理论与原则；五、足球进攻战术；六、足球防守战术；七、定位球战术；八、足球战术教学与训练；九、中小学足球教学基本理论与方法；十、足球训练的理论与方法；十一、足球比赛的指导工作；十二、足球运动员常见运动伤病的防治与处理；十三、足球运动常用研究方法；十四、足球运动竞赛与裁判工作；十五、五人制足球
2019年《球类运动——足球》（高等教育出版社）	王崇喜	再版普通高等教育"十二五"国家级规划教材，内容同上

为了更好地反映不同时期体育专业足球教材各内容的重要性——出现比例，从中看出足球教材的侧重点，我们对以上12本教材中的内容进行了比例计算，具体如表2-8所示。

表2-8 不同时期足球教材内容出现比例表

内容	比例
足球概述（起源、发展、特点、价值、国际足球运动、中国足球运动等）	12/12，100%
足球技术教学与训练	12/12，100%

第二章 回顾与审视：我国术科课程与教学领域的问题史

续表

内容	比例
足球战术（进攻、防守、定位球战术等）教学与训练	12/12，100%
足球运动员身体素质训练	6/12，50%
足球运动员心理训练	3/12，25%
足球训练方面：训练队组织、训练、比赛指导工作（临场指挥）、训练计划的制定、阵型、教练员	12/12，100%
足球运动竞赛规则与裁判法	12/12，100%
足球运动的科学研究工作	10/12，83%
五人制足球	3/12，25%
足球运动员的健康保护、运动损伤与营养	6/12，50%
中小学足球教学理论与方法	6/12，50%
足球场地与器材的管理	5/12，42.5%

由表2-7和表2-8可以看出，不同时期的体育专业足球教材在内容上虽有一定的差异，但基本上都包括了"足球运动概述、足球技战术训练、足球运动员身体、心理训练、足球训练过程、足球竞赛、裁判法、足球科研、足球运动营养与损伤"等方面的内容，从足球教材章节内容以及比例来看，表现出的特点和问题还是比较明显的，特点是体育专业足球教材内容体系较为稳定、全面，问题是体育专业足球教材内容体系竞技化色彩浓厚，中小学教学指向性不足。

特点方面：体育专业足球教材内容体系较为稳定、全面。从表2-7和表2-8来看，不同时期的体育专业足球教材内容体系基本上从足球的"概述、技战术教学、训练、竞赛、科研"五个方面进行了教材内容体系的建构，这些方面基本上回答了"教什么、训什么、如何教、如何训"等问题，对于师范类体育专业的培养目标——能够承担中小学体育教师教学、训练、科研而言做出了很好的回应。

问题方面：体育专业足球教材内容体系竞技化色彩浓厚，中小学教学指向性不足。由表2-7和表2-8不难发现，不同时期的体育专业足球教材在内容体系上尽管全面，但在足球"概述、技战术教学、训练、竞赛、科研"五个方面并不是平均着墨的，足球技战术的训练与足球竞赛方面占据了教材的主要内容，有关中小学足球教学理论与方法的内容仅出现在部分时期教材中。因此，足球教材内容体系的竞技化问题作为一个历史性问题虽引起了人们的关注，但想要突破却非易事，这实际上是教师教育领域长期的"学术性与师范性之争"在教材领域的体现。一方面，人们所固有的学科思维让相应教材跳不出各自学科所应有的学科知识体系，虽然某个时期教材中的知识会有所增加或删减，但修修补补式的教材建设进程并没有动摇教材的固有体系，此可谓教师教育领域的学术性思维。另一方面，有关教材的教学法知识被认为是师范类专业性课程教材，如《学校体育学》《体育教学论》《体育教材教法》等所应承担的内容，此可谓教师教育领域的师范性思维。对于学术性与师范性之争，孙二军、李国庆（2008）指出，"教师教育专业双重学科基础的特点，引发了高等师范院校学术性与师范性之争,并使二者都受到了削弱"①。对于教师教育领域学术性与师范性之争的结果或者趋势,王长纯早在1996年便指出,"在高师院校办学与教育进程中,学术性与师范性一直是钟摆运动的两个端点,有时偏重学术性,有时强调师范性"②。但从足球教材来看,这种学术性与师范性之争似乎并没有在体育专业术科课程教材层面表现出这种现象,而是一直偏重学术性,但这又恰恰是学术性与师范性之争的惯性思维使然,即两者似乎成了"无法调和的矛盾"。

实际上,术科课程教材所表现出的竞技化倾向并非仅仅在足球教材上体现,在其他教材中亦有所反映。马宁、王拱彪(2013)对新中国成立以来我国体操专修教材的发展历程进行了分析,认为"长期以来我国体操技术教材受苏联模式的影响,是以竞技体操为基本框架的,是从体操训练的系统角度考虑的。随着体育院校教学改革的不断深入,人们逐渐认识到,这个框架与专业的培养目标相背离,部分内容已经不适应现在的教学,造成学生不需要的技能硬要学生掌握,而学生十分需要掌握的技能却无法得到较好的掌握"③。李春华、王伯华(2010)对中华人民共和国成立以来七种不同版本体操普修教材的内容设置进行梳理后指出,"回顾体育教育专业的体操教学历程,我国体育教育专业体操课程目标受苏联学校体操教学思想的影响,以体操基本动作的学习为基础,以提高竞技体操技术为主要目标,强调课程内容结构的严谨性与系统性。……体操教材改革应注意突出师范性,让学生掌握体操理论与方法,培养学生体操教学指导能力、健身指导能力等"④。针对教材所反映出的竞技化倾向问题,人们习惯于从专业培养目标、社会需求、学生需求等方面对教材建设提出希冀,这是一种很正常的思路,毕竟教材的知识体系要以社会、学生、学科知识三者为基础,问题在于,人们对教材开放性的呼吁始终会遭遇到来自师范性、学时比例、教学时限等理论与实践层面的争议,或许这也正是教材得以不断发展完善的机制所在,即教材始终要在社会需要、学生需要、学科知识本身需要三者之间寻求平衡,而在不同时期这种平衡点又可能会出现钟摆现象。

二、教材建设周期长,时代性脉搏有待加强

"教学内容往往通过教材加以反映和表现,这无疑要求教材内容时代化。"⑤ 早在1988年,王锦山便撰文指出,"近十年来,随着体育各专项运动竞争性和成绩的不断提高,世界性体育科技的发展,体育运动技术在理论体系和技术领域都得到迅速发展和更新。怎样根据我国的现实,不失时机地把这些新成果恰当地充实到高校教材中去,使教材的内容不断更新,逐步形成具有中国特色的教材体系,这是我们亟待研究解决的课题"⑥。实际上,这正是对术科课程教材时代性问题的担忧。一方面,时代性要求指教材建设者需要通过教

---

① 孙二军,李国庆. 高师院校"学术性"与"师范性"的释义及实现路径[J]. 高教探索,2008(2):95-99.
② 王长纯. 简论当代教师教育发展的基本特征[J]. 外国教育研究,1996(6):1-6.
③ 马宁,王拱彪. 对我国体育院校(系)体育教育专业体操专修教材的研究[J]. 体育科技,2013,34(2):127-129.
④ 李春华,王伯华. 建国以来高校体育教育专业体操普修课教材改革研究[J]. 北京体育大学学报,2010,33(7):101-104.
⑤ 陈琳,蒋艳红,李凡,等. 高校教材建设的时代性要求研究[J]. 现代教育技术,2011,21(10):20-23.
⑥ 王锦山. 体育院系术科教材更新的探讨[J]. 教材通讯,1988(1):21-22.

材反映出所处的时代的特征，或者从教材中也能反映出特定时代的限制与要求，比如清末、民国，体操教材内容以兵式体操为主，这主要是由于当时的时代背景所限。进入新时代，在课程思政、立德树人等时代背景下，教材需要关注其政治或价值属性，而不能一味地追求学科内容知识的增补。另一方面，时代性要求又表现为由于知识的进化——如篮球、足球等术科课程裁判规则在不同时期的改变——而要求教材在相应内容上及时进行调整，当然，教材内容的调整有时因为教材建设的周期性很难及时更新，但在一个时期内所发生的知识进化，还是可以进行相应的增补或更改。

张祝平（2012）针对足球教材的内容更新问题指出，"足球教材内容来源于足球运动本身，足球运动实践的变化和发展是教材内容更新的前提，而足球教材内容更新通常具有一定的滞后性。现代足球运动的发展也受到许多因素的制约，足球规则的变化，职业足球的发展，足球运动员身体素质、技战术能力都将影响足球运动发展。这些因素的变化影响足球运动实践的发展变化，而这些都是足球教材的组成部分，制约着足球教材的内容更新"[①]。再从最新版的《足球》教材（王崇喜. 高等教育出版社，2014 年第 3 版）来看，在第一章"足球运动的起源与发展"，以及第九章"中小学足球教学基本理论与方法"中，即有反映时代特征的有关校园足球的表述，但在第九章的足球教学方法中，呈现出的仍是以传统教学法，即语言法、直观法、完整教学法与分解教学法、预防与纠正错误法、发现法等为主的教学方法，相较于《体育与健康课程标准》中所倡导的"应创设民主、和谐的体育与健康教学情境，有效运用自主学习、合作学习、探究学习与传授式教学等方法"还有一定的差异。

该问题在其他术科课程教材中亦有所发现，如《田径》教材（刘建国. 高等教育出版社，2009）第六章"学校田径运动教学"中，所呈现的田径运动技术教学方法主要是完整教学法、分解教学法、想象教学法、反复教学法等方法。辛锋（2014）在对改革开放以来高校体育教育专业田径教材知识体系进行梳理后也指出，"对比各版本（田径）教材明显发现，部分教材教学方法比较传统、落后，内容编排上没有通俗易懂的案例分析。而还有教材既没有较先进的教学法，也没有案例分析环节"[②]。

就体操教材而言，马宁、王拱彪（2013）曾针对体操专修学生的教材使用情况指出，"当前体育院系的体操专修学生采用的教材，是 2000 年出版的《竞技体操高级教程》和1991 出版的体育学院专修教材《体操》（上、下册）。从 2000 年到现在 13 年的时间，未对教材进行修订，显然与社会的发展及体操技术的自身发展不相适应"[③]。

篮球教材在这方面也存在一定的问题，高松山、董顺波（2009）认为，"回顾我国篮球教材的建设历程，总的来说教材建设滞后于教学改革的实践，具体体现在以下几个方面：有些篮球教材和著作低水平重复严重，甚至机械地照搬照抄，部分自编教材内容庞杂；现代教育学、心理学、生理学等基础学科的最新研究成果在篮球教材中运用比较少；

[①] 张祝平. 我国体育院校本科足球通用教材研究 [J]. 科技视界, 2012 (14): 66-78+56.
[②] 辛锋. 改革开放以来高校体育教育专业田径教材知识体系的演进 [J]. 山东体育科技, 2014, 36 (3): 90-94.
[③] 马宁, 王拱彪. 对我国体育院校（系）体育教育专业体操专修教材的研究 [J]. 体育科技, 2013, 34 (2): 127-129.

教学方法缺少创新，忽视学法的研究"①。

综合上述问题，可以看出，术科课程相关教材在内容体系上的完整性并不能掩盖其与时代发展相比的滞后性问题，以上不同研究者对不同时期各术科课程教材的梳理已然能够反映出这一情况。

当然，以上所提到的仅仅是相关术科课程教材在时代性方面所存在的滞后性问题，实际上，每一门教材在编写时都会考虑到由于教育理念的发展，抑或是知识的更新而带来的教材的时代性要求，术科课程相关教材在建设发展过程中也做出了一定的努力，比如田径教材适时地引入国际田联推出的少儿趣味田径运动，足球教材增加了校园足球的有关内容，篮球教材增加了小篮球的有关内容，客观地讲，"改革开放以来，不同时代的田径教材有各时期的时代特点，并随着时代的发展，教材内容的设置更为科学、系统，具有逻辑性"②"体操教材从无到有大致经历了三个阶段，每一阶段的教材内容与设置均反映了当时的教材发展"③。

尽管如此，术科课程教材的滞后性问题仍然不容忽视，教材的滞后性问题一方面反映的是创新性欠缺问题，"当前田径教材虽更新速度加快，基本上紧跟了时代的步伐，但在教材内容的选编上仍缺乏严谨性、全面性、创新性"④。另一方面，由于教师的教学会根据或围绕着教材而展开，教材的滞后性带来的另一个问题便是以教材为本的教学质量问题，李春华、王伯华（2010）指出，"在我国高等教育改革进程中，随着国家对教材建设力度的不断加大，涌现了各类不同形态、不同层次的教材，但实际上，相当一部分教材在促进教学方面所取得的成效并不明显，教材的作用似乎仍停滞在原来的传统模式中，未见有欣喜发生"⑤。因此，教材的时代性要求还体现在教材的修订速度、内容的更新时效等方面。

新时代，"立德树人"成为我国教育的根本任务，基础教育改革走入了"核心素养"时代，术科课程相关教材若还是一味坚守着各自的学科知识体系而不加以创新、及时修订的话，便无法对时代性要求做出回应，这也将直接影响高等教育引领作用的实现。因此，新时代下的术科课程相关教材在修订过程中理应积极思考教师教育的立德树人问题，以及基础教育改革问题。2020年5月28日，教育部颁布印发了《高等学校课程思政建设指导纲要》，明确提出要把思想政治教育贯穿人才培养体系，全面推进高校课程思政建设，高校课程思政要融入课堂教学建设，作为课程设置、教学大纲核准和教案评价的重要内容，落实到课程目标设计、教学大纲修订、教材编审选用、教案课件编写各方面，贯穿于课堂授课、教学研讨、实验实训、作业论文各环节，这已然为术科课程教材建设提出了要求与明确了方向。

---

① 高松山，董顺波. 我国高校篮球教材建设现状分析与重构设想［J］. 首都体育学院学报，2009，21（3）：337-339.

② 辛锋. 改革开放以来高校体育教育专业田径教材知识体系的演进［J］. 山东体育科技，2014，36（3）：90-94.

③ 李春华，王伯华. 建国以来高校体育教育专业体操普修课教材改革研究［J］. 北京体育大学学报，2010，33（7）：101-104.

④ 辛锋. 改革开放以来高校体育教育专业田径教材知识体系的演进［J］. 山东体育科技，2014，36（3）：90-94.

⑤ 陈婷婷，李明达. 我国体育院校篮球教材结构的变化特征分析［J］. 成都体育学院学报，2012，38（10）：91-94.

三、术科课程教师教育类身份不明，教材专业导引欠缺

说到体育教育专业人才培养，便不得不提到体育教师教育类课程体系。以往，人们传统上或习惯上认为体育教师教育类课程体系即"老三门"，也就是教育学、心理学和学科教学法，至今，说起教师教育课程，人们还是会想到这三门课。体育专业的师范生不仅要"会做"——会打篮球、会踢足球等，还要"会教"——会教学生打篮球、会教学生踢足球等。长期以来，人们认为，"会做"这一任务主要由技术类课程或者术科来承担，久而久之，从术科教师到学生，都认为通过术科教会和学会相应运动项目的技术动作便是达到了术科课程教学目标，这不得不说是人们对教师教育类课程体系的传统认识所导致的对术科课程教学目标的认知偏差。

2012年，为深化教师教育改革，规范和引导教师教育课程与教学，培养造就高素质专业化教师队伍，教育部颁布了《教师教育课程标准（试行）》，其中明确指出，"教师教育课程广义上包括教师教育机构为培养和培训幼儿园、小学和中学教师所开设的公共基础课程、学科专业课程和教育类课程"。可见，术科课程作为学科专业课程，教师教育类课程身份理应得以明确。对此，张赫、唐炎（2017）提醒道，"现行技术课程，大部分是在教授学生运动技术，并没有将项目的教法融合到课程中，（并认为应该）将术科课纳入（教师）教育类课程体系中，……促使术科教师转变观念，摒弃单纯的技术动作教学模式，将项目的教学方法作为重点，使学生不只是停留在掌握动作的层面，还应当具有将所学技术传授给他人即教的能力"[①]。可以说，术科课程作为教师教育类课程身份的明确并非易事。一方面，人们在理念上可能已有所转变，认为术科课程应该承担更多的师范教育课程责任，但现实中无论从教学方法到教学评价，大部分仍以运动技术的掌握为主，教学能力的培养若有若无；另一方面，作为课程内容体系化载体的教材，由于前面提到的竞技化倾向问题，更是影响了人们对术科课程教师教育类课程身份的认同。

"课程的核心是结构的科学化和内容的现代化。它不仅要体现综合大学专业课程的科学性、专业性、基础性、稳定性、时代性、适应性和学术性等共同特点，而且要突出师范性。师范教育课程和教材的师范性与学术性的统一，是当今世界师范教育发展的总趋势"[②]。教材的师范性也正是课程知识价值属性的内在要求，前面提到的术科课程相关教材在内容体系上表现出竞技化倾向问题，正是人们对术科课程在教师教育课程体系中所承载的价值属性认知不全面所致——将术科课程的价值限定在了提高学生相应运动技能上，而未意识到术科课程在不同专业目标要求下的专业属性。

马宁、王拱彪（2013）对我国体育院校（系）体育教育专业不同时期体操教材的对比分析后得出，"体操教材的使用周期长，教材内容更新太慢，教材单一，对体育教育专业学生过分侧重动作技术的难度和训练，而忽视了学生基础知识和教学能力的培养"[③]。针对体操教材中存在的竞技化倾向问题，李春华、王伯华（2010）也曾给出建议，"体操教材改革应

[①] 张赫，唐炎. 体育教育专业教师教育类课程存在的问题及其改进建议[J]. 体育学刊，2017，24（1）：110-114.

[②] 庄小平. 高等教育管理实践与探索[M]. 长沙：湖南教育出版社，2011：589.

[③] 马宁，王拱彪. 对我国体育院校（系）体育教育专业体操专修教材的研究[J]. 体育科技，2013，34（2）：127-129.

注意突出师范性,让学生掌握体操理论与方法,培养学生体操教学指导能力、健身指导能力等"①。可以说,术科课程教材的竞技化倾向问题说明了教材的师范性欠缺,不同体育专业术科课程往往选择同一版本教材。如此一来,不同专业由于教材版本的一致性而导致教材层面的同一性,自然缺少了专业导向性,术科课程教材的师范性问题理应得到关注。

四、术科课程教材发展史梳理小结

术科课程教材的建设随着我国教师教育的发展而不断成熟,教材知识体系稳定,教材能够及时反映时代需求与知识更新,但由于教材建设周期问题,特别是术科课程教师教育类课程的身份认同问题,在理论与现实实践层面存在着一定的竞技化倾向问题,其时代性与专业性方面仍有较多需要完善之处。当下,术科课程教材的建设需注意以下两方面的融合问题。

(一)术科课程教材内容与时代主题融合的问题

2012 年 11 月,党的十八大明确提出,"全面贯彻党的教育方针,坚持教育为社会主义现代化建设服务、为人民服务,把立德树人作为教育的根本任务,培养德智体美全面发展的社会主义建设者和接班人"。新时代,"立德树人"成为教育的根本任务。培养什么人、怎样培养人、为谁培养人是教育的新时代追问,立德树人成效成为检验高校一切工作的根本标准。

2017 年 10 月,党的十九大提出,"要全面贯彻党的教育方针,落实立德树人根本任务,发展素质教育,推进教育公平,培养德智体美全面发展的社会主义建设者和接班人"。党的十九大之后,习近平总书记对如何落实立德树人提出了具体要求。

2018 年 5 月 2 日,他在北京大学师生座谈会上指出,大学是立德树人、培养人才的地方,要把立德树人的成效作为检验学校一切工作的根本标准,真正做到以文化人、以德育人,不断提高学生思想水平、政治觉悟、道德品质、文化素养,做到明大德、守公德、严私德。

2018 年 9 月 10 日,习近平总书记在全国教育大会上多次提到"立德树人",并强调,"要把立德树人融入思想道德教育、文化知识教育、社会实践教育各环节,贯穿基础教育、职业教育、高等教育各领域,学科体系、教学体系、教材体系、管理体系要围绕这个目标来设计,教师要围绕这个目标来教,学生要围绕这个目标来学。凡是不利于实现这个目标的做法都要坚决改过来"。

为深入贯彻落实习近平总书记关于教育的重要论述和全国教育大会精神,2020 年 5 月 28 日,教育部颁布了印发《高等学校课程思政建设指导纲要》,明确指出要根据不同学科专业的特色和优势,深入研究不同专业的育人目标,深度挖掘提炼专业知识体系中所蕴含的思想价值和精神内涵,科学合理拓展专业课程的广度、深度和温度,从课程所涉专业、行业、国家、国际、文化、历史等角度,增加课程的知识性、人文性,提升引领性、时代性和开放性。要将课程思政融入课堂教学建设全过程。高校课程思政要融入课堂教学建设,作为课程设置、教学大纲核准和教案评价的重要内容,落实到课程目标设计、教学大纲修订、教材编审选用、教案课件编写各方面,贯穿于课堂授课、教学研讨、实验实训、作业论文各环节。

---

① 李春华,王伯华. 建国以来高校体育教育专业体操普修课教材改革研究 [J]. 北京体育大学学报,2010,33(7):101-104.

在这样的历史背景下，作为体育专业教师教育课程体系重要组成部分的术科课程，其教材建设迎来了新时代的拷问与挑战，如何挖掘各术科课程的德育元素，积极寻求术科课程与社会主义核心价值观等现实社会德育资源的整合，成为回答时代拷问的重要方式。术科课程因为规则、合作、竞争、公平等课程属性的存在，而有着天然的德育元素，更为重要的是，术科课程德育元素的挖掘将有助于人们更好、更全面地诠释术科课程的学科价值所在，这无疑极有利于术科课程地位的提升，有利于人才培养目标的实现。因此，术科课程教材的建设完全有必要也有可能回应新时代的教育要求，这本身也体现了教材时代性的内在要求。

（二）术科课程教材内容与专业特性融合的问题

不同的专业需要不同的课程体系作为依托，自然的，教材作为教学的依据理应凸显出专业特性。现实中，不同专业，如体育教育专业、社会体育专业和休闲体育专业，相应的术科课程往往会选择同一版本教材，究其原因，一方面与可供不同专业选择的术科课程教材建设不够充分有关，另一方面与传统上人们对术科课程教学目标的认识有关：无论专业培养目标有何差异，术科课程的教学目标都在于教会学生"会做"，对于体育专业的师范生而言，首先需要自己"会做"，才能从事与体育教育相关的职业。当然，这种看法有一定的道理，但这里所指的教材的专业特性更多指教材中相关内容的侧重点，比如体育教育专业的术科课程教材，侧重点应该体现在教材内容与教学法的融合上，解决"如何教"的问题；而运动训练专业的术科课程教材，侧重点应该体现在相关技战术与训练方法的融合上，解决"如何训"的问题。如此，教材才能更好地为专业目标的实现服务。

第三节 我国术科课程与教学的研究范式问题：基于术科教学二十年研究史梳理

进入20世纪90年代，高等师范院校的术科课程与教学随着教育部相关文件的颁布而呈现出规范与改革的局面。一方面，20世纪90年代以来教育部共颁布了三套普通高等学校体育教育本科专业课程方案（过去称为教学计划），在每一套课程方案颁布后，教育部相应出台了主干课程教学指导纲要（或基本要求），为规范各高校在制定课程教学大纲、组织教学、开展教学评估、实施教学管理和教材建设提供了依据。另一方面，1992年的《全国普通高校本科体育教育专业十一门课程基本要求》（以下简称《基本要求》）、1998年的《普通高等学校本科体育教育专业九门主干课程教学指导纲要》（以下简称《指导纲要》）和2004年《普通高等学校体育教育本科专业各类主干课程教学指导纲要》（以下简称《指导纲要》）的颁布实施，也使教学改革有了可供参考的维度。

但是从近二十年的相关研究来看，我国高校体育教育专业的术科教学改革可谓"步履维艰"，正如有的研究者所言，"当前，大学教学改革已陷入难为窘境。深刻认识和圆熟把握大学教学改革的基本问题，是有效解决大学教学改革中的矛盾和困难之首要前提"[1]。正因如此，笔者通过对近二十年相关文献的整理，梳理出当前我国高校体育教育专业术科教学的现状以及存在的问题便显得尤为必要；同时，通过审视术科教学改革研究本身所存

---

[1] 钟勇为. 冲突与调谐：大学教学改革的基本问题探论 [D]. 武汉：华中师范大学，2009.

在的困境，以期转变研究范式，为现实中深化术科教学改革研究提供理论思考的起点。当然，本研究对术科相关问题的考察仅仅是对文献中所涉及的某一体育运动项目相关情况的分析，从研究的严谨性与全面性来讲，难免存在可揣摩之处，但术科这一整体概念由各个体育运动项目所组成，研究术科的相关问题便必然要从某一运动项目入手。

一、我国术科教学研究的不同范式表达

"范式是学科共同体研究同一类问题时所遵循的基本一致的思考方式、研究路径、解题方式或共同交流的专业知识和解题话语。"① 范式所具有的分类功能，以及人们在研究中所形成和采用的相对稳定的研究方法、路径等，使范式这一概念成为重要的分析研究现状的工具。在我国的术科教学改革研究过程中，形成了"目的—手段"范式和"问题—解题"范式。

（一）目的—手段范式：检视术科教学大纲中的"学科中心问题"

目的—手段教学研究范式由赫尔巴特所创造，它致力于从教学的目的和手段入手对教学进行研究。"目的—手段范式从一开始就采用哲学的思考，致力于理论体系的建设。"② 在沿用过程中，这一范式表现出了浓厚的"学科体系意识"。所谓"体系意识"，张斌贤认为，"是指在学科研究中，更多地关注概念、范畴本身的确定性，更多地关注概念与概念、范畴与范畴之间的逻辑关系，更多地关注学科体系的严谨、完整和包容性"③。从根本上来讲，这种体系意识实际上根植于"学科中心"观念，注重对本学科知识结构、体系的构建，并以此为教学的最终目标，对体育学科而言，教学与学习的过程变成了对运动技术反复练习的训练过程。教学大纲作为教学活动展开的重要依据，直接关系着培养目标的达成度。从现有研究来看，当前全国高校体育教育专业的术科教学大纲中普遍存在着"学科中心问题"。

现有研究显示，2000年以后对高校术科教学大纲的研究开始增多，研究对象涉及我国大部分的专业体院和高等师范院校，常用的研究方法有问卷调查法、逻辑分析法以及比较法。从研究内容来看，高校术科教学大纲表现出以下特点和问题。

（1）教学目标方面：体院与高等师范院校侧重点不同，师范院校逐渐由强调竞技性转向关注学生的全面发展。

朱岩④对云南省六所高校体育教育专业体操普修课程教学大纲调查显示，体操普修教学已开始关注"发展学生能力"这一教学目标的达成，普修教学也从以往单纯强调运动的竞技性、注重学生掌握体操基本技术的阶段开始逐渐向促使学生全面发展的阶段转变。相对而言，体育专业院校却表现出了对学生竞技能力的追求。李海停⑤对北京、武汉、天津、南京、

---

① 刘义兵，段俊霞. 教学研究范式论：内涵与变革 [M]. 北京：人民教育出版社，2011：8.
② 崔允漷. 教学研究的目的—手段范式评述 [J]. 华东师范大学学报（教育科学版），1998（2）：1-8.
③ 张斌贤. 从"学科体系时代"到"问题取向时代"——试论我国教育科学研究发展的趋势 [J]. 教育科学，1997（1）：16-18.
④ 朱岩. 云南省高校体育教育专业（本科）体操普修课程教学大纲的现状研究 [D]. 昆明：云南师范大学，2006.
⑤ 李海停. 我国体育院校体育教育专业排球普修课教学大纲的比较研究 [J]. 体育成人教育学刊，2011，27（4）：86-88.

第二章 回顾与审视：我国术科课程与教学领域的问题史

西安、沈阳、广州7地的专业体育院校体育教育专业排球普修课教学大纲进行了研究，指出北京体育大学、西安体育学院等院校的教学大纲带有明显的竞技性，师范性表现不足。

（2）教学内容方面：体院和高师都注重各术科的技战术体系。

首先，值得注意的是，这样的教学内容没有完全囊括中学教学大纲中所规定的全部体操动作。[①] 而且田径必修课和田径专修课内容有部分重合，在必修和专修阶段这种重复学习方式缺乏一定的系统性，效率不高。[②] 另外，体育教育专业乒乓球教学内容的选择缺少特色，与运动训练专业乒乓球教学内容相比并无明显不同，体育教育专业特点的教学理念和教学内容并没有显示出来。[③]

（3）教学方法方面：体院与高等师范院校都具有单一性。

教学方法多年来一直沿用传统的讲解、示范、练习、纠正错误、巩固提高的单一教学模式与方法，对于现代高科技产物的视听等电化教学涉及较少。[④] 而授课仍以训练课的形式为主，只是运动量、强度、难度不同，而能突出体育教育专业特点的教学理念和教学内容并没有显示出来。[⑤]

（4）教学考核方面：体院和高师的考核方式一致。

考核方式以"理论+技术+技能"的教学考试与评价方式为主，在考核内容上，过于强调对体能和技能的评价，忽视对学生能力的评价。[⑥]《西安体育学院排球普修课教学大纲》规定，考试成绩以百分制计算，理论占25%、技术占55%、能力占20%，能力包括平时作业、回答问题、实习、裁判实践。[⑦] 而理论考试只采取口试的方式进行考核，值得商榷，毕竟很多的理论内容不是可以通过简单的语言描述清楚的，有必要根据考核内容的具体情况确定适宜的考核方式；考核评价方式中缺乏针对体育教育专业学生特点环节的评价。[⑧]

综上所述，不难看出，由于教学大纲本身所固有的结构体系，研究主要是对教学大纲中所呈现出的教学目标、教学内容、教学方法以及考核等方面进行考察，从这些研究中，我们不难窥视当前我国高校体育教育专业术科教学大纲本身所存在的"学科中心问题"。当前各高校的术科教学大纲从目标到评价都是围绕着各运动项目本身的知识结构展开的，这种学科中心的思维方式"忽略了学科体系之外的世界、忽略了建设学科体系的最初动因和所要达到的最终目的……而构成学科发展客观前提的活生生的教育现实则得不到应有的

---

① 杨明. 浅谈我院体育教育系现行体操教学大纲存在的几点不足 [J]. 沈阳体育学院学报，2000（2）：70-72.
② 杨永芬，郭强. 我国体育教育专业田径本科专修教学大纲的分析研究 [J]. 广州体育学院学报，2008，28（3）：111-122.
③ 兰彤. 对沈阳体育学院体育教育专业本科乒乓球教学大纲的再审视 [J]. 沈阳体育学院学报，2008，27（3）：106-109.
④ 朱岩. 云南省高校体育教育专业（本科）体操普修课程教学大纲的现状研究 [D]. 昆明：云南师范大学，2006.
⑤ 兰彤. 对沈阳体育学院体育教育专业本科乒乓球教学大纲的再审视 [J]. 沈阳体育学院学报，2008，27（3）：106-109.
⑥ 宁南锋. 北京体育大学体育教育专业足球普修课程教学大纲的研究 [D]. 北京：北京体育大学，2009.
⑦ 李海停. 我国体育院校体育教育专业排球普修课教学大纲的比较研究 [J]. 体育成人教育学刊，2011，27（4）：86-88.
⑧ 兰彤. 对沈阳体育学院体育教育专业本科乒乓球教学大纲的再审视 [J]. 沈阳体育学院学报，2008，27（3）：106-109.

重视，甚至被忽略了"①。这种情况也是导致我国高校体育教育专业术科教学现实状况不理想、改革缓慢的原因之一。

（二）问题—解题范式：检视术科教学中的"现实问题"与"改革策略"

有研究者指出，"西方主要采用问题引发和问题解决的教学研究范式，而我国则是问题缺失型，体现为理论与问题脱节"②。如果说针对术科教学大纲的研究由于是一种纯理论的思维方式而无法接近实践，并难以反映现实问题的话，那么，研究者针对术科教学实践的考察便表现出了一种"从实践中发现问题，解决现实问题"的研究旨趣，我们把这些研究统称为"问题—解题范式"。吴岩指出，教育研究范式主要有两种：一种是重视自身学科建设，主要从学科的逻辑起点出发提出问题，层层展开的研究范式，称为学科中心研究范式；另一种是问题中心研究范式，这种范式一般遵循"问题发现—经验总结—理论提升"的研究方法论。③ 可以说，这里的问题中心研究范式与问题—解题范式有着一致的研究出发点和分析理路，问题—解题研究范式下的术科教学研究根植于术科教学实践中存在的问题，从现实问题出发，提出相应的改革策略。从现有研究来看，研究者虽然都关注到了术科教学过程中存在的问题，但是在解决问题的环节上又表现出了两种取向，一种研究是回到理论本身，通过逻辑演绎的方法对术科教学中的问题的解决给出理论希冀；另一种则是通过相应的实证研究，改进术科教学，鉴于此，我们又将这两类研究称为"逻辑演绎范式"和"实证分析范式"。

1992年的《基本要求》、1998年的《指导纲要》与2004年《指导纲要》相比，在教学目标、教学内容、教学评价上变动不大，因此，我们对术科教学方面研究的考察分为两个时间段，即1992—2004年和2005年至今。以时间段从历史的维度进行考察的一个主要出发点，便是寻求不同历史时期我国术科教学存在的共性与特性问题。

1. 逻辑演绎范式

如前所述，该类型的研究虽然也认识到了术科教学中的现实问题，但是在问题的解决上却走向了"理论希冀"，其所提出的改革策略更多的是一种应然诉求。研究者们普遍采用了文献资料法、逻辑分析法、问卷调查法等研究方法对我国高校体育教育专业不同术科的教学情况进行了调查研究，发现存在的问题并提出相应的改革策略。可以说，这些研究基本从整体上反映了我国高校体育教育专业术科教学所存在的问题。

（1）1992—2004年的相关研究。1992年以来，随着《基本要求》的颁布实施，高校体育教育专业的术科教学成为研究者们普遍关注的问题，在这期间既有硕士学位论文较为系统的研究，也有发表的期刊论文。为了掌握术科教学的现状，推动术科的教学改革，研究者们先后发表了《我国体育院系体操必修课程教改现状与发展趋势》（陈俊钦，1997）、《面向中学实际，进行高师体育系体操教学改革》（朱为民，1999）、《体育教育专业田径专修课教学内容改革研究》（韩维群，2001）、《体育教育专业本科体操普修课程技术教学改革的调查与探讨》（钟明宝，张雪临，2001）、《体育院系术科动态考核评价体系与标准研究》（陶于，魏丽秀，2002）、《新时期高校体育教育专业田径课程教学改革的研究》

---

① 刘义兵，段俊霞. 教学研究范式论：内涵与变革 [M]. 北京：人民教育出版社，2011：322-323.
② 刘义兵，段俊霞. 教学研究范式论：内涵与变革 [M]. 北京：人民教育出版社，2011：136.
③ 吴岩. 教育研究创新与研究范式变革 [J]. 中国高等教育，2006（9）：17-18.

(李艳茹，2004)、《体育院系体育教育专业教学改革与对策的研究》（范宏旗，刘维明，2004）等论文，在考察术科教学状况的同时也指出了术科教学在教学内容、教学方法与考核方面所存在的问题。

在这一时期，术科教学虽然已经意识到了对学生能力的培养，但是教学内容仍以基本理论知识、技术、战术为主，技战术教学内容过多，教学技能内容过少；实践课教学中仍以传统的教学方法如讲授、讲解、示范、练习、纠错和比赛等常规教学方法为主，技术考核所占比例较大，大多采用技术评定和技术达标的方式进行，其中又以技术达标为主；评价方法以终结性评价为主。可以说，"以技术为中心的教学指导思想，以教师为中心的教学组织形式，以考试为中心的教学评价手段"的传统术科教学模式未得到明显的改观。"教学能力"培养与考核的缺失状况在这一时期表现得较为明显，虽然《基本要求》和《指导纲要》（1998 年）都将教学能力的培养作为术科教学的目标之一，而且有研究认识到了"技术课的中心任务是培养学生运用知识技能解决问题的能力。对于体育院校（体育教育专业）的学生来说，要解决的问题不是比赛，而是教学，所以，术科课程要培养的能力以教学能力为主"[①]。上海体育学院术科普修课程教学研究课题组（2001）更是对足球、篮球、排球、田径、游泳、武术、健美操等 7 门术科普修课程，进行了教学改革实验，注重培养学生的综合能力，并且取得了良好的效果。但是，自 1992 年到 2004 年，全国高校体育教育专业的术科教学并未得到整体的改观。

（2）2005 年至今的相关研究。随着 2004 年《指导纲要》以及 2001 年基础教育课程改革的实施，高校师范专业面临着巨大的挑战。从研究状况来看，2005 年以来研究者已经认识到了时代变化对高校师范专业提出的要求，纷纷寻求课程与教学改革策略来应对这一挑战，为教学改革出谋划策。体育教育专业的术科教学问题更是成为人们关注的焦点，这一时期术科教学改革问题更多地成为硕士研究生的研究课题，相关的研究有《新时期体育教育专业体操普修课考核评价体系研究》（陈艳武，2005）、《体育教育专业田径普修课教学评价指标体系的构建》（金红珍，2005）、《体育教育专业田径专选课教学改革研究》（樊勇，2006）、《广西体育教育本科专业田径必修课程教学的现状与对策研究》（阮刚，2006）、《湖北省高校体育教育专业篮球专选课教学现状调查及对策分析》（邱错，2007）、《河南省高校体育教育专业田径普修课程教学现状分析及对策研究》（曹刚，2008）、《河北省高校体育教育本科专业田径教学现状与改革研究》（高峰松等，2009）、《对我国 19 所高校体育教育专业足球普修课考核内容方法与评价体系的调查研究》（姚建军等，2009）、《山东省普通高校体育教育专业田径专选课改革研究》（林明，2010）、《山东省高校体育教育专业篮球普修课课程教学现状分析》（张士平，2010）、《安徽省普通高校体育教育专业田径普修课程考核评价体系的研究》（白明，张秋宁，2011）、《安徽省高校体育教育篮球普修课教学现状的调查与分析》（陈静，2011）、《山西省高校体育教育专业排球普修课考核现状及对策研究》（杨英，2011）、《福建本科院校体育教育专业篮球普修课教学现状的研究》（彭可可，2012）、《新时期体育教育专业体操普修课考核评价体系研究》（罗灯军，2013）等。从这些研究的题目便可得知，这一时期的研究几乎对全国大部分省市高校的相关术科教学状况进行了调查，这也使我们对全国高校的术科教学情况有了一个

---

① 课题组. 对上海体育学院术科普修课程教学改革的研究 [J]. 上海体育学院学报，2001，25（4）：80-84.

整体的把握。

此外，王健、黄爱峰、吴旭东等人在其主编的《体育教师教育课程改革》（人民体育出版社，2006年）一书中指出，体育教育专业术科课程实施偏向"训练化"，具体表现在：至今的术科教学方法仍以分解法为主，很多教学方法直接借用了运动训练与身体锻炼的方法；体育专业学生的术科教学与运动训练的技术教学没有显著区别；术科内容缺乏有效的教材加工，脱离中学实际需要。

如果说这一时期人们已经认识到了能力培养对于术科教学的重要性与必要性的话，那么，研究所呈现出的我国高校体育教育专业术科教学的现状却着实令人担忧。研究结果表明，这一时期的术科教学虽然在教学方法与教学考核上有了一定的发展，但是作为主干课程的田径、篮球、排球、足球、体操等的整体教学情况并未摆脱传统术科教学的窠臼。大部分学校只是在理论课中对教学能力进行强调说明，并没有在教学实践过程中得到大量的练习机会。教学内容中过分强调运动项目的技术性、竞技性，忽略健身性、兴趣性、简易性和实效性，不能和中小学体育教学相吻合，造成体育专业的学生毕业后，面对中小学的教学工作无从下手的问题。传统的教学方法如讲解、示范、练习、比赛和纠错等仍然占据主导地位，现代教学方法如合作教学法、创造性学习法、探究式教学法、延伸性学习法、评价式学习法等在现在的普修课教学中，很少得到应用。各学校在教学过程中只注重专业知识和基本技术的传授，整个教学过程围绕学习和掌握技战术进行，忽视了作为教师基本素质的教学能力的培养。教学评价也是以结果性评价为主，只注重达标和技评，忽略了能力的考核。基于这种状况，研究者纷纷提出了各自的对策或建议，如"完善教学内容体系，加强学生的田径教学能力及自学自练等综合能力的培养，改革与完善评价体系，竞技能力与健身能力评价相结合，技术评价与教学评价相结合等建议"[①] "加强现代教学方法的应用，引进新的教学理念，转变教学模式"[②] "采取课内外一体化的教学模式，解决课程课堂教学时数减少、教学要求不断提高的矛盾。采用说课、合作教学、创设技术课堂30分钟体验中学教师情境的活动教学模式，创设理论课研讨交流的活动教学模式"[③] 等。但是，应然的倡导未能带来实然形态的改变。

2. 实证分析范式

相对于"逻辑演绎范式"的理论取向的研究，"实证分析范式"则是一种实践取向的研究，具体到术科教学的研究来看，该研究范式是通过教学改革试验来解决现实中存在的问题，这些改革试验有从目标到评价的整体改革，也有针对某一教学环节的改革；有针对某一术科课程的单一课程教学改革，也有针对主干课程的整个课程体系的教学改革。由于教学改革涉及面广、内容多、周期长，因此，该部分的研究相对较少。但是，这些研究应该引起我们的重视，因为改革需要"先行者"，改革需要成功"示范者"。

改革需要相应的理论基础。随着建构主义思潮的兴起，有研究者以此作为术科教学改革的理论基础，进行相应的教学改革。詹晓梅[④]在其硕士学位论文中采用实验研究法将建构主义理念应用到田径技术教学中，设计了"创设情境，自主确定目标-自主学习，个别

---

① 曹刚. 河南省高校体育教育专业田径普修课程教学现状分析及对策研究 [D]. 开封：河南大学，2008.
② 张士平. 山东省高校体育教育专业篮球普修课课程教学现状分析 [D]. 济南：山东师范大学，2010.
③ 樊勇. 体育教育专业田径专选课教学改革研究 [D]. 武汉：华中师范大学，2006.
④ 詹晓梅. 建构主义学习理论适用于田径技术教学的实验研究 [D]. 南昌：江西师范大学，2005.

指导-协作学习,相互修正和完善-反馈校正,意义建构-迁移训练,知识创新"的建构主义教学模式教学流程。实验结果显示,以建构主义学习理论指导田径技术课实践,能有效提高学生的技能、纠错能力,提升学习兴趣。

从相关研究来看,"大部分学校教学目标改变后,尚未对课程的教学内容、方法等进行相应的改革"[1]。可以说,教学方法与考核方法的改革对于教学整体改革而言相对滞后,因为需要打破教师的传统教学习惯,但这却是保证教学改革正常顺利进行的关键环节。因此,这方面的研究便显得更加重要。教学方法的丰富性与现代性、教学考核的多元性与针对性成为改革实验的出发点与落脚点。

教学方法的丰富性与现代性,是时代发展的要求,也是充分调动学生积极性、转变学生学习方式的重要改革举措。从相关研究来看,教学方法由"注入式"向"启发式""讨论式""探索式""自主式""合作式"变革[2][3],"导学—自学—实践—评价—创新"的教学流程[4]等都在教学中得到应用,并取得了良好的实践效果。

长期以来,术科课程的考核所存在的"考核与培养目标的脱节、过于单一僵化、忽略学生运动技术教学能力以及情意目标的评价、一刀切、一考定终身"等问题为人们所诟病,研究者们针对这些问题纷纷进行了各自的实验革新。早在20世纪90年代,田赐福等[5]便对体操课程的考核进行了改革,考核内容由单项评分转为多项综合评定,具体内容有体操技术、理论、教学技能、身体素质和平时成绩等。上海体育学院术科普修课程教学研究课题组[6]对足球、篮球、排球、田径、游泳、武术、健美操7门术科普修课程,进行教学改革实验。考核采用了全过程评价,强调形成性评价在评定学生学习成绩中的作用,把课堂技战术练习、能力操练和学生课外自学、自练、作业等作为评定其学习成绩的重要指标。这些改革取得了良好的效果。肖威[7]在调查和收集全国部分师范院校考核办法的基础上,通过实验获得了较为完善的球类、田径、体操、武术等课程的考核内容与标准,经过实际运用收到了良好效果。从考试形式上看,技术考核分阶段考查、随堂考查和结业考试三种,采用的形式是考核小组评分。理论考核以笔试闭卷为主,提倡口试、作业、小论文形式考查,考试采用集体命题、题库、交流等分离形式。专业技能考核以任课教师随堂测验为主,主要考查学生的现场实际操作能力。

另外,徐刚[8]、于军等[9]在田径教学改革中分别设计了全面培养学生教授能力和自学能力的两种教学模式,以及开放式和课内外一体化教学模式。实验结果显示,学生田径教

---

[1] 张惠红,冯天佑. 普通高校体育教育专业田径课程改革的实验研究 [J]. 北京体育大学学报, 2003, 26 (2): 213-215.

[2] 田赐福,崔绍梁,范道和,等. 体育系体操教学改革的现状和趋势 [J]. 北京体育学院学报, 1990 (2): 63-69.

[3] 于军,刘运祥,马祥海. 新《指导纲要》背景下的体育教育专业田径类课程整体改革研究 [J]. 北京体育大学学报, 2008, 31 (9): 1260-1263.

[4] 课题组. 对上海体育学院术科普修课程教学改革的研究 [J]. 上海体育学院学报, 2001, 25 (4): 80-84.

[5] 田赐福. 体育系体操教学改革的现状和趋势 [J]. 北京体育学院学报, 1990 (2): 63-69.

[6] 课题组. 对上海体育学院术科普修课程教学改革的研究 [J]. 上海体育学院学报, 2001, 25 (4): 80-84.

[7] 肖威. 高师体育教育专业术科课程考核内容与办法的实验研究 [J]. 北京体育大学学报, 2004, 27 (6): 808-812.

[8] 徐刚. 对体育教育专业学生田径课中教学实践能力培养的研究 [J]. 沈阳体育学院学报, 2002 (2): 39-41.

[9] 于军. 新《指导纲要》背景下的体育教育专业田径类课程整体改革研究 [J]. 北京体育大学学报, 2008, 31 (9): 1260-1263.

学能力、学习兴趣都有很大的提升。

当然，还有关于术科教学内容体系方面的实证研究。如张惠红、冯天佑[①]对田径课程教学内容体系进行重新构建，保留田径理论与技术的一部分最基础内容，增加发展学生身体素质、提升学生基本运动能力手段方法介绍（也称健身锻炼）和加强学生能力培养的内容，这些教学内容得到了学生的一致认可。

可以看出，教学改革的实证研究多是从具体的术科课程（多为田径）出发针对教学内容、教学方法、考核办法等方面进行的教学实验，其中不乏具有借鉴价值和推广意义的改革策略。之所以这些改革策略未得到推广和普及，与教师的教学意识、惯性以及教学环境等不无关系。教学改革作为一项系统工程，单凭一人之力、一校之力、某个教学环节的改革，可谓"路漫漫其修远兮"，但是，正如英国哲学家培根所言，"时间乃是最大的革新家"，时代在不断发展，改革便不会停止。

综上所述，一方面，"与人们的愿望相比，现代大学教学改革的现状令人忧思"[②]。1992年至今的研究结果表明，二十余年间，我国高校体育教育专业的术科教学除了教学目标有了一定的发展之外，"教学内容脱离中学实际需要、教学实施偏向'训练化''灌输式''传统运动技能授受'的教学模式、'单一僵化'的教学考核"等问题未得到实质性的解决，这些问题也成为我国高校术科教学的传统固有问题，可以说，现有研究关于术科教学问题"是什么"的问题已经进行了资料足够翔实的调查、分析；另一方面，关于术科教学改革"怎么改"的问题，"逻辑演绎范式"理论取向的研究与"实证分析范式"这一实践取向的研究在该问题上有着一致的愿景和改革路径，纷纷从教学方法、教学模式、考核方法等方面进行了理论与实践的探索，"教学方法的现代化、教学模式的能力化、教学考核的多元化"成为研究者们共同的追求和对现实问题的一致回答。

二、对当前我国术科教学改革研究范式的反思

（一）"目的—手段"范式与"逻辑演绎"范式：虚假的繁荣

从现有研究情况来看，无论是"目的—手段"范式的研究，还是"问题—解题"范式的研究，都表现出了极大的理论热情。文本虽然可以作为呈现人们思想观念的重要依据，但是，我们却始终不知道课堂教学中教师在想什么，又做了什么，文本作为教师对课堂教学的理想设计也永远无法在课堂教学中得到百分之百的执行。因此，"每个研究者应当建立坚定的实践理论观，关注教学实践、参与教学实践、研究教学实践，扩大教学实践的地域和范围，这样，教学论才有活水源头，也才有生成与发展的根基。……本源的'理论'并不表现为与实践的距离，而是与实践的接近"[③]。"目的—手段"范式与"问题—解题"范式中的"逻辑演绎"范式由于对实际教学生活问题的忽视导致其现实土壤的缺失，虽然这部分研究较为丰富，却只能是一种"虚假的繁荣"，现实中长期存在的一些教学问题并未因为这种理论呐喊而得到解决便是对该种研究最好的"注脚"。尽管如此，我们却

[①] 张惠红，冯天佑. 普通高校体育教育专业田径课程改革的实验研究［J］. 北京体育大学学报，2003，26（2）：213-215.
[②] 孙泽文. 现代大学教学引论［M］. 武汉：华中师范大学出版社，2006：1.
[③] 李秉德，李定仁，徐继存，等. 教学论学科建设问题的回顾与展望笔谈［J］. 西北师范大学学报（社会科学版），2000，37（1）：56-57.

不能因此而忽视该研究范式的价值所在,对于"术科教学为什么改革?改革的价值取向是什么?"等问题仍然需要逻辑演绎的思维方式给予解答。有研究者进一步指出,"逻辑演绎研究范式如何既保持自己的特色,通过严密的逻辑思辨进行理论构建,又关注教学实践,较好地处理理论与实践这两者之间的关系,是逻辑演绎教学研究范式的共同体需要很好处理的一个问题"①,这一建议是十分中肯的。

(二)"实证分析"范式:清醒的认识

近年来,随着我国对教学研究科学性的重视,"实证研究"范式在我国教学研究中已经有了一定的地位,但较之"逻辑演绎"的教学研究范式而言还处于次要的地位,在我国教学研究中运用的还不充分。此外,由于人们有着浓厚的科学主义情节,对实证的追求已经渗透到体育学科的大部分研究中,特别是在相当的硕博士论文中,"以实验数据说话""以数理统计为基础"等思维更是将实证研究推向了追求单一量化研究的极端。在术科教学改革这一问题的研究上亦有所表现,对术科教学改革的实证研究基本上采用了问卷调查法来获取术科教学的情况,而在实验法中也是通过问卷调查来获得教师与学生对教学方法以及考核方式的满意度与效果。这种"实证分析"范式虽然意识到了现实中存在的问题,却忽略了教学研究与自然科学研究之间的差异,使得这种研究仅仅停留在描述性的层面而无法解释或者更加真实地揭示教师与学生在教学改革过程的思想与行为的变化,也使研究成为一种"内心的独白",而没有真正推动教学改革的发展。

三、术科教学改革研究范式的应然转向:实证分析和人文理解相融合

教学作为一种特殊的社会现象有其自身的规律,归根结底,教学行为是人的行为,教学现象也是人的行为表现,因此,教学研究亦应该是关于人的教与学的思想、行为的研究。随着人文主义哲学思潮的兴起,在科学主义思潮影响下的实证主义教学研究范式正受到越来越多的质疑。人们已经意识到,"自然科学的方法在揭示教育的上述特征时,明显有其局限性。而质性研究秉承经验描述及阐释学的方法,在研究教育的人文性方面,有着十分恰当的适切性"②"今天,教学研究者已经意识到教学既有科学的一面,也有艺术的一面,实证分析的教学研究范式和人文理解的教学研究范式各有其存在的理由,教学研究范式应是实证分析和人文理解相融合的研究范式"③。因此,术科教学改革的研究也应该是一种把眼光投向真实课堂生活的质性与量化相结合的研究。应该看到,由于质性研究需要研究者深入教学现场,通过与研究对象的互动与理解进行资料的收集,这常常需要大量的时间、精力作为保证。另外,质性研究又强调对研究对象做整体化、情景化、动态化的"深描",注重对原始资料的呈现,对研究者的要求较高。因此,在我国,质性研究在术科教学研究中的运用还十分有限。这与人们对待质性研究的态度也不无关系,因为"对于这种研究范式的科学性及其价值,还有许多人持怀疑态度,还不被学术界广泛承认,这种研究范式被人们理解和认识还有一个过程"④。

---

① 刘义兵,段俊霞. 教学研究范式论:内涵与变革[M]. 北京:人民教育出版社,2011:303.
② 余东升. 质性研究:教育研究的人文学范式[J]. 高等教育研究,2010,31(7):63-70.
③ 刘义兵,段俊霞. 教学研究范式论:内涵与变革[M]. 北京:人民教育出版社,2011:295.
④ 刘义兵,段俊霞. 教学研究范式论:内涵与变革[M]. 北京:人民教育出版社,2011:302.

我国二十多年来的术科教学改革"步履维艰",这一状况本身便说明了教学改革不是一帆风顺的,也说明教学改革中存在着这样那样的困难。从研究的角度来看,无论是坚持"逻辑演绎"范式还是"实证分析"范式,都需要对这些困难有所认识,并给予深切的关照。然而,作为教学改革的直接参与者与实施者,教师、学生的所作所为来自他们的所感所想,来自他们对教学的认识,而教师、学生在教学改革过程中的思维动态却是逻辑演绎或者实证分析所无法触及的。教学改革的实践早已证明,教学改革过程中最大的动力来自教师,最大的阻碍也来自教师,吸引广大教师的积极参与乃是一项教学改革成功的关键所在。

因此,如果我们不能深入教师的内心世界,探寻他们的教学思维方式,那么,这种"自上而下"的教学改革研究不仅会失之于实然的基础,更会因为这种研究基础的缺乏而导致对教学改革应然判断的失误。质性研究在这方面有其独特的优势。首先,质性研究意味着"实地研究",研究者必须亲自到被研究的人群、地点、环境中去,观察被研究者在自然环境下的行为,并了解他们的想法。其次,质性研究将焦点集中在事件的过程、意义和对人的理解上,其呈现方式主要是通过语言、画面而不是数据来表达研究者对某一现象的认识,这种方式更多的是大量地采用被研究者的话语,也就是说,是从被研究者的角度而非研究者的角度来认识某一问题。因此,质性研究的关注点更多的是被研究者行为背后的内心世界,体现的是一种"人文理解"的旨趣。从人的角度来看,教学改革表面上表现为教师行为的变化,而教学改革得以维持并最终走向成功的基础却是教师观念的转变。因此,术科教学改革研究既要"见物",又要"见人",也就是既要通过实证分析来获知术科教学中教师的所作所为,又要通过质性研究来探知教师的所思所想。

四、术科课程与教学研究史梳理小结

从政策层面来看,术科教学改革有国家的相关文件作为其政策支撑,为改革指明了方向;从理论层面来看,术科教学改革需要"逻辑演绎"研究范式为其寻找相应的理论起点,并将政策文件转化为相应的可操作性改革策略,为改革奠定理论基础;从现实层面来看,实证分析研究范式与人文理解研究范式立足于教学实际场景,发现现实教学问题,寻找来自教师与学生以及学校的改革阻碍,在教学实践中分析问题并把理论应用于实践,以便解决问题,不断深化改革。每一种研究范式都有各自的分析问题、解决问题的思维方式,这便使得研究者不能寄希望于运用一种研究范式达到对术科教学改革——这一教学实践问题的理解与推动。库恩认为,在成熟的科学社群中,每一时期只存在一种范式,从一个阶段到另一个阶段会经历一个格式塔的转换。对于术科教学研究而言,已经出现了不同范式多元并存的局面。正如有学者指出的,"从教学研究领域来看,教学研究范式并不存在被替换的关系,而是多元存在的。……我国未来的教学研究范式应是多元共存,各种范式在对话中不断改进发展"[①]。对于术科教学改革研究而言,这种多元共存既是实然状态,更是应然需要。

---

① 刘义兵,段俊霞. 教学研究范式论:内涵与变革 [M]. 北京:人民教育出版社,2011:321-322.

第三章 我国术科课程与教学理论体系构建的理论基础与时代要求

> 课程问题首先是知识问题,知识论基础不仅制约课程内容的研制与选择,而且决定课程的认识论、价值论、方法论等基本问题,决定关于课程的思维方式、言说方式、实施方式等。①
>
> ——郝德永

第一节 我国术科课程与教学理论体系构建的理论基础辩思

这里,姑且先让我们抛开讨论术科课程与教学时"先入为主"的具体理论基础,从课程与教学理论领域的思维转向讨论术科课程与教学的起点和语境,一则为认识过往甚至当前人们对术科课程与教学理论认识上的偏颇之处获取论证视角,一则为超越过往认识提供论证起点。更为重要的是,人们业已认识到,"课程改革绝不仅仅是教学内容的更新,更为重要的是思维方式的转换"②。

一、由本质主义走向建构主义:我国术科课程与教学的知识论基础转向

"知识论是课程领域难以回避的基础性问题,也是今日课程研究与改革中争论最为激烈的根本性问题。长期以来,本质主义知识论基础在课程理论探究与实践改革中,始终居于主导地位。学校课程研究与发展无不遵循本质主义的逻辑、立场与方法,呈现出明显的本质主义品质、特征与发展轨迹。"③ 对此,王俊(2017)也不无批判地指出,"本质主义作为一种知识观、认识论路线或认识领域的意识形态,已深深地在人类社会生活特别是认识生活中扎下根来,具有一种不言而喻的、先验的真理性"④。实际上,毛亚庆(1995)、石中英(1997)、陈向明(2000)、唐莹(2002)、熊和平和赵鹤龄(2003)等学者,都在

---

① 郝德永. 知识与课程:"支点"的困境与超越[J]. 全球教育展望, 2008 (10): 6-11.
② 郝德永. 课程认识论的冲突与澄清[J]. 全球教育展望, 2005, 34 (1): 15-19.
③ 郝德永. 超越左与右:课程改革的第三条道路[M]. 北京:教育科学出版社, 2013: 91-92.
④ 王俊. 审思与重构:解读高等教育的性别符码[M]. 武汉:华中师范大学出版社, 2017: 245-246.

不同时期从不同方面认识到本质主义作为知识观和认识论基础所带来的诸多问题，这些问题在郝德永先生（2017）那里被称为当代知识探究与发展的主要障碍，包括"知识的客观性标准与确定性品质否定了知识的生成性与建构性品质、知识的公共性逻辑与肯定性立场否定了知识的个人理解性与社会目的性品质、知识的还原性思维与单向度路径否定了知识的相对性、多元性、历史性与发展性品质"等。从这些问题中，我们亦可以认识到，到我国术科课程知识体系的发展脉络与现实教学思维并未走过本质主义的巢窠。

（一）本质主义思维下术科课程与教学的实然路向

1. 我国术科课程知识体系在发展过程中亦是在不断追求客观性标准和确定性品质

术科课程知识——运动技术，作为一种操作性知识，尽管现实比赛场上个体的运动技术呈现出明显的差异，特别是对于开放性的球类运动，个体运动技术差异更为明显，其中道理倒也简单——人在身体或心智上的个体差异使然。从现行的术科课程教材来看，相关运动技术的动作要领表现出很大程度上的统一性或者唯一性，即不同版本的教材在相关运动技术的动作要领表述上差异不大，而且对这些动作要领的分析或者依据运动生物力学加以说明，如足球教材中的"香蕉球"内容，田径教材中的投掷内容等，表现出强烈的科学化趣味，教学中对于学生未按照动作要领进行练习的情况统统归入错误动作的范畴。此外，再从评价的角度来看，当前术科课程教学评价基本上从"技评"和"达标"两方面制定评价标准，这种注重终结性的绝对化评价因为无法考察学生的进步幅度和个体差异而为人们所诟病。实际上，从深层次原因来看，这种只见森林不见树木的做法无疑是术科课程与教学领域的本质主义在作祟，其背后是对知识的客观性标准和确定性品质的追求。对此，有研究者可能会认为运动技术学练早期必须以规范动作学习为主，因为这些动作已经被证明是符合运动生物力学或者被实践证明最为有效的，至于后期提高过程，则会体现出较为明显的个体差异性。这难道不恰恰说明需要以发展的历史观来看待运动技术的形成规律吗？由运动技术向运动技能转变的过程中，必然会因为个体能力、性格、经验的差异而形成具有明显个体差异的运动技能。因此，忽视了知识——运动技术的历史发展性，也就忽视了人的主观能动性与历史性。

2. 我国术科课程的现实教学思维表现出对"知识的个人理解性与社会目的性品质"的否定

一方面，如前所述，术科课程教学过程中，无论是教学过程，还是教学评价，运动技术的正确性与否始终是教师极为关注的问题，术科教师们不愿看到或不能容忍学生运动技术练习过程中所表现出的富有个性的动作，老师怎么教的，学生便需要怎么练，学生更谈不上对动作的个人理解，如果说个人理解，也只是对作为公共知识身份的运动技术知识的个人记忆情况。另一方面，术科课程学习过程中所富含的社会目的性品质——德育价值要么被漠视，要么被认为是自然而然发生的过程而不被重视。该部分内容将在后面一节术科教学价值部分重点阐述，这里不再论述。但需要提醒的是，术科教学的德育价值因为个体实践差异带来的个体体验差异问题，从而导致术科教学的德育价值并没有完整且统一的标准，这便触及了本质主义的"逆鳞"——不具有知识科学性的标准，进而导致在认识上与实践上的割裂——老师们大都认为术科教学有德育价值，但并没有将此作为重点或者实践自觉加以引导，由此也引发了术科课程教学价值的"窄化"问题。

（二）建构主义思维下术科课程与教学的应然理路

对于本质主义在我国教育领域的影响情况，石中英先生早在 2004 年便指出，"本质主义构成了现代中国教育学研究的思想基础，然而这却是一个不牢固的基础"[①]。如果说"本质主义是现代主义知识论的核心理念之一，（那么）反本质主义则被后现代主义所尊崇"[②]。但"反本质主义消解划界问题的做法也有欠妥当。为了更充分地理解科学的边界，我们必须从本质主义走向建构论，把边界当作是社会建构的结果"[③]。当然，对于建构主义能否超越本质主义所带来的诸多问题，学者们的观点大致可分为支持论、批判论和共生论三类，可谓观点不一，但不可否认的是，随着课程理解由设计到过程实践的转向，课堂由预设到生成的转向，建构主义对待知识和知识学习的观点还是让我们看到了其超越本质主义的可能性与合理性，建构主义所秉持的科学知识的相对性、知识运用的情境性、知识理解的差异性等知识观，以及知识是由学生自己建构的、学习意义的获得是学生在自己经验基础上自己建构的结果等学习观，对于术科课程与教学改革而言都有着重要的指导意义。由于篇幅原因，这里仅对以上观点在术科课程与教学中的改革路向加以说明。

（1）科学知识的相对性提示我们，术科课程在内容上、在知识的选择上应保持开放的态度，那些富有时代气息、社会需求的知识点应该成为术科课程实现课程知识体系更新的重要参考。

（2）知识运用的情境性要求我们，术科课程无论是在教材编写上，还是在知识的呈现上，抑或是在术科教学过程中，都应该将相应的知识与具体的情境或者问题结合起来，一方面让学生意识到所学运动技术的重要性，即学科价值，另一方面也更加有利于学生对相关运动技术的应用。

（3）知识理解的差异性告诫我们，术科课程的教学应给予学生足够多的参与教学的机会，学生在教学实践中对术科知识的理解便不仅仅是通过肌肉记忆带来的模仿，他们可能还会通过实践与反思获取更多的学习意义。

（4）学习是建构在原有知识基础之上，以及把同化或顺应作为学习者认知结构发展变化的途径等建构主义学习观，让我们认识到，术科课程无论是在教学内容呈现上，还是在教学过程中，除了单一知识之外，需要更多的呈现组合技术，让学生在不断的"平衡—不平衡"过程中提高对相关技术的认知与应用能力。

二、由机械学习到意义理解：我国术科课程与教学的价值论基础转向

郝德永（2005）在谈到学校课程所具有的本质主义思维方式时指出，"本质主义思维方式赋予传统学校课程普适性、统一性、中心性、霸权性的逻辑与品质"[④]，具体表现为

[①] 石中英. 本质主义、反本质主义与中国教育学研究 [J]. 教育研究, 2004 (1): 11-20.
[②] 安维复. 科学哲学新进展：从证实到建构 [M]. 上海：上海人民出版社, 2012: 130.
[③] 孟强. 科学划界：从本质主义到建构论 [J]. 科学学研究, 2004 (06): 561-565.
[④] 郝德永. 课程认识论的冲突与澄清 [J]. 全球教育展望, 2005, 34 (1): 15-19.

"确定性的课程逻辑""基础性的课程旨趣""认同性的课程模式"等方面。其中,"基础性的课程旨趣"是指,"基于确定性的逻辑与标准,学校课程只能集中于某种永恒的、结论性的基础知识承传与基本技能的训练。……这种课程目标,要求学生只能牢记所谓'现成'的书本知识,形成规定的技能"①,由此导致"知识与个体认识完全脱节,被称为知识的东西不允许有任何个人的理解与诠释。……(也)造成知识价值的中立化"②。从现实情况来看,本质主义的这一秉性在我国术科课程与教学的价值论追求上表现得可谓淋漓尽致。

术科教学的价值追求一般体现在各术科课程教学目标上,对此,我们曾在第二章第三节指出,近二十年的研究表明,教学内容中过分强调运动项目的技术性、竞技性,忽略健身性、兴趣性、简易性和实效性。各学校在教学过程中只注重专业知识和基本技术的传授,整个教学过程围绕学习和掌握技战术进行,忽视了作为教师基本素质的教学能力的培养。教学评价也是以结果性评价为主,只注重达标和技评,忽略了能力的考核。所有这些,从深层原因上来看,是人们对术科课程与教学价值过于追求其竞技属性——运动技能的提高,而忽视了这一过程中教学能力的发展,追求机械学习而忽视意义理解的术科教学也在不知不觉中窄化了自己的价值。对此,后文中有专门的阐述。

第二节 我国术科课程与教学理论体系构建的时代要求

在本质主义思维下,"课程的'确定性'逻辑与标准,意味着课程是由准确无误、永恒不变的科学知识体系构成的"③。这无疑制约了课程内容的开放性与时代性,任何想进入课程内容的知识都面临着本质主义的考验,这也在深层次上解释了我们前一章中所认识到的术科课程知识体系的时代性缺乏问题。走出课程的这种确定性逻辑,必然需要注重课程的时代命题关照,只有与时俱进的课程知识体系方能体现出"否定之否定"的辩证唯物主义哲学规律,而关注时代命题的课程知识体系因为承担起了时代责任而变得更加富有生命力。

党的十八大首次将"立德树人"确立为教育的根本任务。2014年6月教育部印发的《高等学校体育工作基本标准》指出,要挖掘学校体育在学生道德教育、智力发展、身心健康、审美素养和健康生活方式形成中的多元育人功能,有计划、有制度、有保障地促进学校体育与德育、智育、美育有机融合,提高学生综合素质。2020年5月28日,教育部印发了《高等学校课程思政建设指导纲要》,明确提出要把思想政治教育贯穿人才培养体系,全面推进高校课程思政建设,发挥好每门课程的育人作用,提高高校人才培养质量。一系列文件的相继出台一方面让高等院校各门课程意识到了"立德树人"的紧迫任务,另一方面也给各门课程开展育人价值的理论梳理与实践探索提供了方向与契机。高校体育专业术科课程作为职前体育教师培养的重要课程资源,尽管在政策上获得了"德育义务",

---

① 郝德永. 课程认识论的冲突与澄清 [J]. 全球教育展望, 2005, 34 (1): 15-19.
② 郝德永. 超越左与右:课程改革的第三条道路 [M]. 北京:教育科学出版社, 2013: 94-95.
③ 郝德永. 课程认识论的冲突与澄清 [J]. 全球教育展望, 2005, 34 (1): 15-19.

但其"德育责任"的落实仍需激发如下两方面意识,一是从学理上看,术科课程德育责任立论问题——为什么需要立德的意识缺乏理论线索;二是人们对术科课程德育价值的挖掘,对术科课程德育途径的教学实践探索还处于自发状态,一方面表现为自觉梳理术科课程的德育责任内容——立什么德的意识缺乏,另一方面表现为自觉探索术科课程如何德育——如何立德等的意识缺乏。由此,立德树人教育总任务下的术科课程范式,需要由自发走向自觉。

(一)体育专业术科课程德育责任落实"两问题"

1. 体育专业术科课程的德育责任缺乏理论自觉

实现"立德树人"的总任务,需要每门课程有"自知之明",深入思考课程的德育责任有哪些,不扩大也不缩水,实事求是,以及为什么会有如此德育价值,这也正是我国著名社会学家郑杭生先生所说的"理论自觉"。郑杭生先生(2009)认为,"中国社会学的'理论自觉'指从事社会学教学研究的人对其所教学和研究的社会学理论有'自知之明',即要明白它们的来历、形成过程、所具有的特色和它的发展趋向,分清楚哪些是我们创造的,哪些是汲取西方的"[①]。以此反观人们对术科课程德育责任的理解,每每谈到实践课的德育价值,每位从事实践课教学的老师都能认识到"合作、竞争、规则"等德育元素,但除此之外,术科课程还有没有其他德育价值,为什么实践课具有这些德育价值,这些德育价值与中国传统思想或者社会主义核心价值观之间有什么关系,诸如此类问题却很少被谈及。可以说,缺乏"理论自觉"的术科课程的德育责任犹如鲁迅笔下的"阿Q"。缺少了理论自觉的术科课程的德育便缺少了认知的完整图式,而仅仅停留于经验判断。

2. 体育专业术科课程的德育责任缺乏实践自觉

侯利文等(2017)借鉴郑杭生先生提出的"理论自觉"概念提出了"实践自觉",并认为"实践自觉"是"指学术工作者(包括研究者和行动者)对其所研究的社会以及身处其中的实践有'自知之明',要具有从中国实践,包括历史性实践中进行学术创新的资源汲取和灵感获取的主动性和自觉性"[②]。实际上,从理论与实践的双向互动性来看,我们认为,"实践自觉"除了侯利文等提到的主动汲取学术创新资源外,还应该包括建立在理论自觉基础的实践探索,实践过程中的反思,以及对实践效果的"自知之明",从而形成理论自觉与实践自觉的互动。从现实情况来看,缺乏实践自觉,同样是术科课程德育责任落实或实现的另一障碍,具体来说,便是广大教师或者在术科课程教学过程中进行着德育渗透,但这种德育实践路径的探索缺乏自觉性,而对基于个人教学实践德育路径的自觉反思与总结提炼,抑或是自发地认为参与术科课程学习的学生,其课程德育价值便自然而然地获取或内化为学生的品性了,从未从实践的角度给予考证。若不实践验证,如此的

[①] 郑杭生. 促进中国社会学的"理论自觉"——我们需要什么样的中国社会学?[J]. 江苏社会科学,2009(5):1-7.
[②] 侯利文,曹国慧,徐永祥. 关于学术话语权建设的若干问题——兼谈社会学"实践自觉"的可能[J]. 学习与实践,2017(12):82-89.

"自知之明"多少因为"自以为是"而带有些"自欺欺人"了。因此,缺少了实践自觉的术科课程的德育便缺少了内化的多元路径,也仅仅停留于经验判断。

(二) 体育专业术科课程的德育责任线索

1. 来自"具身德育"的哲学思想线索

针对德育的教育形式,人们形成了两种认识。一种观点认为,德育可以通过知识传授的形式,以认知的方式进行,而且可以自然而然地内化为学生的认知与外化为学生的行为。另一种观点认为,上述观点为"离身的德育",表现出明显的"身心二元论",进而认为德育不能离开身体而通过认知独立获得,必须是"具身"的,由身体实践获得,这一观点被称为"具身德育",由中国教科院德育与心理特教研究所所长孟万金教授在深入系统总结古今中外德育经验教训的基础上,借鉴吸收新兴的具身认知观与道德观等理论率先提出。孟万金教授指出,传统的德育过程"是'离身'德育,即偏重于心智加工的认知型说教,而由于脱离情景忽视了身体力行的行为习惯养成,导致知行两张皮、表里不一。具身德育是指基于具身认知的德育。具身认知是植根于人的身体(包括大脑在内)及其与环境交互作用的认知。……(主张)通过身体活动与情景的交互作用实现社会道德与个体品德的有机统一"[①]。而"体育的具身性为促进'具身德育'提供了先天优势"[②]。此外,2017年教育部颁布的《中小学德育工作指南》中也明确指出德育的实施途径为"课程育人、文化育人、活动育人、实践育人、管理育人、协同育人"。由此不难理解,术科课程兼具了课程、实践、文化、活动等要素,在德育价值实现上具有天然优势,可以说,"具身德育"思想更为体育专业术科课程德育价值提供了哲学思想线索,回答了术科课程德育价值如何实现或者能否实现的问题。

2. 来自"教育性教学"的教育学思想线索

教育史上,首先将教学与德育建立联系的非德国哲学家、教育家赫尔巴特莫属。赫尔巴特第一次提出了"教育性教学"的概念,把道德教育与学科知识教育统一在同一个教学过程中。赫尔巴特在《普通教育学》的开篇便说:"我得立刻承认,不存在'无教学的教育'这个概念,正如反过来,我不承认有任何'无教育的教学'一样。"[③] 在赫尔巴特看来,知识教育与道德教育是不能截然分开的,两者是统一的过程,他将知识教学作为道德教育的手段和目的,他强调:"教学如果没有进行道德教育,只是一种没有目的的手段;道德教育(或者品格教育)如果没有教学,就是一种失去了手段的目的。"[④] 这一认识源于其对教育目的的认识和伦理学的观念,他认为,教育的最高目的在于培养学生的道德,"教育的唯一工作与全部工作可以总结在这概念之中——道德。道德普遍地被认为是人类的最高目的,因此也是教育的最高目的"[⑤]。从赫尔巴特"教育性教学"思想出发,不难理

---

① 孟万金. 具身德育:背景、内涵、创新——论新时代具身德育 [J]. 中国特殊教育, 2017 (11): 69-73.
② 江小春. 简论体育的"具身德育"功能 [J]. 中国特殊教育, 2017 (08): 93-96.
③ 赫尔巴特. 普通教育学·教育学讲授纲要 [M]. 李其龙, 译. 北京: 人民教育出版社, 1989: 12.
④ 赵厚勰, 李贤智, 靖国平. 外国教育史教程 [M]. 武汉: 华中科技大学出版社, 2018: 154.
⑤ 张焕庭. 西方资产阶级教育论著选 [M]. 北京: 人民教育出版社, 1985: 259-260.

解的是，每门课程都有育人价值，每门课程也都应该有政治判断的合理性与科学性，这实际上也为每门课程，当然包括体育专业术科课程追求德育的理论自觉与实践自觉提供了重要依据与教育线索，回答了体育术科课程有没有德育价值，要不要追求德育价值的问题。

（三）体育专业术科课程的德育责任框架

"在校园，'德育'不是一个概念，更不是一个名词，它是一项教育活动，需要内容、方法、过程和结果。"① "从实际情况来说，牵强或没有遗漏地把德育内容添加到体育中是不适宜的，学校体育，并不是对任意种类的道德教育内容都具备相同的承载性，换句话说就是，并不是所有道德内容教育均可同等重要地借助学校体育来顺利开展。"② 徐继存（2018）也意识到需要以审慎的态度对待课程责任问题，因为"没有课程审慎的存在，课程责任就可能变成鲁莽和草率"③。因此，厘清术科课程的德育内容框架便显得尤为重要。

1. 基于文献的体育教学德育内容梳理

从相关文献来看，人们对体育课程或教学中的德育问题存在较多分歧，这一方面正如李储涛（2018）所意识到的，"体育界对体育道德概念本身就存在着边界不清、范畴不明、指向含混、语境模糊等学理上的问题，……导致体育课程中德育目的的取向、德育内容的选取、德育功能的界定、德育课程与教学的指导原则、体育教师的德育义务等领域的一系列问题"④。另一方面，如前所述，可能与人们对体育课程德育问题的关注还处于自发状态，缺乏实践自觉与学术讨论有关。有关体育教学中德育内容的相关研究观点如表3-1所示。

表3-1　有关体育教学中德育内容的相关研究观点

作者（时间）	观点
冯悦民、江翠萍（1997）	爱国主义、集体主义、世界观、人生观、价值观、社会公德、组织纪律、体育道德教育等
罗智梅（2002）	培养热爱社会主义祖国和为实现"四化"建设服务的情感和意识，培养团结友爱、互助合作和集体主义精神，培养高度的组织性和纪律性，培养勇敢顽强、机智果断、吃苦耐劳等优良意志品质，培养热爱劳动、爱护公共财物的思想
孙辉（2016）	体育思想、体育精神、体育文化、体育意志、体育规则、体育运动
彭蕾（2016）	爱国主义教育和民族精神教育、法制意识和规则意识、意志品质和进取精神、集体主义和合作意识、审美意识和健全人格
张伟、孙哲（2018）	学校体育中的一般德育内容有思想教育、理想教育、法治教育、政治教育、道德教育、非智力因素教育、社会适应能力培养等 体育教学中的隐性德育功能：价值导向与激励功能、陶冶熏陶功能、行为规范与道德自律功能

---

① 马国新. 为何而教 [M]. 北京：中国轻工业出版社，2015：143.
② 张伟，孙哲. 体育教学功能解析与实现途径研究 [M]. 北京：中国商业出版社，2018：111.
③ 徐继存. 论课程责任及其履行 [J]. 课程·教材·教法，2018，38（3）：37-43+111.
④ 李储涛. 身体德育：学校体育的德育起点 [J]. 上海体育学院学报，2012，36（6）：72-75.

由表 3-1 可知,研究者们尽管在具体德育内容的表述上存在一定的差异,而且没有刻意地对德育内容进行分类或分层,但基本上是从国家、社会、个人等层面进行的描述,在具体内容上包括了思想政治、职业道德、个人品质等方面。以上研究的合理之处正如有研究者所指出的,"德育的框架内容无非由三部分组成:政治思想教育、道德品质教育、文明习惯的养成教育"①。而且,"现代德育内容广泛,但基本上都涉及私人生活、公共生活和职业生涯。其中私德教育涉及自我定向和他人定向的道德,公德教育涵盖社会公德和国民公德,职业道德教育包含对待工作和服务对象的道德要求"②。当然,亦有不合理之处,正因为这种缺乏分层或分类的德育内容体系,才会容易出现前面所提到的自发状态:谁都知道,但是谁又说不清楚。对于这种情况,魏贤超(2004)曾指出,"传统的和现行的德育和德育课程因为没有揭示和遵循智、德、体、美要素完整、比例恰当、关系有序、结构有机的全息整体教育规律,因此不可能很好地发挥智、德、体、美及整体教育结构的协同育德作用"③。结果便是,"当下的思想品德课程与其他学科部分内容之间不仅有简单重复的现象,而且尚未处理好思想品德课程与其他学科课程的关系"④。面对这种情况,卢伯春(2015)认为,学校体育的德育内容应该坚持横向整合与纵向整合的思路,其中横向整合分为两个向度,"一是以学校体育中的德育价值图式为主导的内部德育整合。二是突破学校体育学科界限的德育整合。……德育纵向整合的设计思路应以学生的社会生活为主线,做到点面结合,综合交叉,螺旋上升"⑤。这也是为数不多的在建构学校体育德育内容体系方面具有建设性的观点。基于以上认识,我们认为,学校体育德育内容的构建或者挖掘一方面要考虑学生的生活、阶段学习目标或任务,另一方面也要考虑学生思想品德的形成与发展特点。

2. 基于"职业—社会—个人"三维度六层次的体育专业术科课程的德育内容体系

体育专业大学生毕业后大部分将走向教师岗位,必要的知识能力、良好的个人品德、职业道德、社会公德等,将成为他们更好地适应职业、立足社会、实现个人发展的重要保证。因此,结合当前对中国学生体育核心素养的研究成果与职前教师教育任务,术科课程的具身性特点,以及黄向阳(2008)等人的研究,可以从"教师职业道德、社会公德、个人品德"三个维度六个层次构建体育专业术科课程的德育内容体系,具体如图 3-1 所示。同时,经过多年的教学实践,以及与相关教师的交流,我们亦获知了一些在术科课程教学过程可以进行德育的渗透点,一并呈现于图 3-1 中。

---

① 谭泽中,苏一凡. 贯彻十七届四中全会精神 推进高校党的基层组织建设 [M]. 广州:华南理工大学出版社,2010:534.
② 黄向阳. 德育内容分类框架——兼析我国公德教育的困境 [J]. 全球教育展望,2008(9):48-52.
③ 魏贤超. 德育课程论 [M]. 哈尔滨:黑龙江教育出版社,2004:248.
④ 卢伯春. "多维整合":学校体育中德育的新走向 [J]. 南京体育学院学报(社会科学版),2015,29(5):95-99.
⑤ 卢伯春. "多维整合":学校体育中德育的新走向 [J]. 南京体育学院学报(社会科学版),2015,29(5):95-99.

第三章 我国术科课程与教学理论体系构建的理论基础与时代要求

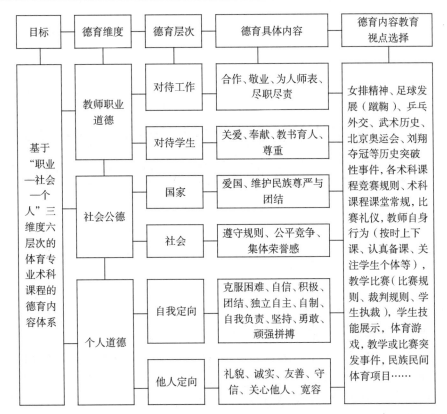

图 3-1 基于"职业—社会—个人"三维度六层次的体育专业术科课程的德育内容体系

需要注意的是,为了研究需要,以上每个层次的德育具体内容尽量保持了独立性,实际上,"这只是理论上一种粗略的区分。实际实施的德育内容时常有交叉、重叠。一方面,许多条目都是私人生活、公共生活和职业活动中的共同要求;另一方面,一种具体的行为往往同时涉及几个领域的道德问题"[①]。例如,合作、规则等是三个层次的德育内容都需要的,而教学比赛等教学环节都会对合作、规则等德育元素的发展有所助益。因此,以上具体德育内容的划分是相对而言的。

---

① 黄向阳. 德育内容分类框架——兼析我国公德教育的困境 [J]. 全球教育展望, 2008 (9): 48-52.

第四章 我国术科课程与教学的基础理论研究："实践取向"的术科教学基础理论体系

> 课程应建立在知识和价值观的基础上，同时它也必须建立在技能的基础上①。
> ——亚瑟·K. 埃利斯（Arthur K. Ellis）

中国的课程改革不能忽视教师教育的核心地位，教师教育的改革更不能一味地"被动挨打"，自觉寻求改革之路以便"主动出击"方为上策。教师教育的改革离不开教师教育理念的变革和理论的反思与建构，瞿振元（2013）便指出，实现高等教育现代化需要理论先行，术科课程与教学改革亦是如此。教学作为事实与价值的统一体，知识论基础与价值论基础也自然成为术科教学研究的基石与起点。"新中国成立以来，体育科学界的一个奇怪现象是，我们一方面无视或否认'术科'的科学知识性而将其孤立于知识性学科之外，另一方面却盲目地拔高'术科'的学科地位。……由于逻辑起点的把握不准，不仅初衷难以达成，反而加剧了我国体育科学体系结构混乱。"② 因此，加强术科课程与教学的知识论与价值论的研究，明晰术科课程与教学的逻辑起点问题便势在必行。

第一节 术科课程与教学的基础理论薄弱

布鲁纳在《教育过程》中表明了对教学理论的思考过程，实际上，"教什么""如何教""何时教"等问题也是研究教学理论时需要首先关注的问题，也表明了思考知识、课程、教学三者关系的重要性。季苹曾经在《教什么知识》一书中对当前我国的课程与教学研究有过这样的诊断与希冀，即"知识论应该是教育——具体说是课程与教学——的基础，而中国的课程与教学缺乏知识论基础，因此，教育研究者也应该将知识论的建设作为重要的历史责任"③。从现实情况来看，术科课程与教学的研究不仅缺乏知识论基础，还缺乏价值论基础，判据主要来自以下几点。

---

① 埃利斯. 课程理论及其实践范例 [M]. 张文军, 译. 北京：教育科学出版社, 2005: 29.
② 王健, 黄爱峰, 吴旭东. 体育教师教育课程改革 [M]. 北京：人民体育出版社, 2005: 142-143.
③ 季苹. 教什么知识：对教学的知识论基础的认识 [M]. 北京：教育科学出版社, 2009: 9.

第四章 我国术科课程与教学的基础理论研究:"实践取向"的术科教学基础理论体系

一、术科课程与教学的知识论基础与价值论基础的论述较少

从相关资料来看,"术科"一词的称谓要晚于体育运动项目作为体育师范教育课程的时间。我国体育师资最早的培养机构是江苏优级师范学堂,当时主要是以培养体操教师为主。为缓解体操师资的供需矛盾,1906年,清政府学部通令各省,在省城师范学堂"设五个月毕业之体操专修科,授以体操、游戏、教育、生理、教法等,以养成小学体操教习"①"虽然体育领域'学科''术科'二词并列使用源出何处尚无考证,但在20世纪初期以培养'体操'师资为主的专门教育课程文件中已有显见。例如,1908年公布的《重庆体育学堂简章》已将'学科'与'术科'分类设置,在此简章中将课程分'学科、术科、随意科三种'。1914年《中国体操学校章程》中也提出'本校所授科目分学科、术科两种'"②。在此之后,常见的体育运动项目,如田径、篮球、排球、足球等便逐渐成为体育师资培养中的术科课程。体育运动项目进入高等师范院校成为体育师资培养的课程,极大地丰富了高师课程资源,也极大地拓宽了体育师资的培养口径。

如果说早期术科课程建设时期,由于历史、政治的原因,人们还无暇顾及术科课程与教学的知识论与价值论方面的问题,那么,到了近现代,能够自觉考察该问题的研究也并不多见。从我国整个课程与教学论的发展情况来看,"由于仅仅关注具体知识的选择和传递而缺乏对知识性质和知识价值等问题的思考,导致在课程论上主要关注的是'具体教什么知识',在教学论上则主要关注的是'怎样教知识',使得课程论与教学论以及它们所指导下的实践均缺乏对知识问题的深度思考"③。翻开高等师范院校体育教育专业所使用的相关术科课程的教材,基本上以相应运动项目的运动技术与战术为主要内容。当然,这些内容也属于相应的术科课程知识(对于术科课程知识是什么这一问题将在后面加以阐述),但是这些教材还是以相应运动项目的教与学为主。日本学者佐藤学更是不无批评地指出,"课程与教学的理论自确立以来,……仅仅在心理学和技术学的范畴之中提炼'教'与'学'"④。看来,课程与教学领域对知识问题的"忽视"是一个世界性的问题。

前面之所以认为我国学者自觉考察术科课程与教学中知识问题的研究并不多见,是因为进入21世纪以后,人们才慢慢开始关注术科课程与教学中的知识问题,但研究成果也十分有限。著作方面主要有王健(2003)所著的《体育专业课程的发展与改革》,王健、黄爱峰等人(2005)所著的《体育教师教育课程改革》,黄爱峰(2008)所著的《体育教育专业的发展与改革》,这些著作中都有单独一章用来讨论术科课程与教学问题,当然也涉及知识论与价值论问题;论文方面主要有黄爱峰、王健(2006),杨培基,于晓东(2009),刘斌(2010),孙有平、张磊(2013)等,这些文章或者讨论"学科"与"术科"问题,或者单独讨论体育课程知识问题,但同样也都对术科课程中的知识问题有所论及。方便起见,笔者将著作中有关术科课程与教学的章节内容以表格的形式加以汇总,具体如表4-1所示。从表4-1来看,虽然相关著作中对"术科"课程与教学问题进行了探

---

① 成都体育学院体育史研究所. 中国近代体育史资料 [M]. 成都:四川教育出版社,1988:273.
② 黄爱峰,王健. 一个真实的假问题:体育教育专业"术科"探究 [J]. 西安体育学院学报,2006,23(4):92-95.
③ 季苹. 教什么知识:对教学的知识论基础的认识 [M]. 北京:教育科学出版社,2009:13.
④ 佐藤学. 课程与教师 [M]. 钟启泉,译. 北京:教育科学出版社,2003:105.

讨，但是专门进行知识论与价值论方面的论述并不多。

表 4-1　现有著作中有关术科课程与教学的章节内容

著作名称	相关章节内容		
王健（2003）《体育专业课程的发展与改革》	第四章　体育教育专业课程结构改革典型问题分析	第一节　体育教育专业中的"学科"与"术科"问题	一、"学科"与"术科"的由来 二、"学科"与"术科"的辨析 三、"学科"与"术科"建设的误区与教学中的偏差
王健、黄爱峰等人（2005）《体育教师教育课程改革》	第六章　体育教育专业"术科"课程问题探究	第一节　术科问题的来源及辨析	一、将学科术科截然分开并对立起来，忽视术科与学科的整体性 二、将运动项目的技能水平等同于运动项目的教学水平 三、将体育院系的术科教学等同于竞技体育的运动训练
		第二节　体育教育专业"术科"类课程内容问题检视	一、课程目标游离专业培养目标 二、课程内容脱离中学实际需要 三、课程实施偏向"训练化" 四、课程评价过于单一僵化
		第三节　"术科"课程建设思路与策略	一、明确学科定位 二、整合术科内容 三、术科课程的范式转型 四、锻造学术队伍，加强高师体育院系与中小学的联系
黄爱峰（2008）《体育教育专业的发展与改革》	第四章　夯实基础：体育教育专业课程的典型问题	第二节　"术科"类课程问题探究	一、术科的来源及辨析 二、体育教育专业"术科"类课程内容问题检视 三、"术科"课程建设思路与策略

二、术科课程与教学长期存在"知识传授与能力培养相割裂"现象

早在 1980 年，国家体委颁发的体育学院体育系教学计划中对专修课已特别指出："专修课不能只搞单项技术的提高，必须是学生对所选课程的理论、知识、技术和技能得到全面的提高。"[①] 后来国家颁布的《全国普通高校本科体育教育专业十一门课程基本要求》《普通高等学校本科体育教育专业九门主干课程教学指导纲要》等文件都明确指出，各术科课程的教学目标在于相关术科课程知识的传授和相关术科课程教学能力的培养。然而，

---

① 黄爱峰，王健. 一个真实的假问题：体育教育专业"术科"探究［J］. 西安体育学院学报，2006，23（4）：92-95.

时至今日，术科教学——无论是普修还是专修①仍然把学生相关运动技术的提高作为主要教学目标，术科教师教学过程中过于重视学生运动技术提高，忽视教学能力发展已然成为一个现实问题，他们更多认为教学能力的发展是教育学、学校体育学、教育实习等课程的任务，术科教学没有时间也没有能力对学生教学能力发展给予过多的关注。这虽然与一些教师的教学观念有关，但是，这种割裂现象也从一个侧面反映出了术科课程与教学领域对于"知识与能力的关系"这一教学理论经典问题研究的不深入和不彻底。如此一来，术科教师由于无法确定"知识传授与能力培养"之间的关系，或者说不能很好地理解"运动技术与教学能力"之间的关系而导致他们实践上的行为与文件要求出现不一致的情况。当然，运动技术是教学能力发展的基础，但是，教学能力也是围绕运动技术而展开教学的能力，仅关注运动技术的提高而忽视教学能力的发展实则是将两者的关系割裂起来了。

三、运动技术的教育学意义被遮蔽

术科课程与教学在理论层面对知识论与价值论研究的薄弱还表现在对客观主义知识观的坚持上。众所周知，斯宾塞对自己的著名提问"什么知识最有价值"的回答是"科学"。知识问题是任何阶段的教育所共有的核心问题，斯宾塞的回答也使各级各类教育均以知识的科学性作为教育的起点，客观主义知识观成为人们考察学校知识和组织学校知识的一把标尺。这种知识观认为，知识是人类认识的结果，是在实践基础上产生又经过实践检验的对客观实际的反映，是"人类在长期的改造自然和社会实践中获得和积累的认识成果，知识的根本问题是其正确性、真理性和科学性问题，即真假问题"②。

竞技运动项目自进入学校领域以来，从教学目标到教学内容再到教学评价，均围绕着相应的运动技术展开，运动技术作为术科课程知识亦被打上了真假问题的烙印。从现行的有关术科课程的教材来看，对竞技运动项目的介绍都是以相应运动技术为主线，包括正确动作、预防及纠正方法以及易犯错误等，其规范动作均来自专业高水平运动员，这些被认为最符合运动技能形成规律的运动操作程序逐渐被抽象化、程序化、客观化。体育教学过程中，任何与书面知识要求不一致的动作都被教师认为是错误动作。如果说教师试图把正确的运动技术知识传授给学生还无可厚非的话，那么，当这一趋势走向极端，很多教师只是为了传授运动技术而一再强调动作的准确性，并以为这便是在"求真"的话，结果便是教育离"真、善、美"渐行渐远了。因此，从真假性上看待运动技术问题，非但没有把一般的运动技术知识与教育领域的运动技术知识区分开来，反而带来了一个直接的后果，"那就是以知识的认识论属性——真假性——遮蔽了课程知识的教育学属性"③。教育过分强调知识的"真"，而置课程知识最本真的教育学情怀——体验与意义畅想于不顾，这是何等的扭曲。可以说，术科课程知识的价值论问题并未随着人们对术科课程与教学目标的要求的改变而受到应有的关注，术科教学——无论是普修还是专修阶段都是围绕运动技术的提高这一目标努力，至于运动技术提高的意义或价值也仅仅被限制在更好的动作示范上。

---

① 这里的"普修"是指每个学生都要进行的统一运动项目的专业必修课的学习；"专修"是指在进行完专业必修课学习后，选择一个运动项目进行3~4个学期的专门性学习，在很多学校称为"专业选修课"。
② 李召存. 课程知识论 [M]. 上海：华东师范大学出版社，2009：47.
③ 李召存. 课程知识论 [M]. 上海：华东师范大学出版社，2009：45.

第二节 术科课程与教学的知识论基础

一、知识论基础论域

当前,"知识论基础"一词被经常使用,而且在使用上比较自由。纵观相关研究,或者直接将某种知识观作为知识论基础,或者将某种知识作为知识论基础,这都反映了"知识论基础"一词使用的泛化现象。本书并不打算从词源上对"知识论基础"一词进行界定,因为这很可能会由于笔者的能力水平或理解偏差而加重这种泛化现象,另一方面,概因当前研究中亦有可资借鉴之观点。在这方面,季苹(2009)认识到,"通常认为,课程与教学的知识论基础主要探讨的是两个方面的问题:什么知识最有价值以及以什么方式将知识教给学生"[1]。而迟艳杰(2011)在其研究中对此有不同的认识,他指出,"就课程理论建设而言,其中重要问题之一是没有厘清课程改革的核心问题——知识论基础。课程改革的知识论基础实质上是要回答以何种价值观来选择知识、以何种知识理论来组织课程、以何种知识观来传授教学内容三个方面的问题"[2]。

就本研究而言,笔者以为,知识论乃是以知识为对象进行理论探讨的学问,其涉及知识"是什么?何以可能?如何确证?"等命题,正如金岳霖先生所言,"知识论不在指导人如何去求知,它的主旨是理解知识"[3]。另外,季苹亦指出,"什么知识能够转化为学生的能力,或者知识如何能够转化为学生的能力,显然是教师知识教学的一个基本问题,应该成为课程与教学的重要知识问题,并需要以知识论为基础对这一问题作出回答"[4]。如此,综合相关研究来看,本书认为,术科教学的知识论基础需要对以下问题做出回答:一是术科教学的知识是什么,术科教学的知识是什么性质或者什么类型的知识,此为对"教什么知识"的回答;二是以什么形式来组织术科教学的知识,并以何种方式教授,此为对"如何教"问题的回答;三是术科教学的知识如何转化为学生的术科教学能力,此为对"知识与能力的关系"这一传统的知识教学问题在术科教学领域的回答。

二、术科教学的"知识性怀疑":从"学科"与"术科"之争谈起——回答术科课程"有没有知识传授"的问题

言术科教学的知识论基础,言下之意便是已经承认了术科教学是有知识传授的,该问题本不应该成为一个问题,因为无论从大教育的角度,还是从教学的角度而言,教育都不能离开知识而独立存在;同时,存在于学校中的课程,其存在的根据便是"知识的合法性"得到确证,尤其对于大学教育而言,人们亦认为高深知识(也称高深学问)是大学

---

[1] 季苹. 教什么知识:对教学的知识论基础的认识 [M]. 北京:教育科学出版社,2009:21.
[2] 迟艳杰. 我国基础教育课程改革的知识论基础之反思 [J]. 教育科学研究,2011 (5):22-25.
[3] 金岳霖. 知识论 [M]. 北京:商务印书馆,1983:1.
[4] 季苹. 教什么知识:对教学的知识论基础的认识 [M]. 北京:教育科学出版社,2009:33.

第四章　我国术科课程与教学的基础理论研究："实践取向"的术科教学基础理论体系

教育存在的基础。① 因此，术科课程或教学亦有其而且必须有知识传授。然而，这样一个看似清晰的问题，曾经有过关于术科教学有无知识传授的问题的争论，而这一争论的集中反映便表现在人们对"学科"与"术科"的争论上。一般来说，我们习惯上将体育专业中的课程分为"理论类"和"技术类"两种，理论类课程又称为理论课，简称学科，技术类简称为术科。有些学者曾经对"学科"与"术科"的知识性与非知识性问题进行过争辩。例如，有学者认为"所谓的技术学科，是指在体育训练中，区别于各种知识性的科目——学科的各种技术性的科目，学科与术科是共同存在于体育教师训练中的相互对应的教学科目，前者可称为知识学科，也即理论学科，后者可称为技术学科"②。其言下之意便是技术学科为非知识学科。另外一些学者则认为，将"术科"视为非知识性课程，将其从"学科"中剥离出来，并与"学科"对立看待是不合理的。如果的确属于研究之需，将"术科"称为"技术性学科"，则比较合适。③ 对于"学科"与"术科"的对立问题，有学者指出，人们对"学科"与"术科"认识表现出了一定的局限性，其结果便是，"一方面使原本就显得空洞及缺乏实践指导力的一些'学科'，由于缺少实践应用领域的反馈信息而显得更加虚弱乏力；另一方面，使原本需要理论指导的一些'术科'，由于拒绝或失去理论的滋养而限于经验水平"④。

值得注意的是，人们对"术科"的"知识性怀疑"不仅仅是高等教育阶段才存在的问题。如果我们将中小学的体育课看作"术科"的特殊形式（实际上，体育课在严格意义上也可称为术科，因为体育课拥有术科课程所具备的一切结构，采用的是术科的组织方式，教的是术科的课程内容，方法是采用的术科教学方法；如果说差异，那么差异主要体现在教学对象与存在形式上），那么，对于"'体育课程谁都可以上''蹦蹦跳跳怎么能登上学校教育之大雅之堂呢'等在当时看来是贬低体育教师地位的说法，现在看来，实际上是人们认为'体育课程没有知识传授'，进而怀疑体育课程的教育地位的真实写照"⑤。

这里抛开人们对"学科"与"术科"的误解或者认识问题，仅从课程或教学的角度来讲，这种"知识性"的争论便站不住脚。当然，人们对于某一事物特别是新事物（实际上术科在讨论的当时已经不是新事物）的认识，会经历争辩、确定、再争辩的过程，这也符合哲学中"否定之否定"的认识规律。时至今日，"学科"与"术科"的争辩虽已告一段落，但是，对于术科课程或教学的"知识性"体现在哪里、这种知识又是什么类型的知识等问题，人们并未表现出持续追问的兴趣。

三、运动技术：术科课程知识的本体论追问——回答术科课程知识"是什么"的问题

既然我们已经可以确切地说术科课程是有知识可教的，那么，术科课程知识又是什么呢？是田径、篮球、足球等这些体育运动项目吗？当进行"一事物是什么"的追问时，便

---

① 关于这一点，陈玉祥在《高深知识论——基于大学的研究》，解飞厚等在《大学知识：高深知识与个人知识辨析》等著作和文章中都有相关论述，另外还有其他相关文章论述，这里不一一列举。
② 刘海元，田凌. 体育学科对培养学生智力内容与结构的研究 [J]. 西安体育学院学报, 2005 (1)：110-112.
③ 王健. 体育专业课程的发展及改革 [M]. 武汉：华中师范大学出版社, 2003：116-118, 127.
④ 黄爱峰，王健. 一个真实的假问题：体育教育专业"术科"探究 [J]. 西安体育学院学报, 2006, 23 (7)：92-95.
⑤ 孙有平，张磊. 体育课程知识本质与意义的本体论追问 [J]. 体育学刊, 2013, 20 (4)：78-82.

已走入本体论的话语语境。

属性本体论从事物的"属性"或"本质属性"来探讨世界的本原问题，其"离开了客观的感性物质存在本身兜圈子的做法"[①]，虽然走入了唯心主义的歧途，但是，这一思维方式还是有其借鉴价值的。今天，我们在认识新事物时总是需要明晰事物的本质所在，以便与其他事物相区别。从逻辑学上来看，如果一事物抛弃了"本质属性"，该事物就不再是其本身了。因此，探讨术科课程知识"是什么"的本体论问题，可以也应该从探索其"本质属性"开始。

与理论课程相比，术科课程传授的是体育活动的方法，表面上看，表现为篮球、排球、足球、田径的运动项目，但是，这些项目不能称为知识，因为知识或者以概念、判断、推理等思维形式和范畴体系来表现自身的存在，或者以方法、操作程序等形式表达。于是，体育运动的方法——运动技术便成为区别术科课程知识与其他理论课程知识的本质属性。

国内学者多从"体育"的角度对运动技术这一本质属性加以认识，并取得了一定的共识。顾渊彦先生认为，"运动技术是体育学科特有的，较为明显地反映了体育学科的性质"[②]。张洪潭先生也旗帜鲜明地指出，"真正的体育知识，确实是有的，那就是运动技术"[③]。正像语文知识有文字、字词作为符号标志，数学知识有数字、公式作为其符号标志，那么，术科课程知识呢？可以说，"自古希腊以来，人类已形成对体能追求的特定方式，即体育。而这一活动又有其特定的符号标志——运动技术。运动技术就像人类语言一样，它以特定的符号形式，传达着实质追求"[④]。实际上，无论是术科课程，还是体育，都无法离开具体的运动项目而进行独立的认识，两者共同的认识对象与载体亦是具体的运动项目。因此，术科课程知识的本质属性得以澄清，那就是运动技术。

从以上引述来看，学者们普遍认为，运动技术是体育学科或者体育课程领域所特有的知识。自然的，术科课程或教学的知识亦是运动技术。对此，有人或许会有这样的两个疑问：第一，对于术科教学而言，"战术、纠错方法、练习方式"等也是"教什么"所应该涉及的内容，如果说术科课程或教学的知识是运动技术，那么，这些内容又算作什么呢？第二，该问题扩展到中小学体育课中，我们知道，中小学体育课主要教学内容也是各运动项目的运动技术，但是，按照新课程标准，还有与体育运动有关的损伤、保护、安全知识、青春期的保健知识等方面的知识，这些知识与运动技术之间又是什么关系呢？

这两个疑问实则反映出人们对运动技术与相关知识之间关系的认识问题。对于运动技术与战术，邱钟惠等（1982）认为，"我国运动员的实践经验是：技术是战术的基础，战术由各种技术组成"[⑤]。吴小勇（2005）从篮球运动出发指出，"技术内容决定战术形式，战术形式必须适应技术内容。全面、熟练、准确、实用的技术是实施战术的基本条件和基

---

① 谢维营. 本体论批判 [M]. 北京：人民出版社，2009：49.
② 顾渊彦. 基础教育体育课程改革 [M]. 北京：人民体育出版社，2004：52.
③ 张洪潭. 体育基本理论研究：修订与拓展 [M]. 桂林：广西师范大学出版社，2007：241.
④ 李永华，张波. 学校体育的使命：论体育素养及其提升途径 [J]. 南京体育学院学报，2011，25（4）：99-101.
⑤ 丘钟惠，庄家富，孙梅英，等. 现代乒乓球技术的研究 [M]. 北京：人民体育出版社，1982：67.

本保证"①。由此可知,不能离开技术而空谈战术,术科教学中也不能离开技术而单独练习战术,没有运动技术的保障,战术也是无法实施的。因此,战术可以看作是各种运动技术——知识的知识组合。至于"纠错方法、练习方式"等更是无法离开运动技术而独立存在了。从这一意义上来讲,我们可以将"运动技术"作为本体论意义上的术科课程或教学知识的"本质属性"而存在。实际上,孙有平、张磊(2013)曾就体育课程知识的本质属性问题从本体论的角度专门撰文探讨,他们认为,运动技术是区别体育课程知识与其他课程知识的本质属性。② 我们认为,这一结论对于术科课程而言同样适用,因为体育课程从更广泛的意义上讲可以看作术科课程在中小学中的表现形式。

对于第二个疑问,张磊、孙有平(2013)的研究已经表明,"如何把这些在以往分属不同课程性质,从授课形式上看甚至对立的内容在体育与健康课程中实现统一,便需要处理好两者之间的辩证关系。这便需要在体育与健康课程内容的综合化编排中,考虑整个课程内容以什么内容为中心的问题,即该梳理出能'统整'不同体育与健康课程内容的主线,通过这条主线将体育与健康课程知识编织在一起,进行充分综合"③。作者进而给出了以运动技术为主线,体育与健康课程内容中的知识网络图,如图4-1所示。

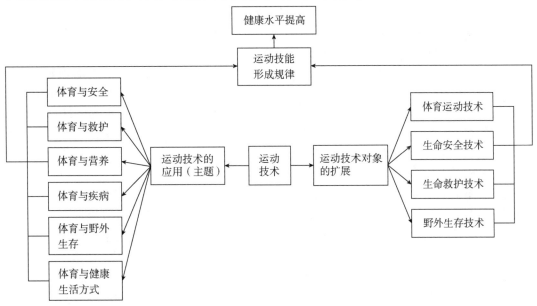

图4-1 体育与健康课程内容的知识网络图

综上所述,术科课程或教学"知识性"的具体而且最本质的体现便是"运动技术",就高等师范院校体育教育专业的术科课程而言,其培养目标在于中小学体育教师,离开了相关运动项目的运动技术,体育课强身健体的目标无法实现,体育教师的"专业性"也无法体现。因此,"什么知识最有价值"的问题在术科课程那里的回答便是运动技术,自然的,术科教学"教什么"的答案便也是术科课程里的知识——运动技术。至于术科课程中

---

① 吴小勇. 论篮球运动的技战术关系 [J]. 成都体育学院学报, 2005, 31 (2): 82-85.
② 孙有平, 张磊. 体育课程知识本质与意义的本体论追问 [J]. 体育学刊, 2013, 20 (4): 78-82.
③ 张磊, 孙有平. 我国体育与健康课程综合化进程中需明晰的几个问题——基于综合课程的理解 [J]. 天津体育学院学报, 2013, 28 (4): 345-349.

的其他知识（如战术、运动损伤等），也都是以相关的运动技术为基础而组织起来的。

四、实践知识：术科课程知识的身体与实践维度——回答术科课程知识"是什么类型"的问题

既然运动技术是术科课程知识的本质属性，那么，运动技术又是什么类型的知识呢？对此，国内学者已经有诸多认识，概括起来看可分为三种观点，一是身体认知观，二是操作性知识观，三是默会知识观。

（一）身体认知观、操作性知识观、默会知识观：运动技术"知识类属"的既有回答

"身体认知"的观点在前面的论述中已有所提及，例如顾渊彦先生（2004）曾指出，"从本质上说，技术属于认知的范畴，它是人类认知体系中的一个特有的领域——身体认知"[1]。另外，在谈到运动技术的特点时，顾渊彦先生又指出，"运动技术是一种默会知识，它必须在实践中获得才能最终掌握"[2]。看来，顾渊彦先生是从不同的分类角度来考察运动技术的知识类属。邓若锋（2013）也从身体练习体验的角度间接指出了运动技术的身体认知属性，他认为，"学生通过人体本体感觉，对多次重复的动作练习刺激与身体反应之间的联结进行加工处理，以完成对身体动作的认知，形成初步的身体练习体验"[3]。这里表面上是在谈论运动技术的学习过程，实际上也表达了作者"运动技术学习是一种身体认知过程"的观点。

张洪潭先生是较早将运动技术界定为操作性知识这一范畴的学者，他把表现典型思维特点的知识称为"认知性知识"，把表现典型外部运动特点的知识称为"操作性知识"，并指出运动技术便是这样一种操作性知识。[4] 张磊（2009），孙有平、张磊（2013）也曾在相关研究中将运动技术看作一种操作性或者程序性知识[5][6]，并指出这种随着这种操作性知识的获得与提高，体育素养也得以形成，进而完成运动技术层面的文化进化。这样看来，运动技术的"操作性知识"的类型得到了学界一定的认可。

"默会知识"作为重要的知识类型，在波兰尼提出后便受到了国内外学界的广泛关注，体育领域也不例外。在我国，从默会知识的角度讨论体育教学的文章也较为丰富，但是单独讨论运动技术与默会知识关系的却不多，只是在一些文章中有一些附带的论述。杨炳荣（2003）从默会知识的角度出发对体育教学所传授的知识进行了再认识，他指出，"我们对运动技术的表达和传授，却只能是粗略的大概，运动技术、技能中的'奥妙'与'诀窍'一时半刻难以言表清楚，须由学习者在反复的实践中自己去感受和体验（意会）"[7]。虽然他没有明确指出运动技术的知识属性，但看得出来，他倾向于认为运动技术兼有明言知识与默会知识的双重属性。杨培基、于晓东（2009）首先认为运动技术是一种知识，指出"从本质上讲运动技术是一种知识"。在对默会知识阐述的基础上，他们认为"运动技

---

[1] 顾渊彦. 基础教育体育课程改革 [M]. 北京：人民体育出版社，2004：54.
[2] 顾渊彦. 基础教育体育课程改革 [M]. 北京：人民体育出版社，2004：56.
[3] 邓若锋. 身体练习体验是体育学习的一种价值诉求 [J]. 体育学刊，2013，20（6）：65-69.
[4] 张洪潭. 技术健身教学论 [M]. 上海：华东师范大学出版社，2000：33.
[5] 张磊. 再论"体质论"与"技能论"——兼评张洪潭之"技术健身论" [J]. 体育学刊，2009，16（10）：11-13.
[6] 孙有平，张磊. 体育课程知识本质与意义的本体论追问 [J]. 体育学刊，2013，20（4）：78-82.
[7] 杨炳荣. 默会知识与体育教学改革 [J]. 北京体育大学学报，2003，26（2）：243-244.

术应收编在默会知识理论的旗帜下，其知识属性归属于默会性"[①]。刘斌（2010）则明确表明了"运动技术兼具明言知识与默会知识的双重知识属性"的观点。他指出，"体育专业'术科'运动技术是……通过综合体验所获得的身体认知。不仅具有传统的知识表达形式的明言知识，而且还具有一种以行为体验为根据的难以用现代信息技术传递的默会知识"[②]。石江年等（2014）也指出，"从广义知识论对知识属性的界定来看，运动技术是一种统和性知识，既包含显性知识，也包含缄默知识"[③]。持默会知识观的学者倾向于认为运动技术具有明言知识和默会知识的双重知识属性。

以上关于运动技术知识类属的三种观点分别从认知（心理层面）、操作（身体层面）和默会（意识层面）等对运动技术的知识类属问题给予了考察，这对于我们认识运动技术的知识类属问题具有重要的参考价值。实际上，无论是身体认知、身体操作，抑或是默会知识，对于运动技术而言，具有一个共同的特性——实践性。离开实践，运动技术便无从生发；离开实践，人们对于运动技术便无法体验，更谈不上对运动技术有所认识。从亚里士多德，到欧克肖特，再到范梅南，哲学家们更是将实践提升到知识的高度，以"实践知识"作为一种知识的类属来昭示实践之于知识所具有的天然联系。同样的，"实践知识"这一概念对于我们理解和界定"运动技术"的知识属性也是具有借鉴价值的。

（二）实践知识：运动技术"知识类属"的再回答

"实践知识"概念在亚里士多德、欧克肖特、范梅南那里都具有怎样的含义？这些含义之间有着怎样的联系呢？这是我们在将"实践知识"与"运动技术"进行合理联系前所必须澄清的问题。

亚里士多德在《形而上学》一书中将人类的知识按照学科的目的划分为三种类型：理论知识、实践知识、创制的知识或生产的知识。"实践知识指的人在实践活动中形成的有关怎样做的知识。亚里士多德的实践知识是以人类最基本的生存领域为研究对象的，为这一领域知识合法地位的确立奠定了基础"[④]，这与当时哲学语境即对"德性、善"等命题的追求有关。不难看出，运动技术在亚里士多德那里还找不到"合适的位子"。

欧克肖特（Michael Oakeshott）是英国当代著名的政治哲学家，迈尔斯（D. G. Myers）在《学会做人》中称赞欧克肖特是"除了杜威外……在20世纪具有同等能力的哲学家当中，再没有哪个像欧克肖特那样如此严格地审视和深刻地理解过教育问题了"[⑤]。欧克肖特认为，任何活动都包括两种知识，即技术知识和实践知识，"技术知识可以被制定为规则、原则、指标和准则等。综合地说，就是被制定为各种建议。……似乎一种技术是能确定的。实践知识的一个重要特征就是不能被这样来制定。它的正常表达式通常是以一种习俗或传统的做事方式体现出来的，或者，简而言之，是以实践的方式来体现的。这给了它不精确也不确定的表象，好像是观点的问题，是可能性，而不是真理"[⑥]。对于运动技术而言，各种教材中也有关于各种运动技术的操作方法、动作规范，似乎与欧克肖特对"技

[①] 杨培基，于晓东. 论体育课程中的运动技术及其教学 [J]. 体育与科学，2009，30（5）：77-79.
[②] 刘斌. 体育专业教育中的"术科"课程 [J]. 体育学刊，2010，17（8）：64-67.
[③] 石江年，张建华，张惠珍. 论缄默知识在体育教学中的存在与传递 [J]. 体育学刊，2014，21（1）：86-90.
[④] 孟宪乐. 实践知识：当代教师专业化新的知识基础 [J]. 全球教育展望，2004（11）：52-55.
[⑤] 转引自邓友超，李小红. 欧克肖特的教育哲学初探 [J]. 外国教育研究，2005，32（6）：5-9.
[⑥] 迈克尔·欧克肖特. 政治中的理性主义 [M]. 张汝伦，译. 上海：上海译文出版社，2004：10.

术知识"的描述相符，但实际上，如果没有这些方法、规范，运动技术仍然可以通过模仿的形式在经过多次练习后习得，对于体育教育专业的学生而言，"我知道前滚翻怎么做"，不能仅仅限于知道前滚翻的动作方法，当且仅当他掌握了前滚翻这个技术的动作要领并能做出该动作时才能说他真正知道了这个运动技术怎么做。也就是说，知道了前滚翻的做法不一定会做前滚翻，但是会做前滚翻了，那么，便能粗略地说出前滚翻的做法。这一说法在赖尔（Gilbert Ryle）那里则是有关"knowing that"（知道什么）与"knowing how"（知道如何做）的区别。赖尔认为，"知道如何做"可以在没有"知道什么"这一知识的情况下完成，也就是"知道如何做"可以先于"知道什么"而存在。但是，这并不是否认作为规则的知识（也就是 knowing that）的重要性。赖尔也承认，关于规则的知识（也就是 knowing that）对于初学者掌握"knowing how"是有帮助的。

"knowing how"较之于"knowing that"的先在性在波兰尼（Michael Polanyi）那里也得到了肯定。波兰尼以"明言知识"与"默会知识"的观点来解释这种先在性，即一切明言知识都是以默会知识为基础的。当然，这并不是说那些动作规则、方法对于学习者而言没有意义，只是这种意义需要建立在学习者真正掌握了该动作之后。对此，波兰尼提醒到，"高尔夫球或诗的真实准则可以增加我们对高尔夫球和诗的见识，甚至可以给高尔夫球运动员和诗人以珍贵的指导。但是，如果这些准则企图取代高尔夫球运动员的技能和诗人的本领，那它们就是自认荒谬了。对于任何一个未能很好地掌握那门本领之实践知识的人来说，准则是不可理解的，更是难以运用的"[1]。这再次提示我们知道什么（knowing that）与知道如何做（knowing how）之间的区别，以及"knowing how"的先在性与重要性，即只有在真正地掌握了"knowing how"这一实践知识以后，"knowing that"这一陈述性知识才有可能被理解，以及其所具有的对"knowing how"的促进作用、单独的规则性、原理性知识可能无法对如何做这一实践知识产生积极的意义。就运动技术而言亦是如此，如果一个人不能自己完成某一运动技术，他便很难理解操作规范、运动规则的现实意义，有了相应的运动体验，他便更能快速、准确地理解这些陈述性知识。可以说，运动技术是一种体现在行动中的知识。因此，运动技术也更符合欧克肖特"实践知识"的类属。那么，对于前面所提到的"身体认知"这种知识类型，与实践知识又有着怎样的关系呢？这便是我们考察范梅南的知识分类的缘由所在。

教育哲学家范梅南（Max Van Manen）在《教师语言的感受性原则》一文中将实践知识划分为行动之知、时间之知、身体之知、情境之知、关系之知[2]。这里的"身体之知"便有"身体认知"之意，因此，也可以将"身体认知"划在"实践知识"的知识范围之内。

如此一来，我们便在"运动技术"与"实践知识"之间建立起了较为清晰的关系，即运动技术属于实践知识这一知识类属。更何况，"真正的知识是由 to know（求知、探求）引起的 knowledge，反过来说，知识（knowledge）的秘密应该返回到'求知'（to know）那里去寻找"[3]。因此，将运动技术定位于实践知识也正是在于体现知识的"实践

---

[1] 波兰尼. 个人知识——迈向后批判哲学［M］. 许泽民，译. 贵阳：贵州人民出版社，2000：46-47.
[2] Manen M V, Li S. The pathic principle of pedagogical language［J］. Teaching & Teacher Education，2002，18（2）：215-224.
[3] 高慎英. 论学习方式的变革及其知识假设［D］. 上海：华东师范大学，2002.

第四章　我国术科课程与教学的基础理论研究："实践取向"的术科教学基础理论体系

性和行动性"，表明就运动技术而言，首先真正会做该运动技术的重要性。因此，将运动技术划归为实践知识，对于运动技术的教学也是有所启示的，这里先从运动技术的学习方式谈起。

五、作为参与者的身体练习体验：术科课程知识的学习方式——回答术科课程知识"如何学"的问题

（一）"在行动中对话"：回到运动技术的"个人性"话题

欧克肖特在技术知识与实践知识的学习方式上也有自己独特的思考。在欧克肖特看来，"技术知识可以从书本上学。此外，它大部分可以记住，可以死记硬背，可以机械应用；另一方面，实践知识既不能教，也不能学，而只能传授和习得。它只存在于实践中"①。实践知识在欧克肖特那里无法教，也无法学，这多少有些"不可言传"的神秘感。既然如此，运动技术作为实践知识便无法依靠课堂教学进行"教"与"学"了吗？这显然与我们的传统认识相违背。对于实践知识的可教性疑问，波兰尼从"个人知识"的角度给予了回答。

众所周知，波兰尼的重要贡献之一便是提出了"个人知识"这一知识类型，并认识到了个人知识中的隐性维度，并称其为"隐性知识"②。在波兰尼看来，"隐性知识所蕴含的基本观念是，人在求知过程中虽然可以获得可言传的、可重复的'显性知识'，但尚有大量支撑显性知识的不可言传的、不可重复的隐性知识存在，而且，默会认识比显性认识更基本"③。而且这些不可言传的隐性知识更多地存在于"技能"的形成过程中。在《个人知识——迈向后批判哲学》中，虽然"技能"被赋予了新意，比如不再简单地将"技能"看作"动作技能"，用波兰尼的话说就是"我把求知视为对被知事物的能动领会，是一项要求技能的活动"④。但是波兰尼在《个人知识——迈向后批判哲学》中所使用的著名例子——骑自行车、打高尔夫等，已经表明了动作技能的默会维度。针对技能的默会性，波兰尼认识到，"在进行这一探讨时，我将把下述广为人知的事实作为线索：实施技能的目的是通过遵循一套规则达到的，但实施技能的人却并不知道自己这样做了"⑤。可见，技能的形成过程中存在着广泛的不可言传。

高慎英博士在梳理了波兰尼默会知识的这种不可言传性后判断到，"由于可以言传、可以教授的那部分知识和技能必须以大量的不可言传、不可教授的知识和技能为支撑，所以，对于知识学习者和技能获得者来说，他们需要获得足够的'亲自经历''亲自体验''亲自探索''亲自研究'的时间和空间。这样看来，个人知识以及隐性知识将引发学习方式与教育方式的一个基本转变：就是从重视教育者的传道、授业、解惑，转向充分关注学习者的亲自经历、亲自体验、亲自发现、亲自研究"⑥。这实际上提示我们，技能（包

---

① 迈克尔·欧克肖特. 政治中的理性主义 [M]. 张汝伦，译. 上海：上海译文出版社，2004：10.
② 关于这一概念，当前提法较多，有"缄默知识""默会知识"等，本研究中也多次使用了这些概念，实际上都是指称波兰尼对"Tacit Knowledge"一词的不同称谓。
③ 高慎英. 论学习方式的变革及其知识假设 [D]. 上海：华东师范大学，2002.
④ 波兰尼. 个人知识——迈向后批判哲学 [M]. 许泽民，译. 贵阳：贵州人民出版社，2000，前言：2.
⑤ 波兰尼. 个人知识——迈向后批判哲学 [M]. 许泽民，译. 贵阳：贵州人民出版社，2000：73.
⑥ 高慎英. 论学习方式的变革及其知识假设 [D]. 上海：华东师范大学，2002.

括运动技能)的获得过程需要通过足够的个人实践以求得对该技能的体验,进而掌握该技能,也就是说,技能的掌握需要学习者付出一定的时间来加以练习体验。实际上,欧克肖特在谈到实践知识的学习方式时,提倡以"对话"来对抗教育中理性主义的霸权。

欧克肖特在《学习场域》这本书中讨论了大学知识传授问题,对大学知识教学中所秉持的理性主义继续进行批判。欧克肖特言辞激烈地认为,"大学之所以为大学,就在于它对高深知识的追求,这是它存在的基本前提,如果仅仅单纯地授予一些实践性的职业技术,只为了学生毕业后能有份工作,而忽视真正的研究或者抛弃传统的对话式授课方式,那么大学在未来必将终结"①。这里,欧克肖特实际上已经为大学知识教学冲出理性主义的困扰找到了出路,那就是对话式授课方式。"欧克肖特认为,学习的方式是对话,即学习者和人类的传统文明对话。而教学则是一种邀请,邀请新人加入人类文明的对话中来"②。为了对抗理性主义下的课堂霸权行为,欧克肖特所提倡的"对话"是一种平等的对话,这种对话也不仅仅是语言上的,更重要的是实践上的,通过实践,能够对历史文明有所理解,达到人的自我解放。可以说,这种认识也反映出了欧克肖特的自由教育思想。

对话之于教育的意义,在欧克肖特那里是一种学习方式,在解释学那里则成为知识与受教育者达成"视域融合",进而达到"教育学理解"的必经之路。在伽达默尔(Hans-Georg Gadamer)的哲学解释学中,作品的真正意义不在于作品本身,而在于解释者对它的不断解释和理解,而理解的本质不是模仿,而是创造。"伽达默尔认为,解释者和文本具有不同的视域,理解的过程就是两种视域的不断交融,不断对话,直至'视域融合',形成一个新的视域。任何理解都是'视域融合'的过程,都是对话的过程。哲学解释学认为,任何个人都不可能掌握事物的全部真理,真理存在于人与人之间的不断对话之中"③。罗蒂继承和发展了伽达默尔的解释学理论,更加要求哲学解释学的实践取向。"罗蒂要求哲学脱离认识论——可证实性方式的偏见,转向诠释性——历史性方式,从与现实相互作用的角度来考虑知识,并发展一种'实践而非理论'的词汇"④。在罗蒂看来,这种考虑知识的实践途径便是对话。

如果说伽达默尔、罗蒂更多是从哲学的层面来表达对话之于解释学的重要性的话,那么,范梅南作为一位现象学-解释学教育学者,则更加突出对话的教育学意义。在范梅南看来,教学机智不仅体现在教师与学生之间的交往中,还体现在教师对教学内容的理解和解释中。范梅南认为,教育学理解和教学机智实际上是同一过程的两个方面,而教育学理解就是对孩子在具体的情境中生存和成长的一种实际的解释学。"教育学理解是一种敏感的倾听和观察……它包含了反思性的和交互作用的因素"⑤。

看得出来,无论是解释学意义上的对话,还是教育学意义上的对话,都表现出了其行动性和实践性,或者说真正的对话,总是意味着一种行动,无论是师生之间的,还是生生之间的,抑或是学生与知识之间的对话行动,都是参与者在行动过程中的一种意义建构。这也正如克林伯格(L. Ktingber)所意识到的,"在所有的教学中,都进行着最广义的对

---

① 转引自姜朝晖,王远. 欧克肖特的教育哲学及其启示 [J]. 教育探索, 2010 (10): 144-145.
② 转引自姜朝晖,王远. 欧克肖特的教育哲学及其启示 [J]. 教育探索, 2010 (10): 144-145.
③ 张光陆. 解释学视域下的对话教学 [M]. 北京:中国社会科学出版社,2012:11.
④ 转引自多尔. 后现代课程观 [M]. 王红宇,译. 北京:教育科学出版社,2000:185.
⑤ 范梅南. 教学机智——教育智慧的意蕴 [M]. 李树英,译. 北京:教育科学出版社,2001:111-112.

话,……不管哪一种教学方式占支配地位,相互作用的对话都是优秀教学的一种本质性标识。在他看来,教学原本就是丰富多彩的对话过程,拥有对话的性格。这就是'教学对话原理'"①。

运动技术的获得亦是在对话中展开的,这种对话首先表现在师生之间。教学伊始,教师将某一运动技术的操作方法、规范动作向学生进行介绍和展示,这一时期表现出的是师生之间的语言与形体之间的对话;学生在练习某一运动技术过程中又表现出学生与运动技术之间的对话,学生在练习过程中对运动技术的体验本身便是一种对话的结果,并逐步发展为自己的"个人知识",学生在对运动技术的掌握上所表现出的差异便是这种个人知识的体现。当然,运动技术掌握有差异,对运动技术的理解也就存在着差异。从根本上来讲,一个人仅仅通过模仿、练习而不经过正规教学也能习得某项运动技术,这实际上也反映出了运动技术作为实践知识所具有的默会知识的一面,即默会知识可以通过模仿而不是言传而获得。因此,从对话的角度讲,运动技术的学习是一种体现在行动中的对话。

既然如此,对于术科教学而言,对于运动技术学习而言,是否意味着学生只要进行重复练习便足够了呢?这一问题便进入了奥苏伯尔"机械学习与有意义学习"的论域。

(二)"作为参与者的身体练习体验":转向运动技术的"有意义学习"话题

(1) 作为旁观者的知识观:走向运动技术的"机械学习"。

"美国教育学家杜威曾将传统教育概括为一种'静听'的教育,学生只是教学的旁观者和接受者,而不是主动参与者。因此,传统教学实质上是一种'传话'教学。"② 可以说,传统的术科教学也是杜威(J. Dewey)所认识并批判的"传话"教学。一直以来,术科教学的主导教学方式是教师教、学生学,教师教什么,学生就学什么,教师在讲解示范后,学生便开始进行练习,我们常说的"教学竞技化""训练课"等便是对这种被动的"传话式"术科教学的真实写照。在这种教学传统下,学生对术科学习的理解仅仅停留于掌握运动技术,他们术科的学习目的也如同理论课学习一样,希望通过重复练习追求运动技术的"记忆"。当然,这种"记忆"更多的是"身体记忆",对于术科学习的意义却表现出漠不关心的态度,相当一部分学生认为术科学习如同其他课程学习一般只要获得学分即可。总的来看,术科的"教"与"学"被打上了"旁观者知识观"深深的烙印。

在高慎英(2002)的博士论文《论学习方式的变革及其知识假设》中,作者结合接受学习、发现学习和有意义学习,系统梳理了"旁观者知识观"和"参与者知识观"的理论渊源。研究指出,"从源头上追究,旁观者知识观始于古希腊自然哲学家'一切是一'的理性沉思。……人对事物本质的认识只能通过从旁静观、谛视,而不能渗入个人的情感和意见,这便是旁观者知识观的初始形态"③。可见,旁观者知识观实际上是客观主义知识观的另类称谓,知识是外在于学生甚至教师的理解的,学生所能做的便是记住这些知识,无论是直接接受的,还是通过发现的,对于教学而言,这已足够,因为学生对知识不需要也只能是识记其原初含义而不能从个人出发获取其个人意义。对于旁观者知识观,高慎英总结道,"总之,在旁观者知识观的视野中,知识是既定的,不可更改的,学生只

---

① 转引自程亮,刘耀明,杨海燕. 对话教学 [M]. 福州:福建教育出版社,2007:15.
② 程亮,刘耀明,杨海燕. 对话教学 [M]. 福州:福建教育出版社,2007:7.
③ 高慎英. 论学习方式的变革及其知识假设 [D]. 上海:华东师范大学,2002.

能原封不动地接受过来。……尽管在实际的教学中，学生有意义理解或亲自发现必然涌现出大量的个人化见解和情感体验，但在旁观者知识观的视野中，学习者个人的理解并不重要，因为真理性的知识结论是客观的，学习者只能接受结论，这些结论在测试中成为知识的'标准答案'"①。这样一来，教师所需要做的便是按照知识的原初状态传授知识，而学生只要做到将知识原原本本地记下来便已达到教学目的，这便为"机械学习"留下了足够的存在可能与空间。

对于机械学习，奥苏伯尔认为，"和有意义学习相反，机械学习只能建立非实质性的、人为的联系"②，这里，"实质性"是指不拘泥于字面，"人为"是指任意的，机械学习建立起的联系便是不能跟学习者已有的认知结构中的观念产生联系，也就是说学习到的知识呈现出碎片化，这种学习材料是相对零散的、孤立的，只能与学习者的认知结构建立字面意义上的联系，而无法同化为原有知识结构中的一部分。同时，"机械学习的心理机制是联想，其产生的条件是刺激和反应的接近、重复、强化等"③。由此可见，机械学习是一种不求甚解、只求记忆的一种学习方式，这种学习方式在"旁观者知识观"的浩大声势下也赢得了一席之地。对于术科学习而言，重复练习是掌握某一运动技术的必经之路，这是符合运动技术学习规律的。但是，对于体育教育专业的学生而言，掌握运动技术仅仅是进行术科学习目的的一方面，更重要的是在运动技术的练习过程中，不断思考这种练习带给身体的体验，并从这种体验中获得更深的理解，理解运动技术之于学科的价值、之于教学的价值、之于学生锻炼的价值，都是机械学习所无法认识到的，因为学习者也在有意无意中把自己作为了知识获得的旁观者，他们甚至认为没必要进行深入的个人理解。

（2）参与者知识观下的体验学习：指向运动技术的"有意义学习"。

"在旁观者知识观的视域中，对以获得客观的、普遍的、排斥个人理解的既定知识为目的的学习而言，奥苏伯尔的有意义接受学习，似乎更有效率"④。尽管奥苏伯尔针对机械学习提出了有意义学习理论，并为有意义学习理论加以辩护，但是奥苏伯尔并未走向辩护的极端，而是清醒地认识到有意义学习所存在的危机，这种危机"不在于学习者常常公然采用机械的学习方法，而毋宁说是在于他们常常只是理解了一些含糊的和混乱的、空洞无物的冗词赘语以后，便自欺欺人地认为他们已经理解了真正的意义。这种危险也不在于他们不想去了解，而是在于他们缺乏必要的自我批评能力，不愿意在处理材料上主动地付出必要的努力"⑤。由此可见，真正的有意义学习还需要学习者"主动积极地思考"，而奥苏伯尔对有意义学习的担忧主要来自学习者的态度及能力。实际上，任何的学习形式（或教学方法）都无法离开学生的主观能动性而讨论该学习方式（或教学方法）的有效性，教学或者学习归根结底要落实在学习者的"学"上。即便如此，有意义学习还是要比机械学习更值得让人期待。

奥苏伯尔虽然对"接受式学习-发现式学习""机械学习-有意义学习"等范畴有着卓有成效的见解，并且认识到了各种学习方式之间的发生条件，但是从知识观的角度来看，

---

① 高慎英. 论学习方式的变革及其知识假设 [D]. 上海：华东师范大学，2002.
② 张卿. 学与教的历史轨迹——20世纪的教育心理学 [M]. 济南：山东教育出版社，1995：254.
③ 张卿. 学与教的历史轨迹——20世纪的教育心理学 [M]. 济南：山东教育出版社，1995：256.
④ 高慎英. 论学习方式的变革及其知识假设 [D]. 上海：华东师范大学，2002.
⑤ 奥苏伯尔等. 教育心理学——认知的观点 [M]. 佘星南，宋钧，译. 北京：人民教育出版社，1994：148.

他仍未摆脱旁观者知识观。在奥苏伯尔看来，教学"通常是以或多或少定论的形式把要学的材料的主要内容提供给学习者"①。这也就决定了奥苏伯尔在讨论"接受学习"与"发现学习"的差异时，会认为接受学习和发现学习都有可能是机械学习，也可能是有意义学习，关键要看学习发生的条件，而知识的给予形式并不在他的考虑范围之内，因为在他看来知识已经是既定的了。

这里的一个疑问是作为与"旁观者知识观"相对的"参与者知识观"是否更有利于"有意义学习"的发生呢？首先，"在参与者知识观视野里，知识不是纯粹传递与接受的结论性产品，而是个人参与构建、探究的生产性过程。知识本身内蕴着个人的体验与感悟、个人的理解和热情投入。个体在知识面前的地位得以提升，不必再旁观所谓'权威的知识'、接受既定的知识，而是在参与意义创生的过程中，亲历知识、体悟知识、生成知识"②。可见，参与者知识观下的学习需要学习者的个人参与，自然地，参与的过程便是意义的创造过程，而这个过程以及学习结果的表现都是个人性的，表现为波兰尼所意识到的"个人知识"。因此，如果说参与者知识观本身便已经要求学习者进行有意义学习的话，那么，这里的意义便是个人建构的。

对于术科教学，学习者通过个人的实践练习达到掌握运动技术的目的，并通过在练习过程中的体验获得对运动技术的进一步认知，也就是所谓的身体认知，最终形成具有自己个人动作特征、理解程度的有关运动技术的个人知识。旁观者知识观没有认识到运动技术学习所特有的这种"实践性、个人性"，使学习者将运动技术学习当作异于自己的知识加以追求，追求目标也仅仅是掌握运动技术而已，这也正是学习者将自己当作旁观者使然。在参与者知识观的视域中，由于知识是个人通过实践体验建构的，因此，知识观的转变也需要学习者把自己转变为知识在自己那里意义得以生成的主体，通过积极实践，在不断获得知识本身的同时，不断感知知识的各方面意义。美国学者库伯（David Kolb）提出了"体验学习"这一学习理论，这种学习理论可以说正切合了术科课程学习的特殊性，即术科课程学习更多的是通过身体练习体验获得相应运动技术的过程。

邓若锋（2013）探讨了"体验学习"之于体育学习的意义，认为"学生体育学习的认知是指认识体育学习活动的过程，是对作用于学生的感觉器官的体育学习活动进行信息加工的过程"③。在体育学习过程中，经历了由身体动作到动作技能、动作技能到运动技能、运动技能到知识技能的三个体育学习阶段，并形成了"动作技能-符号学习""运动技能-逻辑学习""知识技能-意义学习"的三个体育学习层次。看得出来，该文主要是针对中小学的体育学习而言的，但是，其身体练习体验的学习阶段以及学习层面对于我们从"体验学习"的角度来认识术科学习的意义还是有其借鉴价值的。对此，法国哲学家梅洛·庞蒂的身体哲学思想为术科课程知识的学习研究提供了强有力的哲学基础——"'身体的体验'强调身体、体验在认知哲学中的重要地位，身体体验的行为是回到生命自身的体验，身体体验的知觉是回到主体间性的体验，身体体验的看与触是回到主客无分的原初体验"④。

---

① 奥苏伯尔等. 教育心理学——认知的观点 [M]. 佘星南，宋钧，译. 北京：人民教育出版社，1994：141.
② 宁连华. 参与者知识观：探究学习的立论基点 [J]. 现代教育科学，2004（4）：35-37.
③ 邓若锋. 身体练习体验是体育学习的一种价值诉求 [J]. 体育学刊，2013，20（6）：65-69.
④ 张再林，燕连福. 从经验到体验：现代西方哲学的彻底经验主义走向 [J]. 江海学刊，2010（2）：56-62.

术科课程知识与中小学中体育课程知识都是运动技术，但是，学习者不同，学习目标也不同，自然，学习方法也是存在差异的。对于术科教学而言，其学习者是体育师范生，他们是职前教师，今后要到中小学担任体育教师，进行体育教学，他们的术科学习便不能仅仅满足于掌握相关的运动技术。他们还要通过不断的运动技术练习，在练习过程中体验这些运动技术的动作结构、动作要领，在比赛过程中体验这些运动技术的学科价值与使用方法，在不断的练习体验过程中思考这些运动技术的注意事项，以便更加深入地理解这些运动技术。"行动中的对话"与"作为参与者的身体练习体验"正表达了这样的学习旨趣，个人知识的形成需要学习者在不断的体验过程中进行主动思考，不断与自己、与教师、与他人、与运动技术本身进行对话，从今后的教学生活出发考察运动技术的学习价值。毋宁说"行动中的对话"与"作为参与者的身体练习体验"提供了术科学习的样态，不如说唤醒了我们对"体验学习"的重视。正如库伯所言，"学习是一个以体验为基础的持续过程，这一事实有着重要的教育意义"①。对于体验学习，也有学者持一定的异议。王皋华（2005）认为，以往体育教师教学技能的培养过多地依赖于师傅带徒弟式的"体验主义"，这种体验主义过多地关注教师教学经验的积累，过于注重授课体验和总结，并且不能将这些体验和总结上升为理论，而这影响了体育教师教学技能的提高②。看得出来，这一方面指向在职教师的专业发展，另一方面，也表明了由实践到理论，再到实践的重要性。同时，大量研究也不无批评地指出，职前体育教师在教学能力培养上的一大缺陷便是职前教师教育阶段体育教学经验的缺乏，换言之，是真正的教学体验的缺乏。因此，保证职前体育教师具有一定数量和质量的教学实践与体验，是职前体育教师教学能力发展的重要因素。

六、学习场域：术科课程知识"体验学习"何以可能——回答术科课程知识"如何教"的问题

"如何教"作为课程与教学知识论基础的重要问题，解决的是"以何种方式将知识传授给学习者"的问题，该问题一直以来都是教学论的重要内容之一。一般而言，对于该问题的回答主要是围绕着"教学方法"或"教学模式"等内容展开的。这里，我们并打不算因循这样的思路，而是将写作思路转向"如何为学生进行体验学习创设学习环境或者说学习条件"。因为，从某种意义上来讲，"教学是教师为学生创设学习环境以使学生按照知识特性进行学习的过程"。无论是接受学习，还是发现学习，教师都以特定的教学方式为学生提供了接受或者发现知识的环境。正如钟启泉先生所言，"教师的职责在于发现、发掘每一个学生的潜能，生成有助于每一个学生个性发展的'学习场域'"③。可见，"如何教"的问题与教师创设学习环境——创设"学习场域"的问题有着直接的联系。对于"学习场域"，欧克肖特、钟启泉等人都有发人深省的论述。

（一）对话与暗示：欧克肖特的"学习场域"建言

欧克肖特1975年在美国科罗拉多学院进行的一场讲座中阐述了他关于"学习场域"

---

① 库伯. 体验学习：让体验成为学习和发展的源泉 [M]. 王灿明，朱水萍，译. 上海：华东师范大学出版社，2008.2：24.
② 王皋华. 体育教学技能微格训练 [M]. 北京：北京体育大学出版社，2005：258.
③ 钟启泉. 教育的挑战 [M]. 上海：华东师范大学出版社，2008：307.

一些思考，后来这一讲座内容被整理成一篇同名文章《学习场域》（A Place of Learning）。欧克肖特认为，学习的过程其实也是把学生培养成人的过程。培养学生成人也一直是欧克肖特的主要教育哲学观点。在欧克肖特看来，"教育的终极目标，就是学会成为人"①。对此，他指出，"教育就是人主动去学习人类的历史经验和知识的过程。这些并不需要从书本上去学，而是要通过不断地反思和向他人学习，并积极参与实践，最后才能学习成人"②。

关于欧克肖特的学习场域，富勒理解为单个的人组成的学习团体共同致力于知识的追求③。当然，这样的学习场域可能有很多，在这些场域中，欧克肖特又特别看重大学，在前面也提到过，欧克肖特甚至认为，大学之所以为大学，在于对高深知识的追求。而且他认为，大学如果抛弃传统的对话式授课方式，在未来必将终结。可见，欧克肖特认为学习场域中的学习方式应该是对话，至少在大学应该如此。欧克肖特认为，对话的意义在于人的解放。对话同样需要人的自我反省，是一种不加任何目的的平等的对话，参与对话的人不能控制其他参与者的话语。尽管欧克肖特认为对话是无目的的，但是他也指出，它（指对话）总是为将来某一天所做的准备。而这种对话，不仅是言语上的，更多的还是实践上的，通过实践，掌握和理解这些历史的产物，并最终实现自我的成人④。

另外，关于学习方式，欧克肖特对于"暗示"这个概念也很重视。他认为，每个人都会面临各种问题，理论学习的或者是实践中的。在实践问题上，没有现存的答案和现成的真理，能拥有的只有不同来源的各种提示⑤。

不难看出，欧克肖特所倡导的对话是一种建立在平等基础上的对话，是否定话语霸权的存在。虽然对话本身没有目的，但是对话还是能够指向今后的生活，这多少让我们意识到这种对话是在为今后的生活做准备，尽管对话者可能并没有意识到这一点，或者说没有带着这样的目的进行对话。欧克肖特对暗示的使用更多的是个人在实践过程中的思考与内省，从而认识到实践意义的存在。这样的"学习场域"是一种平等的，通过对话和实践获得人类经验、意义的学习环境。对于术科教学而言，创设这样的学习场域需要术科教师创设平等的课堂氛围，重视学生通过练习体验所收获的学习意义，重视让学生自己通过练习体验获得以往属于教师告诉学生的一些运动技术可能存在的错误动作、学科价值等，这些也都可以在平等的对话中加以探讨，变传统教学的主导为引导，变"灌输"为自我感悟，设置更多的引导学生自我内省或反思的教学环节，引导学生主动思考运动技术的学习意义所在。

（二）对话、实践与创造：钟启泉的"学习场域"启示

钟启泉先生在《教育的挑战》一书中指出，教师的职责不仅仅在于发现和发掘学生的"潜能"，"教师的职责还在于，如何瞄准学生的'潜能'不断生成'学习场域'"⑥，也就是为学生潜能得以发展提供有意义学习的环境。钟启泉先生认为，学生在传统的课堂教

---

① 邓友超，李小红. 欧克肖特教育哲学初探 [J]. 外国教育研究，2005（6）：5-9.
② 转引自姜朝晖，王远. 欧克肖特的教育哲学及其启示 [J]. 教育探索，2010（10）：144-145.
③ 转引自姜朝晖，王远. 欧克肖特的教育哲学及其启示 [J]. 教育探索，2010（10）：144-145.
④ 该部分主要参照了姜朝晖，王远. 欧克肖特的教育哲学及其启示 [J]. 教育探索，2010（10）：144-145.
⑤ 转引自姜朝晖，王远. 欧克肖特的教育哲学及其启示 [J]. 教育探索，2010（10）：144-145.
⑥ 钟启泉. 教育的挑战 [M]. 上海：华东师范大学出版社，2008：308.

学中掌握有"社会"价值的知识、技术、行为方式等并不是发展智慧的学习，也不是真正意义上的学习。教师需要创设一种"学习场域"，既可以让学生获得现实世界已知的知识，又能达到完全未知的世界的可能性，成为一种有意义的学习。这种引发学生"潜能"的"学习场域"需要具备或创设四种情境。

一是提供"教育性模拟"的情境。"'模拟情境'是指在活生生的交互作用之中经验世界的生动活泼的学习共同体。'模拟情境'中的学习尽管在其经验上是实际的，却是脱离现实生活的，从这个意义上说是非现实的。亦即，作为模拟的'学习场'不是'生活的准备'，而是'介入生活本身的实验场域'。"① 这一点对于术科教学尤其具有借鉴价值。我们知道，术科教学的目的在于让学生掌握相关运动技术，在今后的体育教学中将这些运动技术传授给其他学习者，以便承担起相关运动技术的教学任务。一个人经过长期的练习体验后便可以达到掌握该运动技术的目标，但是对于相关运动技术的教学，一个人的练习体验还远远不够，还需要相应的运动技术的教学体验。这种"模拟情境"可以很好地弥补个人练习体验所无法获知的运动技术的教学体验。尽管钟启泉先生认为这种"模拟情境"下的学习是脱离现实生活的，也不是为生活做准备的，但是这并不能否定模拟教学给学生所带来的教学体验的重要性。对此，杜威给了我们信心，他说道，"体验的持续性原理意味着每一种体验既开始于过去经历的一些事情，也包括修正将来一些方法的特性……当个体从一个情境变化到另一种情境，他的外部环境可能扩大了或变小了。不过，他会发现自己并没有因此而生活在另一个世界里，而只是存在于一个人的不同角色中或存在于同一世界的不同方面。他在问题解决中获得了知识与技能，也可以说是在某种情境中形成了一个将来的问题理解和有效解决的手段"②。因此，让学生作为教学的参与者参与到具体的教学环节中，让其体验相关运动技术的教学，这种体验学习所带来的"意义"并非学生进行独立练习体验所能获得的"意义"所能比拟的，模拟情境下教学体验所形成的教学问题解决能力将有助于学生在今后的实际教学中解决相关的教学问题。

二是设定必须思考、促进思考、验证思考的情境。"'思考'就是知性的'学习方法'本身，学生就是在这种状况中思考，形成意义的。"③ 运动技术作为实践知识，其获得过程在欧克肖特那里并不需要思考的参与，欧克肖特曾指出，实践知识只存在于实践运用中，它不是反思的。这是否意味着运动技术只需要不断地进行身体练习体验便可以获得呢？事实并非如此。不可否认，即使没有思考的参与，通过不断重复的机械练习，一个学习者也可以掌握某一运动技术。从布鲁姆的教育目标分类学来看，这一学习水平仅仅处于"知识（即识记或者记忆）"的层面，远未达到理解、应用等学习程度。而如果仅仅是把学习目标定位于记忆阶段，钟启泉先生意欲达到的挖掘学生潜能的目的也无法得到实现，因为形成意义的过程也是挖掘潜能的过程。运动技术作为缄默知识，其习得水平同其他知识类型一样表现出个体差异性，这也是"个人知识"的具体表现，自然地，在练习过程中便会形成对该运动技术的现实意义的不同理解，这种对意义的理解本身便是一种思考的结果。因此，意义的获得必然需要思考的参与。孙有平、张磊（2013）等人将运动技术的教

---

① 钟启泉. 教育的挑战 [M]. 上海：华东师范大学出版社，2008：309.
② 转引自（美）D·A·库伯. 体验学习：让体验成为学习和发展的源泉 [M]. 王灿明，朱水萍，译. 上海：华东师范大学出版社，2008. 2：24.
③ 钟启泉. 教育的挑战 [M]. 上海：华东师范大学出版社，2008：309.

育学意义定位于"文化进化",指出"体育课程知识的教育学意义体现在人类的文化进化,而文化进化的结果则是学生体育素养的形成,包括运动技术水平的提高、体质的改善、体育精神的累积和体育文化的传承"①。这里的体育课程知识更多的是指中小学的体育课程学习,对于高校的术科教学或学习目的而言,运动技术的学习在职前体育教师那里完成继承的同时,更多的是要为今后进行体育文化的传承打下良好的基础,从运动技术与学生生活、运动技术与自我教学生活等方面认识运动技术的学习意义。

三是"设定基于话语与行动的对话情景"。这种学习场域"大量地吸纳了通过活动与体验、作业与实习的学习,旨在克服应试主义教育偏于语词与概念,脱离学生的生活与经验所带来的'明确知识'(explicit knowledge)弊端"②。看得出来,钟启泉先生与欧克肖特一样,同样重视"对话"之于教学的意义。对于如何对话,钟启泉先生并未给予进一步解答,但是从有关教师角色的讨论中依稀可以看到钟启泉先生对于课堂中教师与学生对话的特征的有关描述。钟启泉先生在《教育的挑战》一书中指出,"师生在同现实世界的对话中创造能够吸纳的知识世界。通过同现实的对话,不是单纯的知识授受,而是共同赋予世界以意义"③。那么,如何才能创造这种交互主体的关系呢?书中进一步指出,"教师要创造有助于交互作用学习活动的教学气氛,首先需要着眼于学生的生活经验与学习经验。……其次,要谨防学科系统知识的片面灌输。……再次,倡导合作教学"④。看得出来,钟启泉先生所倡导的这种对话情景不仅仅是语言性的平等交流,更多的是教学行动上教学过程的平等交流,通过学生的"综合体验"发展他们的问题解决能力,而同现实世界的"对话"更是理解所学知识之现实意义的重要途径。对于术科教学而言,运动技术的练习过程也是体验过程,教师在学生运动技术的练习过程中通过良好的课堂设计,以问题的形式让学生体会到所学运动技术的现实有用性,并通过课堂教学实习实践提高学生对所学运动技术的教学体验,这本身便是让"教师与学生""运动技术与现实教学""学生与运动技术"之间产生现实对话,寻求所学运动技术之现实意义的重要举措。

对于第四个条件,钟启泉先生认为是师生交互关系的确立,"所谓生成'学习场域',不仅仅是单纯的物理环境的设计,而且包括了师生'交互主体关系'的新型'关系场'的确立。"⑤ 这一点在前面已有所论述。

总的来看,无论是培养学生成人的"学习场域",还是旨在发掘学生潜能的"学习场域",都是指向知识的有意义学习,即通过学习场域的创设,让学习者体验到所学知识之于学习者自身的现实意义,而不仅仅是获得知识本身。对话、参与、反思成为这一"学习场域"得以形成的基本教学元素,"学习场域"需要教师与学生的平等交流,教师并不将学习意义强加于学生,而是由学生在学习过程中自我诠释所学知识的意义;学生在参与教学的过程中体验到所学知识的现实意义,这一过程同样需要教师设置反思环节,给予学生思考所学知识之于学科、之于生活的现实意义的途径与机会。

对于术科教学而言,尽管现实中机械学习的痕迹依然严重,但是有意义学习仍然应该

---

① 孙有平,张磊. 体育课程知识本质与意义的本体论追问 [J]. 体育学刊,2013,20(4):78-82.
② 钟启泉. 教育的挑战 [M]. 上海:华东师范大学出版社,2008:310.
③ 钟启泉. 教育的挑战 [M]. 上海:华东师范大学出版社,2008:311.
④ 钟启泉. 教育的挑战 [M]. 上海:华东师范大学出版社,2008:312.
⑤ 钟启泉. 教育的挑战 [M]. 上海:华东师范大学出版社,2008:310.

是其追求的目标,术科教学不应该仅仅满足于学生掌握了某些运动技术,还应该让学生认识到这些运动技术之于学科、之于今后教学的意义所在,通过创设模拟情境,提供给学生参与教学并进行反思的机会与途径,学生在体验运动技术教学过程中,不断生成着运动技术现实教学意义的"个人知识",这些个人知识可以是学生练习运动技术的错误表征,可以是针对运动技术练习错误的纠正方法,可以是运动技术不同的练习方式,也可以是学生学习某一运动技术的困难所在等,这些知识代表了体育师范生对运动技术的教学理解,也为其今后教学提供了必要的教学体验与教学经验准备,这实际上又符合和体现了"参与式教学"或者"体验式教学"的宗旨和特征,这对于术科课程"如何教"这一问题无疑具有重要的启发意义。

(三) 运动技术的"可传递性":默会知识论学者的贡献

前面对于"如何教"的问题是从"为学生创设学习环境"的角度来切入的,实际上,"如何教"问题"还存在一个更加前提性或者说基础性的问题,即知识是否可以传递或者在怎样的条件下才可以传递的问题,即知识的可传递性问题"①。

17世纪,捷克著名教育家夸美纽斯提出了泛智教育思想,他在《大教学论》中提出"把一切知识教给一切人"的著名论断。在他看来,一切知识都是可以进行教授的,也就是可以由教师传递给学生。到后来,斯宾塞提出著名的问题"什么知识最有价值",并回答道:科学。自此,可传授的知识或者说学校里可以教而且是必须教的知识由一切知识变为一切科学知识,客观主义知识观也成为判断学校知识合法性的唯一标准。我们知道,知识的客观性要求可重复检验,并且是看得见、摸得着的,而那些无法通过实验或者数据判定的知识(即缄默知识),则因为不具有这种客观性而被排除在学校知识之外。

换句话说,学校教育教学中,只有明言知识具有可传递性,而缄默知识不具有可传递性。对于运动技术而言,如动作规范、错误动作等属于完全可以明言的知识部分,自然而然地成为教师的教学内容,而利用相关运动技术进行教学,或者教学中如何更好地进行运动技术的讲解示范、练习等属于弱的默会知识部分则不在教师的教学范围之内,概因这部分知识所具有的教学实践性不符合客观性标准,进而不具有可传递性。默会知识甚至被排除在知识大门之外,对此,约翰内森(Kjell S. Johannessen)指出,"在逻辑实证主义知识观的框架内,知识和语言不可分离地交织在一起。知识应当用一种语言来表达已经变成了一种无条件的要求。在这样的背景下,拥有不能用语言来充分表达的知识的可能性,完全是不可理喻的"②。对于人们的这种"完全明确知识的理想",默会知识论学者站在默会知识的旗帜下给予了批判与判断。约翰内森指出,"传统知识观本质上是命题导向的。它强调知识和语言之间的内在联系,认为任何称得上是知识的东西,必须能够用语言手段或某种记号形式来表达"③。对于默会知识的可传授性问题,格里门(Harald Grimen)指出,"强的意义上的默会知识也是可以学习、可以传授、可以积累和可以批判的,当然,其学习、传授、积累和批判的方式,也不同于用语言来表达的知识。默会知识的传授则特别要

---

① 季苹. 教什么知识:对教学的知识论基础的认识 [M]. 北京:教育科学出版社,2009:34.
② 郁振华. 从表达问题看默会知识 [J]. 哲学研究,2003 (5):51-57.
③ 郁振华. 人类知识的默会维度 [M]. 北京:北京大学出版社,2012:16.

强调第一手的经验、实例以及师长的指导作用。对默会知识的批判则往往要诉诸行动和实践"①。可见，对于明言知识和默会知识而言，两者的差异不在于能否传递的问题，而是传递的方式不同。运动技术作为实践知识，自然具有默会知识的维度，一方面，学生需要通过不断练习实践获得对运动技术的原初体验，这可谓是格里门所说的"第一手的经验"；另一方面，学生对运动技术的练习并非不需要教师的指导，他们在练习或运用所学运动技术进行教学实习的过程中，所形成的对运动技术本身以及教学意义的认知都需要教师给予指导，这一指导体现在运动技术水平的提高，体现在如何更好地将所掌握的运动技术教给不同水平的学习者等方面，这也体现出了"教"的必要性。

七、CK、PCK 与 PCA：知识与能力的关系问题

知识与能力的关系问题一直以来都是教育研究的一个基本问题，夏正江（2000）指出，"知识与教学是两个具有天然联系的逻辑概念。在教学理论中，如何通过掌握知识最大限度地发展学生的智能，长期以来一直被视为教学理论的经典问题"②。对此，人们也普遍认为，"教育需要通过传授知识来发展学生的能力"，但是现实却狠狠地给该论断"一记耳光"。就体育教学而言，运动技术高的人其教学能力不一定强，掌握了相关的运动技术、教育学知识、心理学知识等学科与专业知识，教学能力也不一定强。如果说知识与能力之间有着必然的或者线性的联系的话，我们便需要转变思考的角度，重新思考"什么知识可以转化为教学能力"的问题。就本研究而言，将从学科内容知识（Content Knowledge，CK）、学科教学知识（Pedagogical Content Knowledge，PCK）和学科教学能力（Pedagogical Content Ability，PCA）三者关系的讨论出发来对以上问题给予解答。

（一）PCA：教学能力的"一般"与"特殊"之维

正如能力有一般能力与特殊能力之分，教学能力亦应该有一般与特殊之分，一般教学能力是某个学科教师课堂教学所普遍具备的能力，如课堂常规的使用、课堂的管理、课堂激励等方面的能力，特殊教学能力则是针对某个学科将某个教学主题教给某个群体的能力，这种能力是建立在对不同学科内容、不同学生群体等方面认识基础上合理利用教学策略的能力，从相关研究来看，这种能力我们可以称之为学科教学能力，即 PCA。

对于教学能力的分类，国内学者已有所讨论。申继亮、王凯荣（2000）认为，教学能力是一般能力与特殊能力的结合，教学能力结构由"具体学科教学能力、一般教学能力和教学认知能力"三种能力构成③。蔡宝来、王会亭（2012）在总结了前人对教学能力结构研究的基础上，将教学能力划分为一般教学能力、学科教学能力和特殊教学能力④。喻平（2012）认为应该将数学教师的知识分为基本知识（包括 PCK）和学科教学能力（PCA）两个相对独立的部分，其中，他从 PCK 的相关研究中得到启发，提出了 PCA 的概念。对于 PCA，他解释道，"所谓教师的 PCA，是指教师在教学过程中，根据特定的教学内容、

---

① 郁振华. 人类知识的默会维度 [M]. 北京：北京大学出版社，2012：21.
② 夏正江. 论知识的性质与教学 [J]. 华东师范大学学报（教育科学版），2000（2）：1.
③ 申继亮，王凯荣. 论教师的教学能力 [J]. 北京师范大学学报（人文社会科学版），2000（1）：64-71.
④ 蔡宝来，王会亭. 教学理论与教学能力：关系、转化条件与途径 [J]. 上海师范大学学报（哲学社会科学版），2012，41（1）：49-58.

特定的学生群体、特定的教学环境，在自身认识信念的支持下，在自我监控的作用下，从自己的基本知识结构中选取、组合、贯通相关知识，用于设计教学进程和解决教学操作中出现的问题的能力"①。对于PCA的属性，即到底PCA是知识还是能力，他更倾向于一种折中的态度，认为PCA既是知识又是能力，他指出，"教师的PCA是一种教学的能力，作为知识看待就是程序性知识。PCA（程序性知识）是教师的基本知识结构（陈述性知识）转化而来，在知道'是什么'的前提下走向知道'怎么做'，表现出面对具体教学情境教师综合利用知识结构的动态过程"②。可见，在喻平先生看来，教师PCK在静态时表现为一种陈述性知识，在动态应用时则表现为相应的学科教学能力，即PCA。对此，王九红（2015）也不无赞同的指出，"动态视角下的学科教学知识是一种程序性知识，其实质是一种教学能力"③。

综合来看，将教学能力分为一般教学能力和学科教学能力有学术研究基础和传统，那么，对于术科教学或者体育教学而言，是否也可以将体育教学能力分为一般体育课堂教学能力和具体体育学科教学能力呢？我们知道，无论是术科，还是体育，都包含着众多体育运动项目，这些运动项目的教学虽然统称为体育教学或者术科教学，但是，每个运动项目的教学方法、教学策略、遇到的教学问题是各异的，足球教学方法不同于武术教学方法，篮球教学方法也不同于田径教学方法，即教师需要根据不同的教学内容、不同的授课对象采用不同的教学方法。但是对于所有运动项目的课堂教学而言，又存在一些通用的部分，比如体育课中的口令、队伍调动、游戏组织、课堂纪律管理等，这些方面作为体育教学能力的重要组成部分，对于任何运动项目的教学而言都是适用的。因此，术科教学能力亦应分为一般教学能力和学科教学能力，这里的学科则主要是指具体的运动项目。为了便于区分和研究，体育或术科领域的学科教学能力我们简称为PE-PCA。

之所以如此进行区分，是因为当前关于体育课堂教学能力的研究多是从课堂导入能力、课堂组织与管理能力、教学内容呈现能力、教学应变能力、课堂总结能力等方面来认识体育课堂教学能力，这无意中让我们有这样一种错觉，即只要具有了这些能力，那么所有的运动项目都可以给予很好的教学。这种错觉在教师教育培养上的直接表现便是"微格教学"的盛行，将师范生教学能力的培养简单等同于如课堂导入、课堂组织与管理等能力的培养，更有甚者将教学能力的培养定位于口令、队列队形等一般体育教学能力的培养。实际上，这些做法都没有意识到每个运动项目在教学上所具有的特殊性，也没有意识到学科内容（CK）在PCA中所扮演的角色，用舒尔曼的话来讲，这是一种"缺失的范式"。

（二）CK：PCA 的必要条件

"CK，经常被称为学科知识或者专业知识，被认为是教师专业知识中一个重要的知识类别。虽然对教师CK与他们教学实践的关系上的研究表现出不一致的结果，但是一般认

---

① 喻平. 数学教学的三种水平及其理论分析 [J]. 课程·教材·教法，2012，32（1）：63-69.
② 喻平. 数学教学的三种水平及其理论分析 [J]. 课程·教材·教法，2012，32（1）：63-69.
③ 王九红. 教学机智从哪儿来？——基于学科教学知识视角的案例分析 [J]. 江苏教育研究，2015（1）：36-41.

为，CK是必要的，但对于有效教学而言不是充分足够的"①。这一清晰的关系界定在我国因为长期存在的学术性与师范性之争而变得复杂起来，尽管早在1999年，叶澜先生便认为该问题是一个在现实中存在，但是从逻辑上来讲不存在的"真实的假问题"，但是争论并未停息。

历史上，关于学术性与师范性课程或知识在培养教师方面孰轻孰重的争辩可以说经历了很长一段时间，至今仍影响着人们的思维与行动，已然成为理论界与实践界难以化解的情结。简单来讲，学术性是指师范院校的学生所具备的学科知识，它解决教师"教什么"的问题，即通常所开设的一些与中学开设的同类学科相应的学科课程；而师范性是指师范教育所具有的特殊性，它解决教师"如何教"的问题，其表现在教育学、心理学、教学法等课程上。在高等师范院校办学与教育进程中，学术性与师范性之争如同钟摆运动一般，有时侧重于学术性，有时偏重于师范性。有研究认为，从20世纪70年代至今，高等师范院校的发展过程中一直存在着学术性或师范性之争，这一争论逐渐形成了三种观点：一是坚持师范性，二是坚持学术性，三是兼顾师范性与学术性的统一。"现实情况是，在理论上第三种观点占据上风，但在实践中许多学校已将砝码偏向第二种观点。"② 对于教师教育领域这场师范性与学术性之争，其原因除了叶澜先生所指出的"因为问题产生于实际，而使人们忽视了本该探讨的问题合理性的逻辑前提，只是就事论事地反复讨论"③，以及"人们没有把教师这一事物看作是一个具有专业性、不可替代性的职业"④ 之外，在笔者看来，还与人们对学科知识（即CK）和教育类课程知识两者与学科教学能力（即PCA）之间的关系没有厘清，以及现实中未找到解决他们之间关系的有效路径有关。

当然，人们已经认识到了要处理好"师范性"与"学术性"的分离与兼顾工作，并认为两者应该由对立走向统一，或者说整合，并认为"'师范学术性'是'师范性'与'学术性'高度整合统一的必然要求"⑤。但是从现实情况来看，课程设置与具体教学还是表现出了分离的状况，"师范性"与"学术性"课程教学依然追求自身学科体系完整性的教学并未得到很好的改善。尽管如此，从师范教育发展的历程与学术讨论来看，基本上达成了这样的共识：单独强调"师范性"或单独重视"学术性"，都无法支撑起职前教师教育的均衡发展，必然导致职前教师教育"营养不良"，因为两者都仅仅是学生学科教学能力发展的必要条件，而不是充要条件，正如舒尔曼所言，"对于教师教学而言，仅仅具有学科知识或者仅仅具有教学知识都不足以支撑起教学"⑥。在"师范性"与"学术性"的整合方面，舒尔曼所提出的PCK理论对于我们弥合两者一直以来的鸿沟提供了可能。正如有研究者所指出的，"PCK不仅打破了学科知识与教学知识长期相互割

---

① Jüttner M, Boone W, Park S, et al. Development and Use of a test instrument to measure biology teachers' Content Knowledge (CK) and Pedagogical Content Knowledge (PCK) [J]. Educational Assessment Evaluation & Accountability, 2013, 25 (1): 45-67.
② 姚云. 教育类课程在我国教师教育中的设置研究 [J]. 湖南师范大学教育科学学报, 2003, 2 (4): 61-65.
③ 叶澜. 一个真实的假问题——"师范性"与"学术性"之争 [J]. 高等师范教育研究, 1999 (2): 10-16.
④ 张正锋. 关于"学术性"与"师范性"之争的原因分析 [J]. 黑龙江高教研究, 2004 (5): 7-9.
⑤ 孙二军，李国庆. 高师院校"学术性"与"师范性"的释义及实现路径 [J]. 高教探索, 2008 (2): 95-99.
⑥ Shulman L S. Those who understand: knowledge growth in teaching [J]. Educational Researcher, 1986, 15 (2): 4-14.

裂的状态，缓解了学术性与师范性之争，更为重要的是，它对教师教育课程也产生了一定的影响"①。

（三）PCK：PCA 的充要条件

（1）证据一：来自教学研究领域的论说。

关于 PCK，前面已有所论及，其作为关于学科内容、学生、教学策略、教学评价等方面知识的"知识整合体"②，本身便要求学科内容知识与教育类知识的融合，可以说为解决"师范性"与"学术性"之争提供了独特的视角，也更好地诠释了学科内容知识，即 CK 和教育学、心理学、教学法等教育类课程知识与 PCA 之间的关系。

对于 PCK 与 PCA 之间的关系，相关研究并未给予直接的回答，但是从一些论述中我们还是可以获得一些启发。王九红（2015）在探讨教学机智的来源时指出，学科教学知识（PCK）是教师教学机智生成的必要条件，是基础。教师的学科教学知识动态表现为一种程序性知识，实质上是学科教学能力（PCA），在情感系统和信念系统的监控和调节下，经顿悟而生成教学机智。可见，在王九红看来，PCK 在静态的情况下表现为"是什么"的知识，而在动态使用的情况下则表现为一种能力，即 PCA。也就是说，PCA 是 PCK 的一种"时态或状态"的具体表现形式。此意是否可以引申为，良好的 PCK 在动态使用过程中必然会表现为良好的 PCA，而良好的 PCA 必须有良好的 PCK 作为基础呢？如若成立，那么 PCK 便是 PCA 的充分必要条件，即充要条件。

喻平（2012）认为，关于 PCK 的研究经历了由静态向动态的发展过程，PCKg（Pedagogical Content Knowing，学科教学认知）作为对 PCK 的动态描述和理解，要求整合的只是四种知识，没有涉及教师基本知识中的其他要素。PCK 具有情境性与实践性的特点，PCK 只有在教学的真实情境中通过对所学知识的应用才能产生，从这个意义上说，PCA 作为因变量，随着教学情境这个自变量的变化而变化。他认为，教师的 PCA 是在其 PCK、PCKg 的基础上形成的拓展概念③。不难看出，在喻平看来，PCK、PCA 之间有着天然的或者亲缘性的联系，没有 PCK 的发展，便不可能有 PCA 的有效发展，或者说教学实践中 PCK 的发展必然伴随着 PCA 的提高。

此外，人们在讨论 PCK 之于教学的意义时更多的是从知识基础的层面加以评判的。PCK 的提出者舒尔曼便认为，"PCK 是对教学而言最有效、最有用的知识形式，是对教学内容最为有效的阐述、解释和示范"④。因此，可以说，PCK 在教师的专业教学活动中发挥着重要的作用。梁永平（2011）则指出，PCK 直接影响着教师的教学行为，如 PCK 影响着教师对知识的表征、教学任务的设计与实施、课堂对话，PCK 的发展促进着教师实践智慧的养成⑤，而这些教学层面的活动则直接指向并体现了教师的教学能力。袁维新

---

① 谢赛，胡惠闵. PCK 及其对教师教育课程的影响 [J]. 教育科学，2010，26（5）：55-58.

② 这一说法为笔者所用，笔者认为，PCK 是教师在综合运用关于学科内容、学生、教学策略、教学评价等方面知识解决现实教学问题过程中形成的，其本身便是各种知识的整合，因此，在此称其为"知识整合体"，当然，也可称为"知识综合体"。实际上，舒尔曼早期对 PCK 的理解也是将 PCK 作为教师个人经验、学科知识与教育学知识的特殊整合；Hashweh 则认为 PCK 是一种"集合体"。

③ 喻平. 数学教学的三种水平及其理论分析 [J]. 课程·教材·教法，2012，32（1）：63-69.

④ Shulman L S. Knowledge and teaching: foundations of the new reform [J]. Harvard Educational Review，1987，57（1）：1-22.

⑤ 梁永平. PCK：教师教学观念与教学行为发展的桥梁性知识 [J]. 教育科学，2011，27（5）：54-59.

(2005）从教师专业发展的角度指出学科教学知识之于教师专业发展的重要性，他认为，"从学科教学知识的视角看，教师专业化的核心问题是发展他们的学科教学知识。可以说，教师具有学科教学知识的多少决定着教师教学能力的大小，直接影响课堂教学质量"①。

无论是作为知识基础，还是作为教学或者教师专业发展的前提性条件，PCK 之于教学能力发展的意义不言而喻。当然，对于 PCK，我们在认识到其重要性的同时，不应该迷失于其中，陷入盲目的"拿来主义"，毕竟 PCK 并非无所不能。N. G. Lederman 等人便针对当前人们对 PCK 的滥用情况，不无批评的指出，"Shulman 提出的 PCK 这一概念如今在使用上已经被泛化，成为一个什么都包含的概念，就好像它是一个能变各种戏法、里面什么都有的袋子一样"②。尽管如此，PCK 与 PCA 之间的充要条件关系还是应该给予应有的认识和重视，因为这对于教师教育抑或是对于职前教师教学能力的培养具有积极意义。

（2）证据二：来自哲学研究领域的解答。

哲学领域对知识与能力关系给予深切关照的当属波兰尼、赖尔等人关于默会知识的讨论，之所以冠以哲学领域，除了因为哲学与知识所具有的天然联系外，还因为"'默会知识'这个术语，最早是由波兰尼于 1958 年引入哲学讨论的。默会知识论（也）被认为是他对哲学的最具原创性的贡献"③。默会知识论关于"默会知识""knowing how""默会能力""能力之知"等范畴的论述为我们解答知识与能力之间的关系提供了重要的理论依托，也让我们在知识与能力之间找到了结合点。

首先，波兰尼在讨论默会知识时更多地赋予了该种知识以能力，即知道如何做某事的能力的深意。郁振华先生（2003）指出，"波兰尼关于默会知识和明确知识的划分，和赖尔关于'知道如何（做事）'和'知道某种事态'的区分十分接近。作为一种内在于行动或构成行动的知识，默会知识就是赖尔所说的'know how'，它实质上是一种能力，是人的一种认识机能。所以，在很多场合，波兰尼谈论的是默会能力"④。这里，郁振华先生认为，波兰尼所谈论的默会知识实质上是一种知道如何做某事的能力，而且这一默会知识是表现在行动中的，也就是默会知识意义上的"know how"必须是表现出相应的"know how"的行动，而不仅仅是存于头脑中的关于"know how"的行为规则或者方法。"为了强调这类知识的动态品格，相对于'默会知识'，波兰尼更喜欢用'默会认知'这个术语。……默会认知作为一种活动，是默会能力的体现。"⑤ 可见，体现在行动中的默会知识在波兰尼那里自然具备了能力的实质，也就是波兰尼所说的默会能力。而在赖尔看来，"波兰尼所说的默会能力及其运用，属于能力之知（knowing how）的范畴"⑥。

"能力之知"这一概念乃是郁振华先生对赖尔所说的"knowing how"的译法，据郁振华先生研究所知，能力之知乃是默会知识的一个形态，是一种体现在"做"的行动中或者活动中的知识。"在赖尔看来，真正的 knowing how 是体现在行动中的能力之知，是必然见

---

① 袁维新. 学科教学知识：一个教师专业发展的新视角 [J]. 外国教育研究，2005，32（3）：10-14.
② Lederman N G. Gess-Newsome J. Do Subject Matter Knowledge and Pedagogical Content Knowledge Constitute the Ideal Gas Law of Science Teaching [J]. Journal of Science Teacher Education，1992. 3（1）：16-20.
③ 郁振华. 人类知识的默会维度 [M]. 北京：北京大学出版社，2012：3.
④ 郁振华. 从表达问题看默会知识 [J]. 哲学研究，2003（5）：51-57.
⑤ 郁振华. 人类知识的默会维度 [M]. 北京：北京大学出版社，2012：46.
⑥ 郁振华. 人类知识的默会维度 [M]. 北京：北京大学出版社，2012：57.

之于行动而不止于言述的。有能力见之于行动，是真正的 knowing how 的必要条件。"① 对于赖尔所坚持的 knowing how 即能力的主张，郁振华先生也进行了解读，"总之，赖尔……把 knowing how 理解为用活动/行动来表达的、体现了智力的能力之知，把能力理解为倾向，并且聚焦于体现智力的能力，因此，在他的义理系统中，断言 knowing how 即能力是十分自然的事情。"②

如此一来，作为默会知识的"knowing how"或者能力之知便与能力取得了对话，横亘在两者之间的壁垒也随之被打破。当然了，这里的"knowing how"是在行动中，又以行动作为表达方式、体现了智力的能力。

随着研究的深入，人们已经认识到，PCK 是在教学实践中运用相关知识而形成的，其具有个人性、默会性、建构性、情境性的特点。一个人即使学过了相关学科内容知识、教育学类知识，即使知道了教学的相关程序、规则，仍不能表明他/她具备了相应的 PCK，PCK 体现在教学中，又在教学中得到发展，知道如何教授相关学科知识必须在具体教学环境中面对具体教学对象时得到体现。因此，从这个意义上来说，PCK 也是能力之知，将其判断为 PCA 的充要条件在默会知识论那里有可以信赖的依据。这样看来，王九红（2015）所表明的观点，即"动态视角下的学科教学知识是一种程序性知识，其实质是一种教学能力"也可以寻觅到哲学的"庇护"。实际上，即使是 PCK 的研究者，也有人倾向于将 PCK 认定为一种能力，如"威尔（W. Veal）等人认为，学科教学知识是这样一种能力，即在理解现有学习环境中的情境、文化和社会限制的条件下，运用多种策略和教学、评价方法，把学科知识翻译成适合于不同的学生群体"③。至此，我们可以给出这样的总结：CK 或者教育类课程知识不能单独支撑起教学，达到发展学科教学能力的目的；当以上两类知识结合其他知识在教学实践行动中经过运用而形成 PCK 时，PCA 也随即得到发展，PCK 水平的提高也就意味着 PCA 的发展。PCK 是 PCA 的充要条件，教学实践中 PCK 作为能力之知，反映并体现为 PCA。

八、现实情境的教学问题解决过程：PCK 向 PCA 转化的机制问题

大凡讨论知识与能力，知识向能力转化的问题便是不可不提的，既然已经解决了什么知识可以转化为教学能力，那么，接下来的问题便是这种转化是如何发生的，或者说转化的条件是什么。值得注意的是，虽然标题上是 PCK 向 PCA 的转化机制，但是通过前面的论述，我们知道 PCK 也即 PCA。因此，谈两者的转化便不合时宜。这里，所谓 PCK 向 PCA 的转化，意在讨论学生在习得了 PCK 的各个构成要素的知识后，是什么要素催化了这些知识向 PCK 的转化，使这种转化成为可能的。

（一）静态 PCK 与动态 PCK：不同"时态"下的能力之知

在 PCK 理论发展过程中，人们认为舒尔曼所提出并阐述的 PCK 属于静态 PCK，原因在于"'知识'一词是静态的，它所指向的是认识的结果，因此从本质上讲，PCK 属于一

---

① 郁振华. 人类知识的默会维度 [M]. 北京：北京大学出版社，2012. 88.
② 郁振华. 人类知识的默会维度 [M]. 北京：北京大学出版社，2012：92.
③ 郑志辉，魏书敏，赵新云. 学科教学知识发展中的转化：国外研究探微 [J]. 黑龙江高教研究，2013（6）：68-71.

第四章　我国术科课程与教学的基础理论研究："实践取向"的术科教学基础理论体系

种静态的知识体系，它忽视了主体在认知和理解学科以及教学知识过程中的主动性"[①]。鉴于此，科克伦等人从建构主义出发，提出了突出PCK动态性、情境性的概念——学科教学认知（PCKg）。尽管PCK和PCKg在构成要素上不尽相同，但是人们业已认同对静态PCK与动态PCK的说法，虽然也有研究者为舒尔曼进行辩护，如格罗斯曼（Grossman）、卡德门茨多特（Gudmundsdottir）等人指出，舒尔曼提出的PCK本身便是具有实践性的，是一种实践性知识，是知识融合的结果。但是舒尔曼将PCK与学科知识、教学知识看成是不同的知识，共同构成了教师的知识体系，从这一点上来看，PCK在舒尔曼那里被认为是静态PCK也是不无道理的。但无论如何，静态PCK与动态PCK的区分还是为我们的研究提供了方便。

从概念上来看，PCK是指这样一种知识，教师整合所教的学科内容和教育学原理，根据教学对象的不同对所教具体主题适当进行组织、调整以适应学生的不同兴趣和能力，简单讲，便是将学科内容知识转化为学生能够理解和适应的知识。就术科教学而言，术科相关课程的教材中都有涉及相关运动技术如何教，如何根据学生特点做出教学调整的知识，这部分知识是否属于PCK呢？笔者认为这个问题需要从两个方面来看。一方面，这些存在于教材上的知识是以语言符号的形式出现，已然成为明言知识，已无默会知识之属性。从这个意义上讲，该部分知识不属于PCK的范畴；另一方面，如果说学生在学习完该部分知识并应用于具体教学中，将这些知识整合到自己原有的知识结构中，变成个人知识，那么，这部分知识又转变为PCK。此时，该部分知识存在于个人知识中，虽然未在行动中得到体现，但是该部分知识已得到应用，我们可以将这部分知识称为静态PCK，即这部分知识作为一种知识类型储备在了个人知识中。此时的PCK状态实际上为PCK的测量提供了可能，即PCK会以稳定的静态存在于个体中。这样的PCK也是符合赖尔对"knowing how"——能力之知要求的，即真正的"knowing how"是体现在行动中的，对于那些不指向现实行动，或者没有在现实行动中得到体现的知道如何做的方法、指令、规则等知识，在赖尔看来，只是"一种伪装的knowing that，因为如何做事的方法、指令、规则等都能够用命题来表达"[②]。因此，判断教材上的相关知识是否为PCK，还是需要从人的行动出发。

动态PCK实际上强调了PCK的个人建构过程，表明了个人教学实践的重要性，这也表明了PCK的强默会性。PCK的个人建构过程实质上是知识整合的过程，是有关学科、学生、教学策略的知识等的综合运用过程，而推动这些相关知识得以应用的潜在机制便是面对现实教学时"教学实践问题的解决"。舒尔曼在发展PCK方面所提倡的"案例教学法"，实际上一方面是倡导教师引导学生运用所学知识解决教学案例中出现的问题，另一方面则为学生今后再次遇到类似的教学问题时提供解决类似问题可资借鉴的经验。Briefly也指出，"教师可以从他们自己的教学实践经验中发展他们的PCK"[③]。另外，伴随着相关教学实践问题的解决[④]，PCA也得以发展，无论是赖尔的能力主张，还是教师专业发展实

[①] 冯苗，曲铁华. 从PCK到PCKg：教师专业发展的新转向[J]. 外国教育研究，2006，33（12）：58-63.
[②] 郁振华. 人类知识的默会维度[M]. 北京：北京大学出版社，2012：88.
[③] Dijk EMV, Kattmann U. A Research Model for the Study of Science Teachers' PCK and Improving Teacher Education[J]. Teaching & Teacher Education，2006，23（6）：885-897.
[④] 此部分所指"教学实践问题的解决"乃是指学生在教师的引导下参与教学过程，以课堂管理者的身份体验教学过程中所出现的问题，并通过个人或者小组来寻求解决问题的办法或者策略。

践经验,都告诉我们,教学能力不可能在学习了相关理论知识后自然而然地生成,而必须通过教学实践获得发展。从备课到上课都会面临各种各样的教学问题,可以说,教学的过程也是不断解决教学问题的过程。"教学是由问题构成的,教学的一切都可以说成是问题的衍生物,学生学习能力的形成就在于问题解决能力的形成。"① 正因如此,"许多教师面临的问题都是情境性的,并各有特点。独特性与情境性呼唤'实践艺术',即不可能通过阅读文本而学好的东西。相反,有效教师抱着解决问题的态度应对特殊情境,并通过反思自身实践学习如何教学"②。因此,现实教学实践问题的解决过程一方面促进了 PCK 的形成,另一方面也使 PCK 向 PCA 转化成为可能。

(二)可迁移性与类比问题解决:不同"教学情境"下的 PCK 与 PCA

对于 PCK 而言,其组成部分包括了"有关学科内容的知识、有关学生的知识、有关教学策略的知识、有关教学环境的知识"等,如此一来,在不同教学情境下(这里指不同学段的学生,不同的教学环境)经过教学实践所形成的 PCK 便会存在差异,换句话说,针对大学生与针对小学生的教学因为教学对象不同,教学策略也会有所不同,自然地,由此而发展的 PCK 便理应有所不同。一个更加现实的逻辑便是,一个大学教师不一定能够很好地胜任中小学的教学,反之亦然,这也是教师资格证在申请时会有大学、中小学之分的原因所在。这是否表明体育师范生在术科教学中,以术科教学班级学生为教学对象,通过参与教学过程而发展的 PCK 是无用的呢?因为这些体育师范生今后的教学对象是中小学生。当然,以上仅仅是我们一厢情愿的推断,事实果真如此吗?知识的迁移性问题和问题解决理论中类比问题解决的相关理论有助于我们更好地认识该问题。

大凡有过教学经验的人会有这样的经历,自己开始教授某一主题内容时,会有意无意地回忆自己作为学习者时,老师针对这一主题内容的教学方法,而自己的教学方法也会受到自己的教学经历影响。特别是对于体育教学而言,中小学的体育教学内容与体育师范生在大学术科上所学习的运动技术是一致的,这便使新教师借鉴自己受教时的经历成为可能。"国外研究认为,教师倾向于'用自己被教的方式来教学生'。"③ 国内研究者也认为,"对于职前教师而言,多年的学习经验,尤其是特定主题的被教经历,往往使其形成了关于特定主题教学的朴素意识,而这种朴素意识对职前教师的教学设计、教学实践往往具有一种潜移默化的作用"④。术科教学领域亦是如此,"学生在大学术科上所学的教学方法往往不适用将来的中小学体育教学,但是学生往往对大学术科课程所采用的教学方法印象最深刻"⑤。如此看来,职前教师将自己受教的经验迁移到自己的教学中已然成为一种事实性存在。从问题解决领域的相关理论来看,这种迁移行为又表现出一定的合理性和必然性。"迁移就是问题解决能力在不同情境中的体现程度"⑥,当我们"面对一个新问题,为了解决它,我们要尽量回忆那些我们所知道的知识。……(并且)大多数熟悉领域的新问

---

① 朱德全. 基于问题解决的处方教学设计 [J]. 高等教育研究, 2006, 27 (5): 83-88.
② 阿兰兹. 学会教学 [M]. 丛立新, 译. 上海: 华东师范大学出版社, 2005: 27.
③ 李家清, 冯士季. 论基于《标准》的职前教师专业能力形成机理 [J]. 教师教育研究, 2013, 25 (6): 41-46.
④ 郑志辉. 职前教师学科教学知识发展: 理论基础与模式建构 [J]. 教育理论与实践, 2014, 34 (20): 35-37.
⑤ 王健, 黄爱峰, 吴旭东. 体育教师教育课程改革 [M]. 北京: 人民体育出版社, 2005: 147-148.
⑥ 胡小勇. 问题化教学设计——信息技术促进教学变革 [D]. 上海: 华东师范大学, 2005.

题需要的是我们过去解决此类问题的经验。"① 这种情况的发生在莱尔德和罗森布鲁姆（Laird and Rosenbloom）那里被称为"合理性原则"，即"个体倾向做的行为其实是已有知识表明最终会达到目标的行为"②。也就是说，新教师用自己当时被教的方式来教学生，或许正是因为他们感觉到这种教学方法是有效的。

此外，从类比的重要性来看，类比是人类思维和学习的基础，人们对于诸多情境问题都是通过类比思维获得解决办法的。"通常认为，类比问题解决要回忆出以前的解决过的问题，从而想出可用于当前问题解决的程序"③，而"类比思维的核心是通过一个映射的过程，将知识从一种情境转化到另一种情境，即在一种信息的主要方面和另一信息的主要方面找到一一对应的定势（通常不能完全一致）"④。对于体育教学而言，中小学与大学术科教学中的教学内容相一致，课堂常规一致，在具体教学内容的教学方法上也是可以相互借鉴的，因此，术科教学情境与中小学体育教学情境存在诸多相似之处，这样类比思维便可成行，而出现前面提到的"用自己被教的方式来教学生"这种情况便也不足为奇。但是就问题的相似性来说，术科教学与中小学体育教学只能算是表面结构相似，如相似的教学程序、相似的课堂常规等，在内部结构上还是存在差异的，其中最大的差异便是教学对象了，自然的，教学对象不同，教学内容的呈现方式上也应有所差异。对此，美国心理学家 J. R. 安德森从知识的迁移角度给出了解答，他认为，"对于知识如何应用到与其最初习得或程序化的情境极不相同的情境（至少在表面特征上不同）中这一问题，知识的迁移能力取决于技能习得和技能应用的领域共享的共同成分的数量。这里的成分并不指纯粹的表面特征。事实上，基于表面特征的迁移通常导致表面的、消极的迁移（即不适当的迁移）。……共同的成分指领域中的内在结构成分，包括程序性成分的重叠（两个领域共享的产生式规则的数量）以及目标结构的类似（类比关系及子目标之间的顺序）"⑤。

因此，从问题的差异性与有效教学来讲，教师还是需要分清"源问题"与"靶问题"之间的差异，而不能盲目地进行类比，并且要时刻意识到不同教学情境下教学结构的内在差异性，根据教学对象、教学目标的不同对教学进行应有的改变。现实情况是，新教师在教学时往往是一种"再现思维"，专家型教师则更多的是"创造思维"。韦特海默曾经对两者的差异性有过表述，认为"再现思维是指'盲目'地运用业已有的知识去解决现在的问题或执行一项新任务，而不考虑问题的内在结构。而创造思维则需要理解问题的内在结构"⑥。这便要求我们更多地发展学生的创造思维，在教学中给予学生更多的机会来激发和引导学生运用创造思维解决教学问题。

（三）教学问题的解决："学会教学"的关键

教师教育无论如何发展，其培养目标无论是应用型人才还是综合型人才，培养教师的职责永远不会变。职前教师教育承载着传授知识和发展教学能力的双重任务，由于知识向能力转化的问题一直未得到有效的解决，也造成了现实当中知识本位与能力本位的教师教

---

① 罗伯逊. 问题解决心理学 [M]. 张奇, 译. 北京：中国轻工业出版社，2004：8.
② 罗伯逊. 问题解决心理学 [M]. 张奇, 译. 北京：中国轻工业出版社，2004：42.
③ 罗伯逊. 问题解决心理学 [M]. 张奇, 译. 北京：中国轻工业出版社，2004：119.
④ 罗伯逊. 问题解决心理学 [M]. 张奇, 译. 北京：中国轻工业出版社，2004：159.
⑤ 顾明远. 中国教育大百科全书 [M]. 上海：上海教育出版社，2012：1663-1664.
⑥ 罗伯逊. 问题解决心理学 [M]. 张奇, 译. 北京：中国轻工业出版社，2004：120.

育取向。知识本位的教师教育假定了教师的教学有一个坚定的知识基础,学生学了相应的知识后便可从事教学了,特别是学习了相关的学科内容知识;能力本位的教师教育则认为教师的教学是各种教学技能的成功使用,教师或是职前教师只要掌握了教学中所涉及的相关教学技能,便能从容地应对教学了,可以说,能力本位的教师教育将教学能力等同于教学技能了。两者之所以未达到人们所希望的目标——在师范教育阶段便"学会教学",根本原因在于,两者都忽视了教学的一个重要特质——情境性,离开了情境性的教学知识和教学技能在面对新的教学情境、新的教学问题时往往不能表现得令人满意。值得庆幸的是,人们已经慢慢认识到教学问题解决能力的重要性。"随着研究的深入,教师能力的培养不再停留于技术性的层面,更多的是把教学过程看作一个问题解决的过程,教师能否把教学过程看作是问题解决的过程对他们教学行为影响是大不一样的,自然带给学生的影响也就大不一样。教师发现问题、分析问题和解决问题的能力成为教师做好教学工作的关键"①。进一步来说,"教学"这一行为属于"多态行动"。"多态行动是指在不同情境中,要用不同的行为方式才能实现相同的行动目的,多态行动的目的本身要求必须关照行动情境。"②众所周知,教学面对的是不同年龄段、不同特点的学生,还有不同的教学内容,即使是在一节课中,这些因素都是在不断变化的,因此,面对不同的教学情境,教师需要采用不同的教学策略才能达到教学目的。多态行动的完成需要的是与特定情境相关的知识与技能,换言之,仅仅具有一些完成"单态行动"的知识或技能——这些知识或技能是脱离特定情境的——是无法完成教学,解决教学中临时可能出现的问题。"1982 年英国的 *Cockcroft Report* 认为,问题解决应当是将知识应用于各种情况的一种能力,问题解决本身在于能力的体现,并非抽象形式的体现"③。这里的"并非抽象形式"便强调了问题解决能力的情境性、现实性。

另外,值得注意的是,教学问题更多的是"结构不良问题(或者称劣构问题)",而非"结构良好问题"。根据问题的结构组织,美国教育心理学家斯滕伯格(R. J. Sternberg)把问题分为结构良好问题和结构不良问题。结构良好问题是指有明确的初始状态和解决方法的问题,如教学中对某概念的提问等,这种问题只需要学生的回忆便可回答,而且解决方法或者说答案都是一定的;结构不良问题是指问题的空间结构不明确,没有明确解决方法的问题,这类问题通常有多种解决途径。"在所有的学科领域,只要将知识运用到具体情境中,就有大量的结构不良问题产生。"④可见,结构不良问题的一大特点也是其情境性,也正因为情境性的存在,使得这类问题的解决不可能靠死记硬背的知识得到解决。对于术科教学问题,我们并不否认存在结构良好问题,何况术科教学中术科教师所设置的问题更多的属于这类问题,这类问题学生可以通过陈述性知识解决,而且这些问题也无益于发展学生的问题解决能力。在美国著名心理学家安德森(J. Anderson)看来,"问题解决技能的获得是通过陈述性知识向程序性知识的转化实现的,他将这一过程称为知识编辑"⑤。因此,若想通过术科教学发展学生的问题解决能力,术科教学中"结构不良问题"

---

① 王维臣. 现代教学:理论与实践 [M]. 上海:上海教育出版社,2012:33.
② 郑作龙. 行动视域下隐性知识探析 [J]. 科学学研究,2013,31 (10):1453-1458.
③ 转引自朱德全. 基于问题解决的处方教学设计 [J]. 高等教育研究,2006,27 (5):83-88.
④ 鲁志鲲,申继亮. 结构不良问题解决及其教学涵义 [J]. 中国教育学刊,2004 (1):44-48.
⑤ 张建伟. 基于问题解决的知识建构 [J]. 教育研究,2000 (10):58-62.

的设置与解决显得尤为重要和关键，仅仅知道了学科知识或者教育学知识，抑或是有关教学的知识，对于"学会教学"这一目标而言还相去甚远，学生必须在现实教学情境中获得教学问题的解决能力。

人们除了从问题结构好坏的角度来认识教学实践，还从问题结构的丰富与否来加以考察。张永（2006）从"复杂问题"的角度来审视课堂教学，认为"课程教学是知识丰富型问题。……学会教学的核心问题是学会如何在复杂的教学情境中与学生一起展现课程内容"[1]。这便要求教师除拥有学科课程内容的知识外，还应掌握与学科教学有关的情境性知识，这些知识是直接指向教学问题解决的。既然课程教学是复杂问题，那么，课堂教学能力便是复杂问题的解决能力，该结论按照作者的逻辑思路并不难理解。无论是结构不良问题，还是丰富型问题，都提示我们教学问题所具有的情境性特征，也正因如此，"学会教学"便不是学科知识、教育知识、教学知识的简单记忆过程，而是需要在现实教学实践过程中通过对现实教学问题的解决加以培养的。

当然，对于教学中发展问题解决能力而不是学科知识，奥苏伯尔持相反的观点。他认为，教学目标应该是以学科知识的传授为主，而不是放在发展问题解决能力上。他指出，"获得知识除了它在问题解决中经常起到的作用外，它本身作为一个目的应该被认为是教育的主要目标"[2]。"为批判性的思维而教"或者"为问题解决而教"在奥苏伯尔看来都只是一些好听的口号而已，因为"任何名副其实的科学课程都必须把系统地传授有组织的知识本身作为一种明确的目标"[3]。这样一种带有批评意味的观点并没有击中问题的要害，因为自产生学校教育以来，教育的目的是传授知识还是发展能力抑或通过传授知识而发展能力的疑惑便一直困扰着教育理论工作者和实践工作者，奥苏伯尔只是选择了站在传授知识一边。当然，教育不能离开传授知识而存在，但是，教育也不能只为了传授知识而存在，因为教育不能只做知识的"搬运工"。

因此，总的来看，通过术科教学来发展职前体育教师的 PCK 或者 PCA 便足够重要，因为此时的教学问题解决经历将潜移默化地影响着职前体育教师的教学。尽管现实中存在"再现思维"不可避免，但是我们仍然有理由相信，如果能在术科教学中发展职前教师的创造思维，或者引导他们运用创造思维来解决自己教学实践中存在的教学问题，那么他们在今后的教学中也会根据教学对象的不同而采用不同的教学策略，这也正是 PCK 的内涵所在。正如袁维新、吴庆麟（2010）所指出的，"我们相信，在学科教学活动中，教师只要依据问题解决的过程，采用问题解决的教学模式和策略，就能更好地培养学生的问题解决能力"[4]。对于教学问题解决能力的培养，一方面需要教师立足学科知识，为学生提供更多的结构不良的教学问题；另一方面，教学问题解决能力的发展需要学生积极参与到相关的术科教学中，在解决相关教学问题的过程中积累教学情境性知识，或者说教学实践性知识，毕竟"学会教学"并非理论知识的习得便能实现。

---

[1] 张永. 从问题解决心理学的视角看课堂教学 [J]. 上海教育科研, 2006 (1): 38-40.
[2] 奥苏伯尔. 教育心理学——认知的观点 [M]. 佘星南, 宋钧, 译. 北京: 人民教育出版社, 1994: 658.
[3] 奥苏伯尔. 教育心理学——认知的观点 [M]. 佘星南, 宋钧, 译. 北京: 人民教育出版社, 1994: 661.
[4] 袁维新, 吴庆麟. 问题解决: 涵义、过程与教学模式 [J]. 心理科学, 2010, 33 (1): 151-154.

第三节　术科教学的价值论基础

一、价值论基础论域

首先，对于"价值论基础"的使用或者说应该有的论域，当前研究并无可资借鉴之处，此处我们亦不打算从价值论所涉及的价值的性质、标准、评价等方面来阐述术科教学的价值论问题，更多的是对当前人们对术科教学的价值认识所存在的偏差问题给予审视，以便恢复术科教学的真正价值所在。我们亦认为，这也是我们合理认识术科教学意义的基础。因此，这里对"价值论基础"一词的使用难免会有失偏颇。

其次，教学既是事实性存在，也是价值性存在，教学过程并非"价值无涉"的科学知识探究过程[①]。"任何'教学事实'的背后，或支撑起'教学事实'的，都是教学生活中的人的价值选择。"[②] 基于对教学价值的研究状况，赵文平（2011）判断，"教学价值研究是教学论亟须深入关注的领域"，并指出，"教学价值研究的具体问题应该包括三个方面的内容，即教学的价值（指教学活动对于人的生存和社会发展的意义）、对教学的价值（指人或社会等事物对教学活动的意义）、教学活动内部的价值问题（指教学活动中的价值取向、价值冲突、价值引导等）"[③]。从现实情况来看，术科教学价值研究面临着同样的紧迫性。出于对术科教学的认识需要，我们将主要从"教学的价值和教学活动内容的价值问题"两方面对术科教学的价值问题进行论述。

二、术科教学的价值判断

当前，人们对教学价值的界定大体存在"需要说""属性说""关系说"三种观点，这与人们对价值的认识一致。这里，在界定术科教学价值时，我们仍然坚持马克思主义哲学对价值本质的认识，即价值的本质指现实人同满足其某种需要的客体的属性之间的关系。如此一来，术科教学价值便是指术科教学主体需要与术科教学客体属性之间所形成的相互关系。按照对教学主客体的一般认识，术科教学主体指术科教师和体育师范生，术科教学客体则主要指术科教学活动。由于主体需要存在维度上的差异，这样教学活动在满足主体需要的价值上也会表现出不同的维度。郑志辉、刘义兵（2008）认为，"教学对学生主体需求的满足主要体现在教学的知识价值、发展价值和生命价值上；教学对教师主体需求的满足主要体现在教学的社会价值和教师自身的生命价值完善上"[④]。此外，人们还从"教学的基本价值与最高价值""教学的过程价值与终极价值"等维度来揭示教学对于教学主体所应有的价值，但相比于这些说法，我们更倾向于赞同郑志辉等人的说法。一方面，该观点与本研究所秉持的教学主体需要与客体属性的关系的价值本质说一致；另一方面，该观点也更符合我们对教学目的的传统认知，即教学离不开知识传授与能力发展。因

[①] 当然，科学知识探究从严格意义上讲也是有价值判断的，关于这一点当前仍然存有争议。
[②] 李森，潘光文. 教学论研究的事实与价值之思 [J]. 西南大学学报（社会科学版），2008（6）：130-138.
[③] 赵文平. 教学价值研究：教学论亟需深入关注的领域 [J]. 教育理论与实践，2011，31（3）：53-56.
[④] 郑志辉，刘义兵. 论教学价值认识的思维范式转换 [J]. 江苏高教，2008（2）：68-71.

此，我们以此观点作为我们分析术科教学价值的参考框架。

（一）技术传承、教学能力发展和教学体验：术科教学之于学生的价值判断

1. 技术传承：术科教学之于学生的知识价值

同任何教学都伴随着知识传承一样，术科教学亦不例外，只是术科教学传承的知识类型比较特殊，为实践知识——运动技术。当然，术科教学中也有一些理论性知识，如某项运动的裁判知识、比赛的组织与管理、专项训练理论等，这些知识术科教师一般会以理论课的形式进行讲授，术科课堂教学仍然以相关运动项目的技术教学为主。另外，中小学体育教学也主要是围绕相关运动技术开展的教学，尽管当前体育课程名称已发展为"体育与健康"，课程内容中增加了很多与健康相关的理论知识，"但其实质还是体育课，其学科性质并未发生改变。……运动技术仍然是体育与健康课程内容的主线"①。术科作为培养中小学体育师资的重要课程，亦不应该脱离运动技术的教学。体育师范生需要通过术科教学掌握一定运动项目的运动技术，为今后的中小学体育教学打下良好的教学基础，运动技术不是体育教学的全部，也不足以支撑起体育教学，但是离开了运动技术，体育教学将不复存在。因此，术科教学之于学生的知识价值便表现为运动技术的传承上，学生通过术科教学而达到成为"一专多能"体育人才的培养目标。

2. 教学能力发展：术科教学之于学生的发展价值

"所谓教学的发展价值是指客观存在的教学具有满足学生的主体发展需求的属性和功能。"② 对于师范院校的学生而言，大部分学生毕业之后会进入中小学任教。据教育规划纲要中期评估教师队伍专题评估报告显示，2007 年实施师范生免费教育以来，6 所部属师范大学共招收 8.7 万多名免费师范生，落实 5.3 万多名免费师范毕业生到中小学任教。作为一名师范生，为胜任今后的教学工作，教学能力的发展理应成为其自身的发展需求。20 世纪 90 年代以来，教育部共颁布了三套普通高等学校体育教育本科专业课程方案，即 1992 年的《全国普通高校本科体育教育专业十一门课程基本要求》、1998 年的《普通高等学校本科体育教育专业九门主干课程教学指导纲要》和 2004 年《普通高等学校体育教育本科专业各类主干课程教学指导纲要》，均指出相关术科课程的教学目标之一便是发展学生相关术科的学科教学能力。术科教学在教学内容、结构、方法等方面与中小学体育教学具有天然的亲缘性，体育教学能力的发展需要经过不断的教学实践、反思总结，可以说，术科教学为体育教学能力的发展提供了良好的平台和发展的机会，当然，这也需要术科教师采用合理的教学策略或者教学模式保证在术科教学中学生的学科教学能力得以发展。总之，术科教学之于学生的发展价值具体表现为学生学科教学能力的发展。

3. 教学体验：术科教学之于学生的生命价值

"所谓教学的生命价值是指客观存在的教学具有满足学生主体生命意义提升需求的属性和功能，这主要体现在：①通过教学活动向学生主体展示生命的意义和价值；②通过教

---

① 张磊，孙有平. 我国体育与健康课程综合化进程中需明晰的几个问题——基于综合课程的理解 [J]. 天津体育学院学报，2013，28（4）：345-349.
② 郑志辉，刘义兵. 论教学价值认识的思维范式转换 [J]. 江苏高教，2008（2）：68-71.

学活动引导学生主体反思生命的意义和价值；③通过教学活动提升学生主体的生命意义和价值。"[①] 以生命为中心的教学价值取向是在对工具理性反思的基础上形成的一种教学价值理论。工具理性下的教学在追求功利化、效率化的同时，也忽视了知识对于学习者的意义，知识灌输代替了师生交往，在这一思维下，教师只负责教授知识，学生也只为了获得知识。如此一来，教学中便只有知识的存在，而没有了"人"的存在，这样培养出来的职前教师也只是一个缺乏了职业理想和专业认同的"知识容器"。具体到术科教学而言，生命价值的宣扬便是需要我们反思术科教学中存在的"教师只负责传授技术，学生只为了学习技术"的功利化倾向，让术科课堂教学成为展示学生生命灵动——创造力、提升学生生命意义——教师职业责任感、反思生命意义——教师作为反思性实践者的"职前教育教学体验场"。这种体验需要学生真正参与到术科教学中，树立起教师的角色，反思教师和自己教学过程中所存在的教学问题，发挥自己和班级的创造力，共同解决这些问题。教学体验中，学生的主体性得到确认，教师角色得到确认，作为反思性实践者而非教书匠的教师职业身份得到确认。术科教学之于学生的生命价值与其说是学生主体的需求所在，不如说是生命的内在规定性——主体的实践体验使然[②]。

（二）师资培养与专业发展：术科教学之于教师的价值判断

1. 师资培养：术科教学之于教师的社会价值

"所谓教学的社会价值是指作为社会代言人的教师通过教学活动整合学生主体与社会主体对教学的需求从而最终实现自己作为社会代言人的职责。"[③] 师范院校的职责在于为社会各级各类学校培养教师，这一职责需要通过教师教育的各个环节来完成。传统的"传道授业解惑"的教师职责在当前现实当中的表现便是，教师通过教学来传授知识，发展学生的教学能力，提升学生的职业素养和认同感。术科教学之于教师的社会价值亦是如此。尽管当前术科教学中存在着"知识本位"的教学观，存在着术科教师仅仅将传授技术作为术科教学目标的情况，但是，这并不能掩盖，也不能窄化术科教学的社会价值，即培养体育师资力量。相反，以上问题正是人们对术科教学的社会价值认识不清或者不够全面而导致的。

2. 专业发展：术科教学之于教师的生命价值

"所谓教师自身生命价值的完善是指通过教学活动提升教师的生命境界从而实现教师自身生命意义的充盈。"[④] 对于教师的生命价值，高洁（2013）在研究幼儿教育的游戏精神时指出，"教师要……主动研究幼儿教育中的理论与实践问题，自觉提升自己发现问题、解决问题的能力，不断发展和完善自己，从中享受教师职业本身的尊严和乐趣，实现教师生命的价值"[⑤]。李春玲等人（2005）也认为，"教师的生命价值在教育事业的发展中得以延续"[⑥]。不难看出，教师的生命价值存在于课堂教学中，在于通过课堂教学不断谋求自

---

① 郑志辉，刘义兵. 论教学价值认识的思维范式转换 [J]. 江苏高教，2008（2）：68-71.
② 马克思说，"社会生活在本质上是实践的"。人作为社会人，是以实践的方式而存在的。体现学生生命的教学理应在本质上体现学生作为主体的实践体验，学生也需要通过实践体验来了解教学。
③ 郑志辉，刘义兵. 论教学价值认识的思维范式转换 [J]. 江苏高教，2008（2）：68-71.
④ 郑志辉，刘义兵. 论教学价值认识的思维范式转换 [J]. 江苏高教，2008（2）：68-71.
⑤ 高洁. 追寻幼儿教育的游戏精神 [M]. 北京：教育科学出版社，2013：138.
⑥ 李春玲，张鸿燕，安铁岭. 教师职业道德师范生用书 [M]. 北京：人民文学出版社，2005：33.

身的专业发展。教师职业的高尚之处在于教师已经不能用人的自然生命的价值来衡量其价值了，教师通过教学，其生命已在千千万万个学生那个得到延续，教师唯有不断地进行专业发展才不至于辜负了这千千万万个得以延续的生命。术科教学更是如此，术科教师的教学将深深地并长远地影响着体育师范生今后的体育教学，这种影响不仅仅是教学方法上的，更多的是长期的术科学习经历带给他们的体育教师职业印象、职业操守。因此，术科教学之于教师的生命价值不仅体现在通过术科教学，术科教师自身可以获得专业发展，更重要的是，通过专业发展，术科教师的教学对象——体育师范生得到更好的教育。这样一来，术科教师的教学价值便得以延续与完善，生命价值也得以充盈。

三、术科教学的价值取向

虽然术科教学之于教师与学生的价值已初步得到明晰，但是，"在人们以往的观念当中，术科课程只承担对学生各项体育技术、技能的教学和训练，……只要教学生掌握好各项必须掌握的体育技术，就完成了自己的全部任务"①。当前，"体育教育专业术科课技术教学只专注于技（战）术的传授和提高，而忽视其师范技能（包括一般师范技能和术科技战术教学能力）的培养，将教学课当成训练课的现象仍然普遍存在"②。这些情况都反映出人们对术科教学价值的认识还存在一定的偏差，也反映出人们在面对术科教学时所持有的价值取向。回到理论层面进行反思，以上观点实际上是人们对"术科教学是为了什么"问题的回答，这一问题王健先生（2010）认为属于"教学价值理性"范畴，他认为，"教学价值理性就是教学主体对教学活动中教学属性与教学需要的满足之间关系的认识和看法，主要回答'教学是为了什么'的问题"③。索磊（2014）也指出，"教学价值理性是关于'教学的价值'和'教学过程中涉及的价值问题'的理性，主要是指教学活动的价值主体对于教学自身价值的认识、评判和选择，以及对于教学过程中涉及的价值问题的认识和处理方式价值取向的选择"④。从研究所使用的话语框架来看，以上研究涉及著名社会学家马克斯·韦伯（Max Weder）在分析人类社会活动的合理性时所阐述的工具理性和价值理性思想，这一思想为我们分析人类社会活动价值合理性提供了依据，当然，也为我们提供了分析术科教学价值取向的理论依据。

（一）技术传承：工具理性思维下术科教学的传统价值取向

说到术科教学的价值，作为价值主体的教师与学生似乎已经形成这样一种习惯思维，即"术科教师上课就是教技术，学生上术科就是为了学技术"。当然，无论是从价值的需要解释维度还是从有用性的解释维度来讲，教与学技术的术科教学价值取向并非完全错误，因为学生今后从事体育教学时，掌握这些运动技术对其教学是非常有用的，体育教学也需要他们具备相应的运动技术。如此一来，运动技术必然成为他们今后体育教学的工具，这种仅仅将术科教学的价值限定在运动技术传习上的观点带有明显的"工具理性主义"思维痕迹。

---

① 吕有平、张占文. 高师体育专业术科教学应重视对学生教学能力的培养 [J]. 兰州大学学报（社会科学版），2001（29）：134-136.
② 向家俊. 体育教育专业学生术科能力欠缺的原因及解决对策 [J]. 体育学刊，2007，14（4）：72-75.
③ 王健. 教学实践理性及其合理化 [M]. 南京：南京师范大学出版社，2010：47.
④ 索磊. 教学价值理性的迷失与恢复 [J]. 教育科学，2014，30（6）：45-50.

"工具理性"一词自提出伊始便是"低着头"①出场的,它受到法兰克福学派的强烈批判。哲学家阿多诺和霍克海默曾经在其著作《启蒙辩证法》中指出,"人类解体神话,消除幻想,凭借知识的理性运动不单纯是一种在认识上从神话到科学、在实践上从野蛮到文明的单项进步过程,同时也包含着人类由文明再次进入新的野蛮状态"②。工具理性作为法兰克福学派的用语,"指科学技术由人类解放的工具变为奴役人和毁灭人的工具"③。这种异化必然导致非人化过程的加剧,工具理性强调人对物的占有、控制和改造,追求功利化、工具化、实用化和技术化。随着人们对效率、科学、理性的追求,工具理性早已渗透到当代社会中的各个领域。教育领域也在所难免,"'育人'乃教育的宗旨,但目前我国高等教育恰恰出现了一个问题,即重视工具理性,轻视价值理性"④。与此同时,"工具理性主导下的大学教学强调外在目的的高效率实现,导致大学教学活动呈现出功利主义、纯粹理性主义和人力主义的病象,大学教学活动只能教会学生掌握谋生的技术"⑤。可见,虽然学者们也在自觉反思工具理性给我国高等教育所带来的挑战,但是大学教育的功利化问题已然形成,"教学也服务于学生谋生或提升学历的需要,传授讲解侧重于职业所需要的知识、技能和方法,即使是人文学科知识的传授也是如此"⑥。同样,术科教学也不例外。

当术科教学仅仅以相关运动技术的传承为主要目的时,术科教学价值的工具理性主义痕迹便表现为"知识本位"的术科教学价值取向。实际上,并非只有职前体育教师教育领域存在着"知识本位"的教学价值取向,从现有研究来看,"知识本位的教师教育"已成为一种教师教育范式而为人们所批判。所谓"知识本位的教师教育"就是"以学科知识为基础,把知识传承作为教师教育的核心内容"⑦。可见,知识本位的教师教育就是要培养具备渊博的学科知识的教师,自然地,教学中便更加强调学科知识教学的重要性。"知识本位取向强调学科知识,把学科知识作为教学活动的基础。"⑧ 这样一来,教师与学生仅仅将传承知识作为术科教学的价值便符合了知识本位的价值取向。就现实情况来看,"在以往人们的观念当中,术科课程只承担对学生各项体育技术、技能的教学和训练"⑨。可以说,工具理性下的教育或教学(当然包括术科教学)只关注了教育中的知识,而遗忘了教育中的人,至于这些知识对于学习者学习背后的意义则缺乏关照,"只要掌握了,考试能通过便可以了"这样一种功利化、实用化的工具理性思维使学生形成了不求甚解的学习态度。

"事实上,知识本身并无特别值得夸夸其谈的教育价值可言,重要的是获取知识以及创新知识的智慧,但这也并不是说要全盘否定教育的工具理性。"⑩ 就体育教学而言,术

---

① 这里意指"被批判"。
② 张淑芳. 高等教育中工具理性和价值理性整合的必要性 [J]. 理论月刊, 2008 (6): 78-80.
③ 张淑芳. 高等教育中工具理性和价值理性整合的必要性 [J]. 理论月刊, 2008 (6): 78-80.
④ 张淑芳. 高等教育中工具理性和价值理性整合的必要性 [J]. 理论月刊, 2008 (6): 78-80.
⑤ 胡文龙, 张胤. 工具理性与价值理性的融合 [J]. 理工高教研究, 2007, 26 (6): 13-14.
⑥ 胡文龙, 张胤. 工具理性与价值理性的融合 [J]. 理工高教研究, 2007, 26 (6): 13-14.
⑦ 何菊玲. 教师教育范式研究 [M]. 北京: 教育科学出版社, 2009: 84.
⑧ 李海英. 教师教育课程设置的价值取向 [J]. 全球教育展望, 2005 (1): 40-44.
⑨ 吕有平, 张占文. 高师体育专业术科教学应重视对学生教学能力的培养 [J]. 兰州大学学报(社会科学版), 2001 (29): 134-136.
⑩ 张淑芳. 高等教育中工具理性和价值理性整合的必要性 [J]. 理论月刊, 2008 (6): 78-80.

科教学所习得的相关运动技术是职前体育教师今后从事体育教学工作的基础或者说支撑性条件，从这一点来讲，将运动技术作为术科教与学追求的目标亦显出了工具理性合理性的一面，其实在马克斯·韦伯那里，存在着工具理性是"目的合理性行为"的倾向性说法，可见工具理性也具有其合理性的一面。但若一味地追求工具理性，教育将必然走向人的异化，知识之于学习者的意义被窄化为"工具"，人们便无法全面、合理地认识术科教学的价值。因此，对术科教学价值的认识同样需要处理好工具理性与价值理性的关系。

（二）寻求意义：价值理性思维下术科教学的当代价值取向

如果说工具理性给教学带来的是只顾及知识的传承，忽视知识传承为受教育者所承载的意义，最终使教学异化为"无人"的"知识工厂"①，大学的核心任务逐渐简化为有用知识的生产与传承——这里的"有用"是指可以为学生今后的职业生活提供必要的准备，大学成为职业训练场，成为"精神消退的工厂"，那么，照此下去，大学便真的要名存实亡了。《大学》开篇便指出"大学之道，在明明德"。蔡元培先生也指出大学的目的是"育人，而非制器；是培养高级人才，而非制造高档器材"。德国著名的思想家、哲学家雅斯贝尔斯也曾说过，"教育是人的灵魂的教育，而非理智知识和认识的堆集"②。可见，相比于知识的传承，大学更为重要的目的在于通过知识的传承达到"育人""明德"之"乌托邦精神"③。

工具理性让人在教育中失去了"自我"，"教学过程存在知识至上、计划至上、效率至上的误区"④，工具理性下的教育呼唤着价值理性的出场⑤，学界也以"价值理性的恢复""价值理性的回归"等说法来表明对教学领域价值理性出场的期待。在韦伯那里，价值理性即"价值合理性行为"，指遵从某些价值信念而行事的行为，依据韦伯的定义，"价值理性关注的是行为本身的价值而非结果，纯粹的价值合乎理性的行为甚至无视可以预见的后果"⑥。价值理性更加偏重目的，更加关心活动目标的价值诉求和实质内容，也更加关注人类存在的价值以及人生的终极意义。尽管如此，人们对教学的价值理性问题的认识还相当匮乏。赵昌木（2011）指出，"教育教学的价值理性是教师着重从道德原则、伦理规范、信念理想、道义责任、正义真理、公正至善等方面对教育教学及其自身进行厘定。教育教学的价值理性具有非功利性。教师对教育教学的认识应以伦理意义、价值取向和理想目标而非功利效益为标准，重视对人类命运的终极关怀"⑦。这是当前为数不多的对教学的价值理性问题的论述，该论述已然关注到教师教学的社会价值和生命价值，但是

---

① "知识工厂"为美国教授斯坦利·阿罗诺维兹（Stanley Aronowitz）用语，指大学沦为培训的场所，学生被动地接受僵化的知识，不具备批判的精神，高等教育成为生产知识的工厂。
② 雅斯贝尔斯. 什么是教育［M］. 邹进，译. 北京：生活·读书·新知三联书店，1991：84.
③ 陆俊先生在《理想的界限》中说，"乌托邦精神的基本核心是人，它是人道主义的同义语"。高清海先生也指出，"真正说来，所谓'乌托邦精神'，在本来的意义上也就是人类对超越现存状况的价值理想不懈追求的那样一种精神"。正因如此，郝德永先生才指出，"没有乌托邦精神，教育就难以真正达到以人为本的境界，没有乌托邦精神，教育就难以走出工具论的误区"。
④ 转引自索磊. 教学价值理性的迷失与恢复［J］. 教育科学，2014，30（6）：45-50.
⑤ 这并不是说在教育中对价值理性的诉求要晚于工具理性，现实情况是教育中工具理性与价值理性思维都共存的，这正如"应然"与"实然"共存一般，以上说法仅是理论表述的方便而已。
⑥ 马克斯·韦伯. 经济与社会（上卷）［M］. 林荣远，译. 北京：商务印书馆，1997：56-57.
⑦ 赵昌木. 教师专业发展［M］. 济南：山东人民出版社，2011：35.

其并没有谈及作为价值主体的另一方——学生对教学的价值理性所应持有的取向。有研究者认为教学价值取向是实践能力,有的则认为教学价值取向是创造;而"完美的教学价值取向是人的主体性建构、人的全面发展、教学上升为师生的生活方式"①。这一有关教学的价值取向虽未标示以"价值理性",但却具有了价值理性思维的实质。就术科教学而言,依循上述研究的启示,术科教师教学的价值理性需要关注的问题是:如何在术科教学中培养学生合理的职业认识?如何在术科教学中培养学生的教学创造性?如何让学生自主、主动地发现运动技术的学习意义?如何培养学生反思教师或自己教学的习惯?在此过程中,术科教师亦应树立反思、合作、平等的教学意识,在促进学生提升学习意义认识的同时,通过不断的教学实践获得专业发展,以期能够更好地承担起"教书育人"的责任。

对于学生而言,术科教学的价值理性在于对发展价值和生命价值的关注,即发展创造性的实践教学能力和追寻教学意义。在价值理性的思维框架下,术科教学之于学生已不仅仅是获取运动技术的过程,因为那是工具理性的一厢情愿;术科教学之于学生也不是将既有的运动技术的教学方法、学科价值与生活意义告知学生,让学生不加思考地全盘接受,因为那是工具理性的功利化、效率化在作怪。"现代教育,除了获得学术知识、开发智力和培养职业技能外,道德教育和个性发展应是教育的一个重要方面。"② 因此,对于学生而言,术科教学的价值理性虽然不可忽视运动技术的获取,但更重要的,一方面是在获取运动技术过程中自觉主动地发展自己的教学能力,主动参与术科教学过程,创造性地解决术科教学中所存在的教学问题;另一方面则是在术科教学中体验运动技术学习的意义,体验运动技术学习在培养团结、合作、竞争等方面的社会价值,从而理解今后自己在体育教学中的责任所在。

当然,理性归根结底是人的理性,无论是术科教学的工具理性,还是价值理性,都有其存在的根据,"扬"价值理性并非完全"弃"工具理性,韦伯的理性二分法不应该成为我们顾此失彼的理由。因为"工具理性为价值理性的存在提供了条件和基础,价值理性为工具理性提供精神动力,并主导着工具理性的发展"③。这告诉我们,在认识术科教学的价值时,应该坚持术科教学价值认识的整体性和关系性,避免一味地追求运动技术的传承,而导致无视教学能力发展与教学意义的迷失,既承认运动技术作为体育教学基础的价值,又创造教学体验的机会让学生主动感知运动技术的教学价值所在。对于教学价值的研究,赵文平先生断言,"课程与教学的价值选择、学生的价值引导、价值主体的塑造、教学价值的生成与实现等已成为21世纪中国教学论研究的重点问题"④。这对术科教学价值问题的探讨也算是为教学价值的研究增砖添瓦吧,尽管如此,仍不免有可争论之处,如若真能因此而引起大家的争论,此部分的研究便也平添了几分价值。

四、基于扎根理论的术科教学价值论

(一)引言:术科教学价值理性的窄化与冲突

赵文平(2011)曾指出,"教学价值研究是教学论亟需深入关注的领域"⑤,高等师范

---

① 赵文平. 教学价值研究:教学论亟需深入关注的领域 [J]. 教育理论与实践,2011,31 (3):53-56.
② 张淑芳. 高等教育中工具理性和价值理性整合的必要性 [J]. 理论月刊,2008 (6):78-80.
③ 胡文龙,张胤. 工具理性与价值理性的融合 [J]. 理工高教研究,2007,26 (6):13-14.
④ 赵文平. 教学价值研究:教学论亟需深入关注的领域 [J]. 教育理论与实践,2011,31 (3):53-56.
⑤ 赵文平. 教学价值研究:教学论亟需深入关注的领域 [J]. 教育理论与实践,2011,31 (3):53-56.

院校体育专业的术科教学价值研究亦不例外。在教学实践中，人们对术科教学价值——提高学生运动技能与发展学生教学能力——的认识赖于个人的教学需要与目的的差异，表现出了"价值窄化"和"价值冲突"等问题，这在马克斯·韦伯那里被认为是人的"价值理性"——"教学主体对教学活动中教学属性与教学需要的满足之间关系的认识和看法"①使然，人们对术科教学价值的认识与选择表现出明显的目的性。"在以往人们的观念当中，术科课程只承担对学生各项体育技术、技能的教学和训练。至于学生将来工作中所需要的其他素质，像课堂组织能力、讲解示范能力、发现并纠正错误的能力以及运用教学方法的能力等，则认为是教育学、心理学、学校体育学以及教育实习等课程的任务"②。可以说，这种认识"窄化了教学的价值功能，将教学的学生发展价值仅仅局限在教学对学生的知识传授价值方面"③。人们对术科教学价值认识的窄化在一定程度上束缚了人们的价值选择，进而表现出价值冲突问题，即体育教育专业或政策文件对术科教学目标的多维规定与现实中术科教师或学生对术科教与学目标的一维追求之间的矛盾状况。对此，赵文平（2011）认为，"教学价值冲突实质是一种'争论''两难'问题，是利益的交锋和对撞，其根本上是源于教学活动中不同主体之间的需要或同一主体的多元需要之间的差异"④，并认为像知识掌握与发展能力这样的冲突源于种种需要，实际上，"它们之间的冲突并不是对立和矛盾，而只是力量强弱的较量和利益先后的选择问题。处理好教学价值冲突问题可以将现有的'碰撞'转化为推动教学发展的动力"⑤。显然，"价值窄化"或"价值冲突"的症结在于人们对术科教学价值的认识，更进一步说，便是对运动技术与教学能力之间关系的认识不尽合理——将两者对立起来的"二元思维"的表现。因此，术科教学价值窄化以及价值冲突问题，实际上已经转化为运动技术与教学能力的关系问题。

（二）运动技术与教学能力的关系：一个存有争议问题的回溯

体育领域对运动技术与教学能力关系进行专门探讨的时候并不多，现实教学中，人们对此颇有争议。一方面，"受中国传统的传授方式的影响，在认识上还普遍存在'掌握好技术就能教好学'的现象"⑥，其典型表现便是长期以来教师招聘考试中一味强调学生的运动技能，舒尔曼（Shulman）曾将美国的这一情况称为"缺失的范式"；另一方面，作为为数不多的研究，秦淳（1981）曾于20世纪80年代对该问题有过探讨，他指出，"会做具备了会教的可能性，但还不是现实性，会做并不等于会教，会做与会教之间不是必然的、自发的过程。……能力的培养，是在掌握、改进和提高动作技术过程中同时实现的"⑦。看来，问题的分歧在于"会做的学科知识是否需要转化为会教的知识"，或者说"会做的学科知识本身是否便暗含着教学法知识"。对此，舒尔曼有着深入的认识，他更愿意从学科专家与教师掌握学科知识的不同特征加以阐述。

---

① 王健. 教学实践理性及其合理化 [M]. 南京：南京师范大学出版社，2010：47.
② 吕有平，张占文. 高师体育专业术科教学应重视对学生教学能力的培养 [J]. 兰州大学学报（社会科学版），2001（29）：134-136.
③ 赵文平. 教学价值研究：教学论亟需深入关注的领域 [J]. 教育理论与实践，2011，31（3）：53-56.
④ 赵文平. 教学价值研究：教学论亟需深入关注的领域 [J]. 教育理论与实践，2011，31（3）：53-56.
⑤ 赵文平. 教学价值研究：教学论亟需深入关注的领域 [J]. 教育理论与实践，2011，31（3）：53-56.
⑥ 向家俊. 体育教育专业学生术科能力欠缺的原因及解决对策 [J]. 体育学刊，2007，14（4）：72-75.
⑦ 秦淳，曹湘君，崔绍梁，等. 在体育院系技术课教学中培养学生教学能力的研究 [J]. 北京体育学院学报，1981（2）：44-49.

在舒尔曼看来，教师和学科专家在理解学科知识的方式上是不同的。教师不仅自己要掌握学科知识，而且要将它们转换为学生容易理解的形式呈现给学生，而学科专家则不需要这种转化。对于这种观点，亦有研究者提出了异议。麦克尤恩和布尔（McEwan& Bull）便认为，"无论是教学领域还是学术领域，学科知识都以各种不同方式表现出教学法特征，即使是学者，他们在提出与论证自己观点时必须向同行解释其意义，同样需要考虑内容的可理解性和可教性。教师和学者所具有的学科知识只有度上的差异，没有质上的不同"①。除此之外，舒尔曼为了区分教师所掌握的学科知识与学科专家的不同，还提出了PCK，即学科教学知识概念。舒尔曼认为，对教学起决定意义的并非学科知识CK，而是将CK与教学法知识相结合转化为具有教学意义的PCK，PCK实现的是"学科内容教学化"，也就是"将学科内容以学生理解的方式呈现给学生"。对于学科知识CK与教学的关系，舒尔曼曾有过经典的评论，他认为，"单纯强调内容知识，与抛开学科内容而单纯强调教学技能一样，在教学法意义上可能都是毫无价值的"②，其言下之意是学科知识与教学法知识都不足以独立支撑起现实的教学。

对于CK、PCK与教学的关系，虽然有研究表明，"教师的PCK对学科教与学产生着显著影响。相比而言，教师的CK对学科教与学的影响则不显著，教师仅具有丰富的CK并不能保证高效教与学活动的发生"③。但是，对此亦有不同的声音，Marks（1990）便指出，"PCK无论从理论上还是从实证上都难以与CK区分开来。PCK包含有CK和普通教育学知识，但是在教学中你很难将这些知识的界限划分得清楚，有时很难区分它是PCK还是CK，抑或是普通教育学知识"④。看来，无论是体育领域，还是教育领域，学科知识CK与教学的关系问题都存有争议。教学能力归根结底是有关学科知识的教学问题，是学科知识能否以学生理解、接受的方式加以呈现的问题。因此，就教师教育而言，在没有厘清学科知识与教学的关系的情况下，作为教学价值研究，亦不可做出非此即彼——或者传授学科知识，或者发展教学能力的价值选择或价值判断，而应该将重点放在对两者关系的探索上。

基于此，术科教学价值研究首先需要针对运动技术与教学能力的如下问题做出判断：运动技术的不同学习程度对体育教学有着怎样的意义？舒尔曼所说的运动技术的"内容教学化"或者运动技术的教学论意义主要表现在哪些方面？运动技术"教学化"到何种程度才能支撑起现实的教学？

（三）认识的破解：扎根理论的尝试

1. 扎根理论概述

扎根理论是质性研究中形成理论的一种重要方法，该方法以构建新理论或拓展现有理论为旨趣。"扎根理论不像一般的宏大理论，不是对研究者自己事先设定的假设进行演绎

---

① 鲍银霞，汤志娜. 学科教学知识的概念批判与发展［J］. 教育科学，2014，30（6）：39-44.
② 舒尔曼. 实践智慧：论教学、学习与学会教学［M］. 王艳玲，译. 上海：华东师范大学出版社，2013：135.
③ 鲍银霞，汤志娜. 学科教学知识的概念批判与发展［J］. 教育科学，2014，30（6）：39-44.
④ Marks R. Pedagogical content knowledge: from a mathematical case to a modified conception［J］. Journal of Teacher Education，1990，41（3）：3-11.

第四章 我国术科课程与教学的基础理论研究:"实践取向"的术科教学基础理论体系

推理,而是强调对资料进行归纳分析。理论一定要可以追溯到其产生的原始资料,一定要有经验事实作为依据。如果理论与资料相吻合,理论便具有了实际的用途,可以被用来指导人们具体的生活实践。"① "运动技术与教学能力的关系"是一个实践性很强的问题,需要在教学实践中体验到两者关系的变化。因此,从实践中总结出来的一些经验便更能说清该问题,也更能理解该问题,这正是选择扎根理论进行教学价值问题研究的原因所在。同其他质性研究资料的分析一样,扎根理论的形成过程也是对资料进行逐级编码、比较编码的过程,通过不断的编码过程寻求编码之间的关系,进而形成相应的理论。目前,不同研究者在使用扎根理论时,操作程序虽有所差异,但大同小异。本研究采用了 Pandit (1996) 的扎根理论操作程序,具体如图 4-2 所示。

图 4-2 Pandit 的扎根理论的操作程序

2. 访谈资料的收集

对于质性研究而言,"深度访谈一直是各种不同类型的质性研究所采用的一种有用的数据搜集方法"②,该方法也是扎根理论研究所主要使用的方法。本研究的资料收集主要采用深度访谈的方法,访谈对象的选择均是采用目的抽样和方便抽样,学生抽样时主要考虑了大四学生在经历了教育实习后,对运动技术与教学能力的关系会有更为直观和深刻的认识。因此,资料主要来自两部分,第一部分是笔者于 2014 年至 2015 年在浙江和上海两所师范院校完成的 6 位术科教师的深度访谈材料;第二部分是笔者于 2014 年至 2015 年在浙江和上海两所师范院校完成的 6 位大四毕业生的深度访谈,访谈均进行了录音。教师与学生访谈对象具体情况如表 4-2、表 4-3 所示。

表 4-2 术科教学价值访谈对象(教师)情况一览表

学校	访谈时间	访谈对象	性别	职称	学历	所教术科科目	从教年限	编码
上海市D高校	2014.5.8	C老师	男	讲师	硕士	网球	10多年	D-T-C-1
	2014.6.10	X老师	男	副教授	博士	田径	20多年	D-T-X-2
	2014.6.23	D老师	女	教授	博士	篮球	20多年	D-T-D-3
浙江省A高校	2014.11.10	L老师	男	讲师	博士	篮球	5年	A-T-L-1
	2014.11.28	Z老师	男	副教授	硕士	田径	20多年	A-T-Z-2
	2014.12.17	Z老师	男	副教授	学士	篮球	20多年	A-T-Z-3

注:"编码"中,A、D 分别代表两所高校,T 为"teacher"(即教师)的首字母大写,C、X、D 等代表每个访谈对象姓名的姓氏汉语拼音的首字母大写,数字表示不同学校教师接受访谈的顺序,例如 A 高校第二位接受访谈的姓张的老师,则编码为 A-T-Z-2。

---

① 陈向明. 质的研究方法与社会科学研究 [M]. 北京:教育科学出版社,2000:328.
② 凯西·卡麦兹. 建构扎根理论:质性研究实践指南 [M]. 边国英,译. 重庆:重庆大学出版社,2009:34.

表 4-3　术科教学价值访谈对象（学生）情况一览表

学校	访谈时间	访谈对象	性别	编码
上海市 D 高校	2015.4.16	Y 学生	男	D-S-2011-Y
	2015.4.16	W 学生	男	D-S-2011-W
	2015.4.16	H 学生	女	D-S-2011-H
浙江省 A 高校	2015.5.10	W 学生	男	A-S-2011-W
	2015.5.10	J 学生	男	A-S-2011-J
	2015.5.10	Y 学生	男	A-S-2011-Y

注："编码"中：A、D 分别代表两所高校，S 为 "student"（即学生）的首字母大写，最后的 Y、W、H、J 等代表每个访谈对象姓名的姓氏汉语拼音的首字母大写，数字表示年级，例如 A 高校 2011 级接受访谈的姓王的学生，则编码为 A-S-2011-W。

根据研究的需要，我们就运动技术与教学能力的关系问题设计了教师与学生的深度访谈问题，如表 4-4 所示。

表 4-4　"运动技术与教学能力的关系"深度访谈问题设置一览表

访谈对象	具体题目
教师	1. 您觉得运动技术与教学能力之间是一种什么关系？技术是能力发展的基础吗？ 2. 根据您的教学经验，您觉得运动技术在自己的教学中扮演着什么角色呢？ 3. 根据您的经验，对于体育教学而言，您觉得运动技术应掌握到什么程度？是仅仅能够做示范了还是能够对运动技术有更多的认识和理解呢？ 4. 学生在普修和专选课上运动技术能掌握到什么程度？ 5. 我觉得技术练到一定程度，有了自己的体会，去教的时候可能更多的是对自己体会的一个传达，您认为呢？ 6. 有没有觉得平时上课教某个运动技术的时候也不用看书，更多的是按照自己对这个技术的理解来讲呢？比如说……
学生	1. 经过实习，你对原来的运动技术的掌握情况满意吗？为什么？ 2. 经过实习，你对原来学习的运动技术有什么新的认识吗？ 3. 你觉得中小学学生的技术学习跟你实习之前所设想的有什么不一样吗？ 4. 我觉得技术练到一定程度，有了自己的体会，去教的时候可能更多的是对自己体会的一个传达，你觉得呢？ 5. 有没有觉得平时上课教某个运动技术的时候也不用看书，更多的是按照自己对这个技术的理解来讲呢？比如说……

3. 访谈资料的编码

扎根理论研究最为关键的一步便是编码，即对访谈资料中的语句或者段落不断进行概括和总结，并反复思考这些编码的意义。本研究编码过程借鉴了凯西·卡麦兹（2009）《建构扎根理论：质性研究实践指南》一书中的扎根理论编码过程，即初始编码、聚焦编码、轴心编码和理论编码四个步骤。在具体编码和理论建构过程中借助了质性分析软件 NVivo 8.0，本研究运用 NVivo 8.0 软件访谈材料的编码情况如图 4-3 所示。

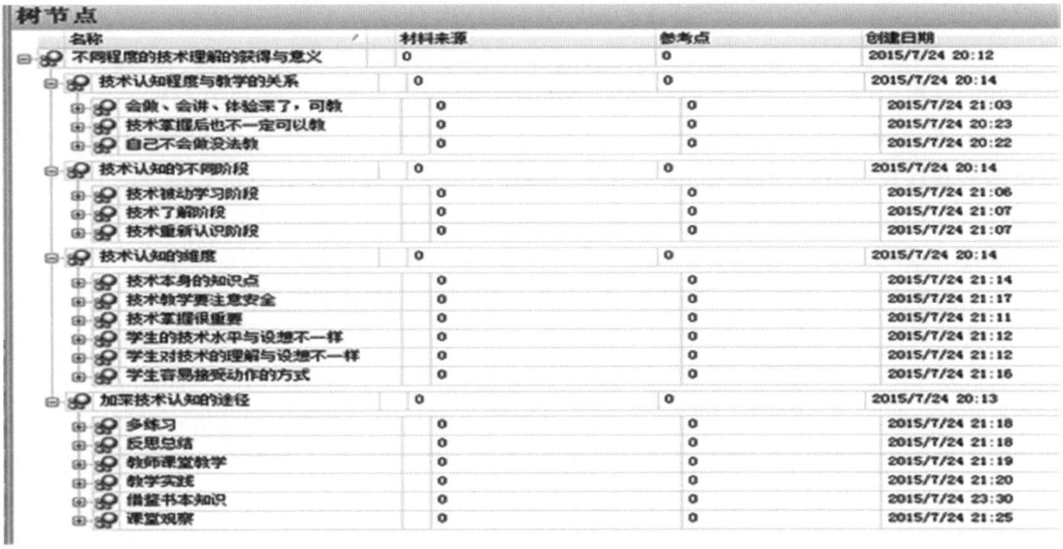

树节点

名称	材料来源	参考点	创建日期
不同程度的技术理解的获得与意义	0	0	2015/7/24 20:12
技术认知程度与教学的关系	0	0	2015/7/24 20:14
会做、会讲、体验深了，可教	0	0	2015/7/24 21:03
技术掌握后也不一定可以教	0	0	2015/7/24 20:23
自己不会做没法教	0	0	2015/7/24 20:22
技术认知的不同阶段	0	0	2015/7/24 20:14
技术被动学习阶段	0	0	2015/7/24 21:06
技术了解阶段	0	0	2015/7/24 21:07
技术重新认识阶段	0	0	2015/7/24 21:07
技术认知的难度	0	0	2015/7/24 20:14
技术本身的知识点	0	0	2015/7/24 21:14
技术教学要注意安全	0	0	2015/7/24 21:17
技术掌握很重要	0	0	2015/7/24 21:11
学生的技术水平与设想不一样	0	0	2015/7/24 21:12
学生对技术的理解与设想不一样	0	0	2015/7/24 21:12
学生容易接受动作的方式	0	0	2015/7/24 21:16
加深技术认知的途径	0	0	2015/7/24 20:13
多练习	0	0	2015/7/24 21:18
反思总结	0	0	2015/7/24 21:18
教师课堂教学	0	0	2015/7/24 21:19
教学实践	0	0	2015/7/24 21:20
借鉴书本知识	0	0	2015/7/24 23:30
课堂观察	0	0	2015/7/24 21:25

图 4-3　NVivo 8.0 软件访谈资料的编码情况

（1）初始编码。

初始编码时，研究者要以一种开放的心态，逐词、逐句或逐段进行编码，当然，"如果收集的资料比较多，研究的问题比较宏观，可以从段落大意开始进行登录。一般来说，在首次对资料进行开放型登录时，应该从最基础的层面开始，对资料中的每一个词语都进行认真的考量"①。本研究在对访谈资料的编码时便采用了逐句或逐段编码的形式，因为被访谈老师或学生在对某个问题回答时回答得比较集中，段落大意比较清晰。但是，在登录时，我们也注意到了老师和学生经常提到的一些词语，比如"体会、体验、感觉、可以教了、理解、掌握，不一样、经验、会做"等，这些词语对于我们理解"运动技术与教学能力的关系"有着重要的启示作用。因此，对于这些词语我们进行了单独的编码，在 NVivo 8.0 软件中形成单独的节点。最终从访谈资料中提取出 73 句话以及段落作为初始编码的来源，然后对这 73 句话进行语义概括和重要概念提出，共形成 73 个"语句"编码和 20 个概念性的"词语"编码，在 NVivo 8.0 软件中共形成 93 个节点。

（2）聚焦编码。

聚焦编码后，"这些代码要比逐字逐句、逐个事件的编码更加具有指向性、更有选择性和概念性。聚焦编码要求判断哪些初始编码最能敏锐地充分地分析你的数据"②。可见，聚焦编码是将初始编码初步整合的阶段，即将类似的编码聚集到一个编码下面。据此，我们形成了 17 个聚焦编码，分别是"多练习、反思总结、教师课堂教学、教学实践、课堂观察、技术本身的知识点、技术教学要注意安全、技术掌握很重要、学生的技术水平与设想不一样、学生对技术的理解水平与设想不一样、学生容易接受动作的方式、技术被动学习阶段、技术了解阶段、技术重新认识阶段、自己不会做没法教、技术掌握后不一定可教、会做会讲体会深了可教"，初始编码的 93 个节点或者编码可分别归入这些聚焦编码中。

① 陈向明. 质的研究方法与社会科学研究［M］. 北京：教育科学出版社，2000：281.

② 凯西·卡麦兹. 建构扎根理论：质性研究实践指南［M］. 边国英，译. 重庆：重庆大学出版社，2009：73.

(3) 轴心编码。

轴心编码的主要任务"是发现和建立概念类属之间的各种联系，以表现资料中各个部分之间的有机关联"[①]。发现类属之间的关系首先便是建立类属，本研究对轴心编码的思考便从那20个概念性的"词语"编码开始，因为通过这些概念性的"词语"编码，我们依稀能够看到我们最想知道的问题的答案，即运动技术在教师教学中除了示范以外，还能起到什么作用？不同程度的掌握情况对于教学而言是否有着不同的作用？运动技术作为体育教学或者术科教学的知识这一点已然明晰，那么，"掌握、理解、会做、体验"等概念性词语表示的便是"知识学习效果或学习程度"，而"自己技术没掌握没办法给别人挑毛病、我也是按照自己的理解来讲解动作"等语句表达的则是"知识的应用"问题。如此一来，我们便可以从学习论的角度来寻找初始编码的相应类属，借鉴马扎诺（R. J. Marzano）等人的教育目标新分类理论，我们从认知的维度来对初始编码的相应类属进行分析。本研究根据初始编码所表达的主题思想，以及考虑到它们之间的联系，将17个聚焦编码归纳为三个主要类属，分别是"加深技术认知的途径、技术认知的维度、技术认知程度与教学的关系"。可以看出，这些类属之间是一种并列的结构关系，都属于技术认知（即技术学习）的范畴。

(4) 理论编码。

凯西·卡麦兹（2009）指出，"你在聚焦编码中形成了类属，而理论代码就是让这些类属之间可能的关系变得具体化。理论代码是整合性的，它们给你所收集的聚焦代码赋予了形式"[②]，可见，理论编码便是为经过轴心编码后的各类属寻找一个可以统领它们的"核心类属"，该类属具有一定的理论高度，或者说具有一定的理论基础。回到本研究上来，对于"加深技术认知的途径、技术认知的维度、技术认知程度与教学的关系"这三个类属，实际上都是围绕着教学中的技术学习来谈的，通常意义上，我们对知识学习的情况会划分为记忆、应用或者创新，对于技术学习而言，同样存在着技术记忆与技术应用问题，而记忆与应用或创新又是哲学上"理解"一词的应有之义。

已有研究表明，有关理解的认识大致有两类，复原说和意义创造说。"复原说主要观点为，理解就是把握作者的本意，从作者的语境出发去解读文本。意义创造说是对'复原说'的批判和反思，其代表人物海德格尔认为，理解的本质是作为此在的人对存在的理解"[③]，此理解不仅仅在于把握作者原意，还在于对其进行创造性的理解，形成属于理解者的意义。波兰尼认为，"因为理解对任何认知过程来说是不可或缺的，甚至是对任何这类活动的终极裁决。未被理解的东西不能说是已被认识了的"[④]。可以说"理解"一词既具有"记忆"之意，又具有"意义创造"，即知识记忆、应用、创新之意。至于理解对于教学的重要性，舒尔曼便直言不讳道，"会做的只是会做，理解了以后才能教"[⑤]。因此，从理解的角度来概括以上四个类属是比较切合的，既反映了运动技术学习的不同程度，又体现了不同的运动技术学习程度对于教学的重要性。基于此，我们将"核心类属"确定为

[①] 陈向明. 质的研究方法与社会科学研究 [M]. 北京：教育科学出版社，2000：333.
[②] 凯西·卡麦兹. 建构扎根理论：质性研究实践指南 [M]. 边国英，译. 重庆：重庆大学出版社，2009：80.
[③] 孙荔. 试析师范生教学能力与教学理解的尴尬处境 [J]. 教育评论，2014（12）：68-70.
[④] 郁振华. 默会知识论视野中的科学主义和人本主义之争 [J]. 复旦学报（社会科学版），2002（4）：39-45.
[⑤] Shulman L S. Those who understand: knowledge growth in teaching [J]. Educational Researcher, 1986, 15（2）: 4-15.

"不同程度的技术理解的获得途径与意义"。这里将 NVivo 8.0 软件中的编码情况以流程图的形式呈现出来,如图 4-4 所示,一方面呈现出我们编码的情况,另一方面也对"核心类属"与"各类属"之间的关系有一个更加清晰的展现。

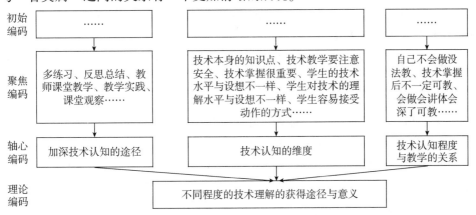

图 4-4　NVivo 8.0 软件中的编码流程

通过理论编码所形成的核心类属"不同程度的技术理解的获得途径与意义"似乎无法解决"术科教学价值"问题,这便容易让人对本研究运用扎根理论的有效性问题产生怀疑,如果扎根理论到此为止,便是约翰·洛夫兰德(John Lofland)所称的"分析中断"的痛苦,即"分析工作开始了,但却中途停止。中断产生于这些扎根理论研究的分析过程和理论化目标之间。……(而)厄克特敏锐地评论可以应用于各个学科的很多扎根理论研究者,这些研究者在编码和构建了基本的类属之后,就停止了他们的分析工作"[①]。因此,对于运用扎根理论的研究者而言,编码之后的分析工作便显得尤为重要和必需。正如理论编码的任务所在,其需要提出一个具有理论广度、深度、更为普遍的概念类属,以便将其他类属及其关系纳入其解释框架。对于本研究而言,"技术理解"这一概念便具有这种解释能力,一方面,"技术理解"本身便具有运动技术学习效果的程度性之意,即"记忆式呈现"与"意义式呈现";另一方面,"技术理解"也表明了术科教学的意义,因为不同程度的技术理解对于体育教学而言其意义是不同的,但是都表明了术科教学的意义。因此,接下来,我们便结合本研究的访谈材料对"加深技术认知的途径、技术认知的维度、技术认知程度与教学的关系"这三个类属进行深入分析,在此基础上完成"技术理解"的出场,并完成最终的理论建构。

4. 理论饱和度检验

对于扎根理论研究而言,需要进行理论饱和度检验。理论饱和度,也就是不能再从所收集到的资料中发现另外的类属,这也就意味着你可以停止搜集数据了。如何判定扎根理论所建立的理论已经达到饱和了呢? 陈向明(2000)认为,"这取决于研究者建构理论时面临的内、外部条件。内部的条件通常是:理论已经达到了概念上的饱和,理论中各个部分之间已经建立了相关、合理的联系。外部的条件主要有:研究者所拥有的时间、财力、

---

① 凯西·卡麦兹. 建构扎根理论:质性研究实践指南[M]. 边国英,译. 重庆:重庆大学出版社,2009:176-177.

研究者个人的兴趣和知识范围等"①。本研究将受访者的编码进行随机抽样，发现除了"加深技术认知的途径、技术认知的维度以及技术认知程度与教学的关系"这三个轴心编码外，没有再形成新的轴心编码，并且这三者之间也建立了合理的联系；另外，鉴于研究时间以及能力所限，本研究认为以上编码已达到理论饱和度。

（四）类属分析：技术认知

对于运动技术的学习而言，"从本质上说是一种技能学习，它不单是思维逻辑认知，而是身体认知的结果，最为明显的表达就是技术的掌握，而身体认知的提高，正是思维逻辑认知的基础和起点"②。因此，以"认知"之名来表达运动技术的学习并无不妥，这也有利于摆脱长期以来高等师范院校体育专业术科教学只求掌握技术而不求认知"甚解"的传统教学倾向，运动技术学习更是具有认知领域学习的"识记、理解、分析、整合、知识应用"等水平的学习效果之别。

1. 技术认知的维度

高等师范院校体育师范生的运动技术学习有别于中小学学生的运动技术学习，他们学习运动技术不仅仅是掌握该运动技术，而且还要知道如何将该运动技术以学生理解的方式教给不同年龄段的学生，即该运动技术"如何教"的问题。此问题在当前被认为是舒尔曼所提出的 PCK 理念，即学科教学知识领域的核心问题，其主要包括"关于学科内容的知识、关于教学策略的知识、关于学生的知识、关于评价的知识"等几个方面。从访谈情况来看，技术认知的维度主要表现在"关于运动技术本身知识点的认知、关于运动技术价值的认知、关于学生运动技术水平的认知、关于学生对运动技术理解能力的认知、关于教学安全的认知、关于运动技术教学策略的认知"等几个方面。可以看出，这些方面与 PCK 的构成要素保持了良好的一致性。为了更加直观、简洁的陈述该部分内容，这里以表格的形式加以呈现，如表4-5 所示。

表4-5 "技术认知的维度"编码情况

访谈原始句描述	聚焦编码	技术认知的维度
这方面主要是教学里面就有的，一个是技术动作概念，另外一个就是教学步骤，还有就是重点难点，还有一个就是教学的错误动作，最后就是如何纠正这些错误动作……	技术本身的知识点	关于运动技术本身知识点的认知
每节课都在旁边看我上课的话，都会提醒我强调进沙坑之后缓冲这个动作，然后我就觉得在中小学上课的话，安全比技能掌握更重要……	技术教学要注意安全	关于教学安全的认知
有时候不用教，有的学生可能理解能力比较强，你根本不用去教他，你只要做一下他就模仿出来了，是这样的，所以掌握好技术还是很重要的……	技术掌握很重要	关于运动技术价值的认知
不一样，老师说，到实习点可以教他们什么什么，但是你去教的时候，你可能只能教个运球，教个投篮，就是他们还没有达到那种我们理想中的水平……	学生的技术水平与设想不一样	关于学生运动技术水平的认知

---

① 陈向明. 质的研究方法与社会科学研究 [M]. 北京：教育科学出版社，2000：332.
② 祁龙祥. 高校体育课程的学科性质及运动技术的地位 [J]. 体育学刊，2003，10（4）：90-91.

第四章 我国术科课程与教学的基础理论研究:"实践取向"的术科教学基础理论体系

续表

访谈原始句描述	聚焦编码	技术认知的维度
我们可能理解能力跟他们理解能力不一样,他们对体育的理解能力稍微差一些,所以我就觉得,我们在学校里面想的跟我们在实际中去操作的时候是不一样的……	学生对技术的理解水平与设想不一样	关于学生对运动技术理解能力的认知
你要教别人你自己就要会,更重要的是自己有亲身的体验,你有了体验以后你就会更好地教学,你就会知道这个东西的重难点是怎么样的,怎么去设计会比较容易一些,学生怎样才比较好接受……	以学生容易接受动作的方式教学	关于运动技术教学策略的认知
我之前学的时候,感觉这不是"So easy"的东西吗,一学就会,但是在后来教学的时候会不一样,要教很细……	要教很细	关于运动技术教学策略的认知

2. 加深技术认知的途径

技术认知同其他所有知识的学习一样,其效果都受到"教师的教"和"学生的学"两方面的影响,从访谈情况来看,加深技术认知的途径包括"教师的课堂教学、学生教学实践、反思总结、练习、课堂观察、书本知识学习等"。这里同样采用表格的形式对原始访谈资料的编码情况加以简要呈现,如表4-6所示。

表4-6 "加深技术认知的途径"编码情况

原始句描述	聚焦编码	轴心编码
等技术讲完了专门会留一节课讲一下教学、训练,包括跨栏训练有哪些,教学方法有哪些,这样能够加深学生对项目的教学认知……	教师的课堂教学	加深技术认知的途径
实习之后才知道。因为刚开始的时候,你就是讲的时候就不行,怎么讲都不满意,感觉不是这样的,感觉跟我期待的、想说的不一样,差距很大……	学生教学实践	
肯定是在教的时候总结得比较多。你要通过口头语言去传授给他们,肯定要不一样,肯定要把自己的一些经验,包括一些书本上的知识,总结到一起才可以……	反思总结	
如果不学习的话我感觉重难点还是没有办法区分的,不知道,就是一定要做了之后你才知道,最主要的就是亲身经历的东西就知道重难点……	练习	
因为毕竟我是从学生时代过来的,我经常也在跳,我们班的同学也在跳,我能够看出来,因为我以前是搞体育的,所以我会知道……	课堂观察	
看书是帮助自己说,你会了这些东西,都知道,但是很难表达,就要借鉴书上的一些表达方法,这样让我们说出自己的想法……	书本知识学习	

在"加深技术认知的途径"中,"教师的课堂教学"无疑为学生提供了接触并加深运动技术认知的机会,教师在运动技术教学中的一言一行都会成为学生模仿的对象,而学生在最初的教学中也多少会"回忆"并"借鉴"自己老师的相关教学方法,"对于职前教师而言,多年的学习经验,尤其是特定主题的被教经历,往往使其形成了关于特定主题教学的朴素意识,而这种朴素意识对职前教师的教学设计、教学实践往往具有潜移默化的作用"[①]。这实际上便已经表明了术科教师的教学对学生技术认知的影响。"练习"可以帮助学生加深对运动技术本身的认知,包括重难点、动作结构等,正所谓"熟能生巧"。"课堂观察"可以让学生提前认识某项运动技术在教学过程中可能出现的错误动作。"书本知识学习"在"加深技术认知的途径"中扮演着"帮助自己说"的角色,也就是有些同学反映的"会做却说不出来"的问题,当然,随着运动技术的提高和教学经验的丰富,在运动技术教学中,书面语言会相对减少,变成教学对象能够理解的生活用语。"学生教学实践"和"反思总结"是加深技术认知的另外两个途径,这也是笔者认为最重要的两个途径,因为只有通过切身体会教学,才能知道自己运动技术的讲解情况,才会知道学生对运动技术的理解情况,才会认识到面对不同的教学对象需要采用不同的教学方法教授某项技术等。而"反思总结"一直以来都被认为是教师专业发展的重要举措。A-T-Z-2 老师便说,"是的,所以说我们教师在写教案的同时,更重要的是总结,总结很重要,……我认为反思比写教案有时候更重要,因为要不断的经验总结,不断的反思,才能够提高教学的能力"。舒尔曼(2013)也认为,"最好的教学模式应该帮助学习者反思自己的思想,并重组自己的理解,以更有效地把握经验世界"[②]。

3. 技术认知程度与教学的关系

作为本研究最为关心的问题,体育师范生的运动技术学习对于体育教学到底会有怎样的影响,或者说会起到什么作用呢?该问题的潜在假设便是体育师范生运动技术的学习程度是不同的,而不同程度的运动技术对于教学而言起到的作用自然有所差异。作为对该问题的回应,我们所提炼出的"技术认知程度与教学的关系"这一轴心编码能解决上述问题。

从编码情况来看,受访者认为"会做会讲体验深了便可教了";对于不会做能不能教的问题,受访者给出了一致的答案,那便是"自己不会做,就更没法教";那么,是否可以说会做了便可以教了呢?对此问题,受访者也给出了否定的回答,即"技术掌握后不一定可教"。这一方面已经表明运动技术的学习有程度上的差异,而且这种差异会影响到教师的教;另一方面,这也可以回答长期以来术科教学中一些比较有争议的话题,如"术科教学是否能发展学生的教学能力,不会做能否教以及会做能否教"等诸多问题。

(1)会做会讲体验深了便可教了。

可以看出,该聚焦编码已经表明了运动技术在学习程度上的差异,即"会做、会讲、体验深"三个层次。在笔者看来,这三者单独一者对于教学而言都是必要条件,三者结合起来了便是充分必要条件。

"除非上了一年以后,他对这个技术比较了解,有自己的想法和心得了。他就知道这项技术如果让我来教,应该怎么教。"(D-T-C-1)

[①] 郑志辉. 职前教师学科教学知识发展:理论基础与模式建构[J]. 教育理论与实践,2014,34(20):35-37.
[②] 舒尔曼. 实践智慧:论教学、学习与学会教学[M]. 王艳玲,译. 上海:华东师范大学出版社,2013:52.

第四章 我国术科课程与教学的基础理论研究："实践取向"的术科教学基础理论体系

"只有自己体验或者感受比较深了，你跟学生教的时候，才能够把这种动作应该怎么去做说得准。"（D-T-D-3）

"我觉得这种体验还是很重要的。你只有深刻地体验，去教学生时才能够把握住最关键的地方。"（D-T-D-3）

"你要教别人，你自己就要会，更重要的是自己有亲身的体验。你有了体验以后，就会更好地去教学。"（D-S-2011-Y）

"反正这一点就是说通过他自己去做。他只要知道正确的动作怎么做，他可能不一定做好，但是他能够知道什么是正确的。"（A-S-2011-W）

从以上访谈情况来看，对于教学，运动技术不一定要求"特别高深"，关键是要知道动作要领、能够展示正确动作、对动作有着自己的体验，该认识对于术科教师和体育教师招聘中一味追求高深运动技术的行为来说无疑具有重要的启发意义。当然，我们通常认为，动作掌握情况越好，对动作的体验、认知自然比掌握一般的要深，那么，"体验"到底又有着怎样的意义呢？有研究指出，"作为本体论意义的教学离不开'体验'，而且只有经过体验所获得的东西才不会很快被忘却。知识及其意义的领会是一个漫长的过程，而知识的创造及其意义的丰富正是在这一体验过程中，而不只是存在于这样的原始经验的内容中"①。或许正是因为体验有如此重要的意义，受访者在访谈中共10余次提到了"体验"或与"体验"相关的一些词，如"感觉、心得、体会"等。在NVivo 8.0软件中我们将这些词单独形成自由节点，统一命名为"体验"，然后与这一词并列的自由节点还有如"纠错、重难点、如何教、说得准、动作要领、能说出一二三、把握动作关键地方、更好教学、教感受"等有关教学方面的词与短语。为了表明两者的关系，我们将两者以NVivo 8.0软件中模组图的形式加以呈现，以便更加直观地认识体验对于教学的重要性，如图4-5所示。

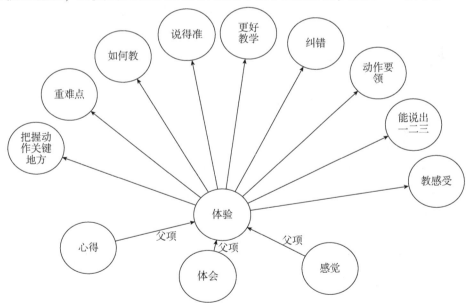

图4-5　NVivo 8.0软件导出的体验与教学的关系模组

---

① 曹正善. 理解：向教学本体论的回归之路[J]. 四川师范大学学报（社会科学版），2004，31（6）：57-62.

由图4-5不难发现,"体验"在体育教学中扮演着重要的角色,不仅仅能把握动作的重难点、动作要领等,而且因为有了体验,教学中可能更多的是在表达自己对动作的感受,也就会有"教感受"一说。实际上,这种感受更多的是因为有了体验而知道完成某一动作的关键,从而能够更好地发现并纠正错误,如此一来,便能够"更好教学"。

(2) 不会做就更没法教。

随着现代科技的发展,学生自主学习成为可能。对于运动技术学习而言,学生是否可以借助现代技术而不再需要教师的教呢?或者说,在体育教学中,教师不必进行动作的示范,教师只要通过相关的教学视频便可以进行教学呢?从访谈情况来看,无论是教师还是实习过的学生,他们普遍认为"不会做,就更没法教"。

"这个没有,我觉得学生还不具备这个能力。他不知道怎么纠错,不知道错误动作在哪里,他自己的技术动作都没有做好,更别说去给别人挑毛病了。"(D-T-X-2)

"背后运球、转身运球,他都不会做,他都没有体会,他没有感受。如果说他没有体会到这些,他自己还不会做,他也没有感受,你让他去教,他很难把运球这里面的那些感受的东西教出来。"(D-T-D-3)

教学离不开在掌握了运动技术后对运动技术的体验,已有研究也表明,"没有充足的学科内容知识,任课科目的有效教学都是没有保证的"[①]"对于一个教师的学科教学知识发展而言,首要的是具备坚实、丰富的学科内容知识"[②]。但是,一个人不会做便真的意味着他不会教吗?正如诺伊区别自己会表演以及自己会教表演时提到的,"她能教会学生表演该特技,只能说明她有教学能力,也就是她知道如何教,而不一定自己有表演的能力,也即不一定知道自己如何表演"[③]。看来,该问题并不是没有反例。但是,可以肯定的是,无论社会发展到何种程度,现代科技都无法代替教师在教学中的地位,其根本原因便是现代科技无法"体验"运动技术学习过程中的真实"感受"。

(3) 技术掌握后不一定可教。

清楚了"体验"在体育教学中的重要性,这第三点便比较容易理解。

"就是自己感觉会做的,教他们应该没有问题,蛮自信的,但是一教问题就出来了。"(D-S-2011-Y)

"也不能完全说学生掌握技术了就能教学,因为教学还有一个组织,学生还不能掌控一个班的组织。"(D-T-X-2)

"这就是我说的对这个东西的理解不够,你指不出到底哪里有问题,包括不能用一句话一针见血地指出这个问题。还是要提高个人技能。"(D-S-2011-W)

看来,除了前面提到的"体验"这一影响因素外,学生掌握技术后不一定能教的原因还在于学生组织能力的欠缺。"对教师 CK(学科内容知识)与他们教学实践的关系上的研究表现出不一致的结果。一般认为,CK 是必要的,但对于有效教学而言却不是

---

① You J A. Portraying physical education – Pedagogical Content Knowledge for the professional learning of physical educators [J]. Physical Educator, 2011, 68 (2): 98-112.
② 郑志辉. 分类学视野下的学科教学知识发展策略:国外研究探微 [J]. 课程教学研究, 2014 (2): 12-16.
③ 王建安, 叶德营. 知识分类与知识表征 [J]. 自然辩证法通讯, 2010, 32 (4): 13-18.

充分足够的"①。这一认识对于当前高等师范院校术科教学中教师只求传授技术,学生只求学会技术的情况而言无疑是一种潜在的批评。"当教师不能充分地理解她的教学内容的时候,她就无法运用那些灵活的和互动式的教学技能。"② 因此,如何培养学生对相关运动技术的理解也理应成为术科教师考虑的重要问题。

(五) 理论发现:技术理解

至此,运动技术认知与教学的关系已经得到了一定的澄清,在编码和分析的基础上,我们形成了"不同程度的技术理解的获得途径与意义"这样的理论编码,其中,"技术理解"便是本研究的核心概念类属,可以为前面的讨论提供一个更高层面的解释框架,下面将对"技术理解"的理论框架加以阐述,在此基础上形成本研究的扎根理论。

1. "技术理解"的含义

正如前面所提到的,我们对"理解"一词的引入和解释基于哲学的视野,"理解"在解释学或诠释学那里兼有"复原和意义创造"两层含义,"与一般诠释学对文本意义的多元化结果抱有某种恐惧和偏见不同,哲学诠释学对意义的多元化结果持一种积极的肯定态度,它甚至主张理解的主旨不在于作者原意的被把握,而在于新的意义的合理创生"③。在解释学看来,"实践的过程也就是理解的展开过程;而理解也不是游离于实践过程之外的前实践活动,它本身就是实践的一个核心要素"④。

"理解"对于教学的价值也得到了人们的重视,"牛顿(Douglas P. Newton)把它作为教学质量的显示器,呼吁'为理解而教'。他认为理解可以满足人的各个方面的需要,理解能够促进学习;理解能够让学生从死记硬背式的知识学习中摆脱出来,培养学生灵活运用知识的能力;理解帮助学生在这个信息充斥的世界里获得组织信息及其所需的理性思维和批判思维,从而迈入创造的世界"⑤。既然理解的意义如此多元,那么,师范生的教学理解情况如何呢?对此,孙荔(2014)不无担忧地指出,"很多师范生的教学理解基本停留在'复原'之上,更有甚者,连'复原'都做不到,出现歪曲文本的现象,'意义创生'就更加无从谈起了。教学理解的缺失,使得教学能力成为无根之水,尴尬处境暴露无遗"⑥。舒尔曼更是一针见血地指出,"教学的第一步是理解。我们要求教师对所教的内容要有批判性的理解"⑦。

另外,除了来自哲学和教学方面的相关论述外,徐彦辉的研究是为数不多的能够给本研究以启发的研究成果。徐彦辉(2009)在其博士论文《数学理解的理论探讨与实证研究》中以"记忆水平、解释性理解水平和探究性理解水平"作为研究数学理解的理论框架,其中,"记忆水平处于最底层;解释性理解水平处于第二层,是观察、思考、判断、

---

① Jüttner M, Boone W, Park S, et al. Development and use of a test instrument to measure biology teachers' Content Knowledge (CK) and Pedagogical Content Knowledge (PCK) [J]. Educational Assessment Evaluation & Accountability, 2013, 25 (1): 45-67.
② 舒尔曼. 实践智慧:论教学、学习与学会教学 [M]. 王艳玲, 译. 上海:华东师范大学出版社, 2013:164.
③ 彭启福. 理解之思:诠释学初论 [M]. 合肥:安徽人民出版社, 2005:234.
④ 彭启福. 理解之思:诠释学初论 [M]. 合肥:安徽人民出版社, 2005:123.
⑤ 曹正善. 理解:向教学本体论的回归之路 [J]. 四川师范大学学报 (社会科学版), 2004, 31 (6): 57-62.
⑥ 孙荔. 试析师范生教学能力与教学理解的尴尬处境 [J]. 教育评论, 2014 (12): 68-70.
⑦ 舒尔曼. 实践智慧:论教学、学习与学会教学 [M]. 王艳玲, 译. 上海:华东师范大学出版社, 2013:161.

推理、综合等认识能力的总和;探究性理解水平属于最高层次,是运用已有知识分析解决实际问题和进行突破的创造性能力"①。可见,无论是"教学理解",还是具体科目的"数学理解",对理解一词的认识都是来自前面提到的"复原与意义创生",理解的这两层含义对于教学而言亦具有解释能力。这里,我们亦沿袭这样一种理解框架,将"技术理解"这一概念描述为"体育师范生通过教师与自身的课堂教学实践、反思总结、课堂观察、练习等途径所达到的对运动技术本身及其教学意义的理解程度,包括运动技术记忆性理解和运动技术创造性理解"。

2."技术理解"的维度

(1) 掌握运动技术:技术理解的"记忆性理解"之意。

"理解"的第一层含义便是"复原",即对作者意思原原本本的再现,这实际上是回忆与再认过程,也就是我们通常意义上的记忆过程,在布鲁姆那里被称为"识记",在马扎诺等人的新分类法那里便是"信息提取"。"在新分类法中,信息提取要么是再认,要么是回忆。"② 对于运动技术而言,这种再认与回忆则是"执行"具体的身体运动。这种执行只要付出一定的时间加以练习,便可达到熟练的程度,这也是运动技能形成规律所决定的。对于运动技能的学习,容易受到奥苏伯尔"机械学习"的困扰,即不加理解、反复背诵的学习,对学习材料只进行机械记忆。"他(奥苏伯尔)对动作学习的论述,只停留于把它划分为机械学习而没有加以深入的研究和陈述,这样又导致对动作学习产生许多理论观念上的困惑,如把动作学习相对有意义学习而划定,使人产生动作学习不具有他所论述的有意义学习的条件和特点,而认为他的学习论在教身体运动技能是没有用的。"③ 现实中,在运动技术的教与学上便真存在着这种认识。

"那对于这些学生来讲,在这一学期的普修课里主要是掌握技能的,他把篮球的运球技术掌握了,已经是不错了。"(D-T-D-3)

"第一学期是被动吸收的过程,技术而且网球这个项目是很特别的,不是说一下子就上手的。"(D-T-C-1)

"我当时主要是想掌握这个运动技术,跟学其他课一样,希望考试能通过就完了,老师让怎么练就怎么练,其他同学也这么练,自己也没有想太多。"(A-S-2011-Y)

从受访者(教师)所提到的"主要是掌握技能""能够掌握已经是不错""被动吸收的过程""不是说一下子就上手的"等主观认识,以及受访者(学生)所讲述的"想掌握这个运动技术""跟学其他课一样""希望考试能通过就完了""老师让怎么练就怎么练""自己也没有想太多"等主观感受来看,对于运动技术的教学而言,教师的教学目标是让学生掌握技术,学生的学习目标也是掌握技术,而且教师认为学生的学习是"被动吸收过程",而学生也是"老师让怎么练就怎么练"。可以说,这种情况已然带有了"机械学习"的色彩。

综上所述,作为"技术理解"第一层含义的"记忆性理解"实际上表达的是学生的

---

① 徐彦辉. 数学理解的理论探讨与实证研究 [D]. 上海:华东师范大学, 2009.
② 马扎诺, 肯德尔. 教育目标的新分类学 [M]. 高凌飚, 吴有昌, 苏俊, 译. 北京:教育科学出版社, 2012:32.
③ 陈耕春, 赵诚民. 动作学习认知理论探讨——对奥苏伯尔有意义学习论及动作学习定性之补正 [J]. 西安体育学院学报, 1997, 14 (4):66-70.

一种"机械学习"情况,对于术科教学而言,"记忆性理解"的意义则是学生能够记住所学运动技术,也就是通常意义上所说的掌握技术。因此,"技术理解"的"记忆性理解"之学习水平便是指"掌握运动技术"。

(2) 提炼运动技术教学意义:技术理解的"创造性理解"之意。

"理解"一词的另一层含义便是"意义创造"。体育师范生在习得了运动技术后,还应该就诸如"掌握了运动技术有什么用?不同年龄段的学生在学习该运动技术时会遇到什么困难?会存在哪些易犯错误?如何纠正?以什么样的方式介绍和组织学生练习该运动技术比较合适?"等问题给予思考,并结合个人情况加以总结。这个过程不仅是对运动技术在现实教学中如何应用问题的思考,更是捕捉运动技术教学意义的过程,同时也是运动技术从学科内容知识(CK)逐渐向学科教学知识(PCK)发展的过程。因此,技术理解之"创造性理解"的获得过程即是提炼运动技术教学意义的过程。

从前面对"技术认知的维度"这个轴心编码的分析来看,运动技术的教学意义主要体现在"关于运动技术价值的认知、关于学生运动技术水平的认知、关于学生对运动技术理解能力的认知、关于教学安全的认知、关于运动技术教学策略的认知"等几个方面。正如有研究所指出的,"对于一个教师的学科教学知识发展而言,首要的是具备坚实、丰富的学科内容知识。其次是坚实而详备的'关于学生的知识'。再次是居于学科教学知识外围的情境知识、评价知识、课程知识、环境知识、教育学知识、社会文化知识、学科性质知识、课堂管理知识"[①]。这不仅证明了体育师范生技术理解的发展需要先从掌握运动技术开始,而且表明了在创造性理解阶段所能够发展以及所应该发展的知识维度。

至此,结合前面的论述,我们对"技术理解"的理论框架可以说有了一个比较清晰的认识,经过整理后这里以图的形式加以呈现,如图4-6所示。

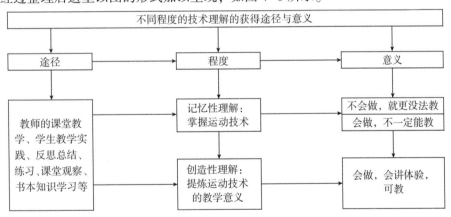

图4-6 "技术理解"理论框架

(六) 扎根理论的形成:术科教学价值论

本研究所发现的"技术理解"这一核心概念与我们所要解决的问题——术科教学价值之间是一种什么关系呢?换句话说,经过扎根理论所提炼出的"技术理解"的理论框架如何解释术科教学价值呢?回到最初我们所关注的问题,首先,这里的价值是对学习者——

---

① 郑志辉. 分类学视野下的学科教学知识发展策略:国外研究探微 [J]. 课程教学研究,2014 (2):12-16.

体育师范生而言，他们学习运动技术对于今后的体育教学有着怎样的意义，他们的运动技术掌握程度对于他们今后的教学能力又会产生怎样的影响？长期以来，对于术科教学价值的讨论也主要集中在传授运动技术和发展教学能力这两点上，对两者的关系则一直停留在运动技术是体育教学能力发展的基础这一认识上，对于两者到底是一种什么样的关系则鲜有研究给出答案。现实教学中，囿于各种原因，术科教师更多强调术科教学在传授运动技术这一思维价值上，对于教学能力的发展着实没有在教学中得到体现。在笔者看来，其根源还是在于术科教师所存有的"运动技术与教学能力二元论"思维，即认为运动技术是术科教学的知识，教学能力则需要教育学、心理学、学科教学法等课程来解决。这便表现出很明显的二元论思维方式，"技术理解"概念的提出能够很好地对该思维方式进行纠偏，也为厘清两者的关系提供了难得的机会。

下面我们根据所要研究的问题以及前面的编码分析提炼出两个扎根理论：一是术科教学价值体现为技术理解，按照程度可以划分为记忆性理解和创造性理解，其中，记忆性理解表现为掌握运动技术，创造性理解表现为提炼运动技术的教学意义；二是不同程度的技术理解对于教学有着不同的意义，首先，没有技术便没办法进行教学；其次，仅仅是记忆性理解也不足以进行教学；最后，当对运动技术达到创造性理解程度时，便可以进行教学。

如此一来，运动技术与教学能力之间便不仅仅是基础的关系，当运动技术理解达到一定程度以后，运动技术与教学便是一体的，对运动技术的理解便是教学的开始。对于该问题，舒尔曼不无批评地说道，"单纯的学科内容知识很可能就像是抛开教学内容而强调教学技能一样是无用的"①。其言外之意便是如果抛开教学来谈学科内容知识，那么，学科内容知识便是无用的，也就是说，对于教师（或师范生）而言，仅仅学习学科内容知识是无意义的，学科内容知识的学习应该时刻与教学联系在一起。Father Walter Ong 在其著作中描述了中世纪大学中教与学的情况，"指出教学内容与教学法（从如何教这个层面来认识）并非分离的，甚至根本没有做出过这样一种区分，二者都是属于理解的一部分，很难将其区别开来"②。看来，历史上对于该问题的认识倒比较清晰。实际上，舒尔曼一直都坚持学科内容知识与教学的一体化思维。舒尔曼建议从学科内容知识、学科教学法知识和课程知识入手来思考知识在教师头脑中的发展，对于学科内容知识而言，教师不仅需要懂得"是什么"，还必须进一步理解"为什么"，在什么条件下能够证明它的合理性，也要清楚为什么对于一门学科来说某个特定的主题特别重要。可见，舒尔曼这里所论述的学科内容知识都是从教学的角度来说明这些知识如何教的问题，而没有离开教学来谈学科内容知识。对此，舒尔曼进而指出，"Aristotle 是正确的，一个人对一个领域最深刻的理解来自对这一领域教学法的理解，因为教学法建立在对知识的多重解读的基础上"③。也就是说，教学法在最深层次上是关于某一知识的教学，离开具体的知识来理解教学将是一件不可思议的事情。

---

① Shulman L S. Those who understand: knowledge growth in teaching [J]. Educational Researcher, 1986, 15 (2): 4-15.
② 舒尔曼. 实践智慧：论教学、学习与学会教学 [M]. 王艳玲, 译. 上海：华东师范大学出版社, 2013: 132.
③ 舒尔曼. 实践智慧：论教学、学习与学会教学 [M]. 王艳玲, 译. 上海：华东师范大学出版社, 2013: 13.

（七）研究总结

人们已经认识到，"教师通过不同的方式了解其所教的学科，其程度也各不相同"[①]，但是，不同程度的学科知识与教学有着怎样的关系这一问题却鲜为人知。在高等师范院校体育教育专业的术科教学领域，传授运动技术与培养教学能力一直被作为两个领域的问题加以认识并进行实践，这种"师范性"与"专业性"相割裂的状态，其根源便在于对学科知识与教学能力关系认识上的"二元论"。"技术理解"概念的提出及理论框架的描述对于该问题的重新认识提供了一个机会。术科教学的价值不仅仅在于运动技术的掌握，还在于运动技术的深层次教学意义的理解，前者作为运动技术记忆性理解的层次仅仅是"技术理解"的表层之意，而运动技术在今后的教学中不仅仅起到"示范"的作用，因为掌握运动技术并不代表能够进行教学。运动技术创新性理解作为"技术理解"的深层之意，旨在强调对运动技术教学意义的理解，即在教学的语境下理解运动技术，或者用舒尔曼的话语来说，便是将教师（或职前教师）掌握的学科知识以学生理解的方式传授给学生，也就是"把教师的个人理解转化为他人理解的过程"[②]。这便与教学产生了自然的联系，"学会教学"不是简单地进行课堂组织，"以学生理解的方式呈现所要教授的学科知识"才是"学会教学"的关键。运动技术的创新性理解不仅有助于加深对运动技术本身的认识，更重要的是这种理解将学科知识与课堂教学和学生联系在一起，从教学的角度来思考运动技术的呈现方式，从学生学的角度来思考运动技术的呈现方式。因此，在这种意义上，我们说运动技术与教学能力是一体两面的关系。当技术理解处于记忆性理解这一层面时，运动技术在教学中起到的可能仅仅是示范的作用，教师的教也仅仅是从运动技术本身出发来教运动技术；而当技术理解达到创新性理解时，教师便会更多从学习者的角度思考运动技术的教学问题，这种教学也必然能够从教学对象——人的角度出发开展教学。两者在教学能力上孰优孰劣已然一目了然。

对于高等师范院校体育教育专业的术科教学而言，"技术理解"概念的提出让我们意识到，仅仅将术科教学价值限定在掌握运动技术这一点上有其理论缺陷和实践误区，无论是术科教师还是体育师范生，运动技术的教与学都应该追求创新性理解，获得对运动技术的"运动体验、教学体验"。当然，术科教学也仅仅是达到这一目标的途径之一，它并不是无所不能的，术科教学固然以运动技术教学为始，却不应该止于运动技术教学。

五、术科课程德育价值的实现路径

（一）体育专业实践类课程德育责任实现的传统路径：基于实践类课程的自身属性

课程德育责任除了需要相应的课程内容作为载体外，还要在课程教学过程中加以展开。以往在讨论实践课德育功能的实现时，更多是将视角集中在实践课教学属性与特点上，即发挥实践课教学自身的实践性所具有的合作、竞争、规则等德育元素，并自发地认为这些德育元素会自然而然地内化为学习者的品性。这也是卢伯春（2015）所谓的"以学校体育中的德育价值图式为主导的内部德育整合"[③]。当然，这是实践类课程德育责任

---

① 舒尔曼. 实践智慧：论教学、学习与学会教学 [M]. 王艳玲, 译. 上海：华东师范大学出版社, 2013: 258.
② 舒尔曼. 实践智慧：论教学、学习与学会教学 [M]. 王艳玲, 译. 上海：华东师范大学出版社, 2013: 162.
③ 卢伯春. "多维整合"：学校体育中德育的新走向 [J]. 南京体育学院学报（社会科学版），2015, 29 (5): 95-99.

实现的重要途径，但相较而言，却忽视了对实践类课程教学过程中突发事件、学生情绪、课外事件等情况的关注。这些情况因为偶尔存在，与课程教学的连续性相比，德国教育人类学家O. F. 博尔诺夫（Otto Friedrich Bollnow）认为是非连续性事件。在博尔诺夫看来，教育"无论如何不能把这些事件纯粹地视为外来干扰。相反，这些事件具有重要的积极作用。……（这些）非连续性事件包括较大的、威胁生命的危机，对全新的更高级的生活向往的突然唤醒，使人摆脱无所事事状态的号召与告诫和对今后生活举足轻重的遭遇等等"①。与此同时，"他把危机、唤醒、号召、告诫和遭遇等视为非连续性的教育形式，这些看似无序、偶然发生的生活境遇，实际上恰恰预示了生命成长的关键性转折点，在大量平稳设计的连续性教育体验当中，推动个体内在成长的要素恰恰有可能是这些偶发性的非连续性教育要素的串联"②。正因如此，"对于道德教育这一需要情感、意志等参与的心育活动，非连续性的教育方法不失为一种有效的方法"③。因此，这里根据博尔诺夫的非连续性教育思想所提出的德育实现路径，更多的是一种探索与补充，而非对以往做法的否定。

（二）体育专业实践类课程德育责任实现的路径补充：基于非连续性教育思想

如前所述，博尔诺夫把危机、唤醒、号召、告诫和遭遇视为非连续性的教育形式，"这些事件既是非连续性教育的原因，又是教育的一种途径"④。也就是说，"教育的任务和责任不仅仅要关注循序渐进的连续性教育活动，还应关注妨碍学生顺利发展的突发事件，并采取积极的措施帮助学生解决这些难题和困扰，使教育产生良好的效果"⑤。下面，笔者便结合自己在实践类课程（足球或网球）教学过程中遇到的实例与做法，探索非连续性教育事件的德育实践自觉的展开过程。

1. 危机：关注新冠肺炎疫情等社会生活与实践类课程德育内容的整合

"博尔诺夫认为，危机是人生的一个组成部分，危机的发生带有必然性，只要生存下去，必然会碰到这样或那样的、来自外部或产生于内部的危机。危机不总是对人生具有破坏性，对人生也具有积极意义。一旦危机发生，教育工作者必须因势利导地帮助青少年去战胜它，而不是去掩饰危机，更不是一手包办。"⑥看来，博尔诺夫所指的危机更多的是指社会或国家层面的突发事件，如新冠肺炎疫情、地震、洪灾等。那么，新冠肺炎疫情是否有可能或者有必要成为实践类课程的德育内容呢？新冠肺炎疫情所承载的德育价值与实践类课程的德育价值有着怎样的切合点呢？

（1）新冠肺炎疫情等危机与实践类课程德育内容整合的必要性与可能性。

①2020年2月，中共教育部党组发布《关于统筹做好教育系统新冠肺炎疫情防控和教育改革发展工作的通知》，明确提出要注重加强以爱国主义教育为主要内容的思想引导，将防疫知识、战"疫"先进事迹教育、生命教育、公共安全教育、心理健康教育等融入在

---

① O. F. 博尔诺夫. 教育人类学 [M]. 上海：华东师范大学出版社，李其龙，等译. 1999：56.
② 冯跃，刘谦. 非连续性教育的人类学评析 [J]. 教育研究，2014，35 (1)：35-40.
③ 刘济良，杨新颖. 论非连续性教育思想对我国道德教育的启示——与道德发展阶段理论相比较 [J]. 中国教育学刊，2006 (4)：23-26.
④ 李其龙. 博尔诺夫的教育人类学思想述评 [J]. 华东师范大学学报（教育科学版）. 1996 (2)：30-39.
⑤ 冯文全，高静. 论非连续性教育思想与学校德育创新——兼论中国传统蒙学中的非连续性教育思想 [J]. 教育研究，2016，37 (8)：23-32.
⑥ 冯克诚. 教育与教育学文论选读 [M]. 北京：人民武警出版社，2011：137.

第四章　我国术科课程与教学的基础理论研究："实践取向"的术科教学基础理论体系

线学习，增强学生爱党爱国爱社会主义的思想情感。2020年6月，教育部高等教育司司长吴岩指出，要深入挖掘抗疫斗争这一"富矿"。由此，疫情作为重要的德育资源获得了政策的支持。

②疫情作为发生在学生生活中，对生命构成极大威胁的危机事件，从学理上讲也理应成为各学科重要的德育内容。一方面，"学校应该思考如何运用这些宝贵的教育资源，开展让学生受益一生的防疫教育"①"发挥疫情教育的正向价值"②。另一方面，当前道德教育在内容与形式上所暴露出的"去生活化"问题也映射出挖掘并进行疫情教育的重要性，对此，鲁洁（2005）不无批评地指出，"德育更具生活化的特性，……道德之知本是一种实践之知，当代的道德教育却以普遍化、客体化的知识割断了与生活和实践的联系，走上了一条唯知识化的路。……（这）是德育的自我放逐、自我消解"③。因此，道德教育无论从德育内容到德育形式，都应该从生活中来到生活中去，解决生活实践问题。"道德教育只有关注学生的生存境遇，关注教育事件，才能抓住道德教育的关键点。"④ 对此，卢伯春（2015）也认为，德育应该"遵循回归生活的理念，学校体育中的德育应围绕学生的社会生活展开，随着学生的成长，其生活领域逐渐由家庭、学校扩展至社区、国家、世界，这就是学生社会生活的'面'"⑤。

③新冠肺炎疫情下抗疫过程中医务人员所表现出的担当精神、全国人民所表现出的团结协作等，与实践类课程的功能属性存在良好的自洽性，也正是这种自洽性才更有可能将实践类课程教学、新冠肺炎疫情教育与德育教育三者自然地融合起来。

（2）新冠肺炎疫情等危机与实践类课程德育整合的案例分析。

体育实践类课程中将新冠肺炎疫情等危机作为内容进行德育教育。首先，需要让学生意识到两者之间的共通之处，如此方能产生内心的"共鸣"或"价值认同"，进而达到内化之可能。因此，体育实践类课程教学过程中，可以设置相应的问题，激发学生主动思考人们面对疫情等危机所表现出的精神品质。例如在足球课网络教学第一次课上，笔者设置了第二次课需要讨论的问题，"请联系我国抗疫实际，想一想抗疫过程中有哪些人和事所反映出的精神品质，与我们体育或比赛所要求或表现出的精神品质是相一致的？为什么？"对于该问题，学生既要思考抗疫过程中人或事都表现出了哪些精神品质，又要思考体育或比赛中所提倡或要求的精神品质有哪些，还要考虑两者之间的切合点。其次，引导学生讨论反思，积极扩展危机的德育价值。例如，针对以上问题，学生们基本上能从合作、团结、坚持、不怕苦不怕累等方面将抗疫精神与体育精神结合起来进行思考。然而，一个学生认为从张继先医生最早判断并坚持上报新型冠状病毒感染的肺炎疫情向医院领导汇报，到医院迅速上报江汉区疾控中心，这种层层上报的行为也是一种规则意识的体现，也就是按规矩办事，这让他认识到了规则意识的重要性。此时，老师便应该抓住这一情况，引导同学们思考"诚实、敢于担当、职业道德精神"等，并从医生职业道德精神，引导学生积

---

① 李俊堂. 论防疫教育中学校的课程责任［J］. 课程教学研究，2020（4）：70-77.
② 胡莉英. 发挥疫情教育的正向价值［J］. 思想政治课教学，2020（4）：51-52.
③ 鲁洁. 边缘化 外在化 知识化——道德教育的现代综合症［J］. 教育研究，2005（12）：11-14+42.
④ 刘济良，杨新颖. 论非连续性教育思想对我国道德教育的启示——与道德发展阶段理论相比较［J］. 中国教育学刊，2006（4）：23-26.
⑤ 卢伯春. "多维整合"：学校体育中德育的新走向［J］. 南京体育学院学报（社会科学版），2015，29（5）：95-99.

极思考体育老师的职业道德精神问题。如此，随着问题的层层扩展深入，学生的思考与认识也在不断深化。

经由教学实践，笔者深深地意识到，来自身边或亲身经历的生活中的事例，因为学生有着相同或类似的体验，在进行相应的德育价值引导时，学生与学生之间、学生与老师之间才会产生共同的心理体验，这在心理学上被称为"共情"，特别是面对像新冠肺炎疫情这样威胁生命的危机时，实际上是在"生活事件—体育运动—德育"三者之间架起了一座融通的桥梁。当然，疫情教育价值与实践类课程所要达成的德育价值之间还有很多切合点，有待进一步挖掘；对此，朱雁（2016）认为，教育中的危机有两种，"一种是境遇性危机，一种是发展性危机"①。疫情、洪灾、地震等属于境遇性危机，那么，还有学生在发展转折阶段因心智不成熟所面临的发展性危机，比如恋爱、就业难等问题，都可以成为实践类课程中德育教育的重要时机。至于德育教育开展的形式，除了课堂讨论外，还可以是课下小论文形式等。总之，实践类课程有必要也有可能在危机面前，依托社会主义核心价值观，充分挖掘并实践其德育价值与功能。

2. 唤醒：重视课堂突发事件的课后反思教育

博尔诺夫认为，"在人的心灵深处存在着一种所谓'本源性'的道德意识，这种道德意识处在沉睡状态"②。教育的责任便在于唤醒这种道德意识，让学生认清自己和所处的世界。对此，斯普朗格也认为，"教育绝非单纯的文化传递。教育之所以为教育，正是在于它是一个人格心灵的'唤醒'，这是教育的核心所在"③。"道德教育中'唤醒'的实质，在于激发学生的道德意识和道德良知，使之充满道德自我意识和道德理性，从而自觉地选择一种恰当的道德行为。"④ 由此看来，道德教育仅仅靠学生的道德体验还不够，还需要加以引导唤醒。就实践类课程而言，可以从两方面加以唤醒，一方面是对体育价值的唤醒，以便学生能够更加清晰地认识到体育的价值所在，并加以内化；另一方面是对学生进入体育专业初心的唤醒，发展学生的独立人格。就第一方面来说，正如前面所言，人们当前对体育德育价值的认识是自发的，即认为这种价值会自然地内化在体育学习者身上，而不需要特别的提醒。但从实践情况来看，德育的具身性并不表明体育价值会自然而然地内化为体育专业学习者的品德素养，相反，需要通过一些教学手段来唤醒他们在体验过后对体育价值的认知并加以内化。比如，实践类课程在教学过程中经常会进行教学比赛，比赛过程中难免会出现"嘲讽、相互指责、相互推卸责任、自己单打独斗、打架"等行为或突发事件，此时，大部分老师会在课上及时制止或提醒，但缺少后续跟进，德育过程戛然而止。经过多年的实践，我们的做法是让全体学生或事发关联学生在课下针对课上的行为提交课后反思，并规定从比赛规则、体育精神、班级团结等角度进行课后反思，以此唤醒学生对自己或他人行为不符合"合作、团结、规则、尊重、友善"等体育精神或品德的反思，从而在学生行为与体育品德之间建立起内化的桥梁。另外主要是指学生在进入体育专业后忘记了当初选择体育专业的初心，往往出现从众心理，有些学生看到别人玩游戏，自

---

① 朱雁. 博尔诺夫非连续性教育思想及其启示 [J]. 学校党建与思想教育, 2016 (18): 94-96.
② O. F. 博尔诺夫. 教育人类学 [M]. 李其龙, 译. 上海: 华东师范大学出版社, 1999: 译序 12.
③ 粟景妆. 斯普朗格: 德国现代教育体系的开创者 [J]. 教育与职业, 2013 (19): 111-112.
④ 刘济良, 杨新颖. 论非连续性教育思想对我国道德教育的启示——与道德发展阶段理论相比较 [J]. 中国教育学刊, 2006 (4): 23-26.

己也玩游戏,看到别人课下不勤于练习,自己也不练习。面对这种情况,我们经常通过问题的形式唤醒学生的初心,比如问学生"你们考体育专业的目的是什么?你若想成为一位好的体育老师,应该做什么?你的优势与不足在哪里?"以此让学生意识到从众心理的危害,最主要的还是唤醒学生对未来生活的憧憬与期待,保持独立思维与独立人格。

3. 告诫与号召:注重学生日常行为的职业道德教育

"博尔诺夫认为,人的生活也会因为习惯性的'损耗'而出现退化状态,这需要人自己的内部或者外部的动力去帮助他改变这种状态,进而实现向前发展,这就是所谓的激励作用。博尔诺夫在其思想中认为'告诫'与'号召'可以极大地改变这种状态。无论受教育者的年龄几何,出现种种失误、惧怕、退缩、疲惫、厌烦、愤怒甚或是走上歧途亦在所难免。教育者以一种真诚、平等的态度进行心灵沟通,通过告诫和号召,让人们从内心发现自己的问题,进而重新走上正途。"[①] 可以看出,这里的告诫与号召与前面的唤醒在形式与内容上有一定的相似之处,一方面,通过告诫,让学生意识到问题的存在以及危害;另一方面,通过号召,让学生们加以修正。在实践类课程教学中,可以通过告诫与号召,不断警示与改正学生的日常行为,以便达到符合教育目的,即形成教师职业道德。例如,现实中,学生经常不注意个人言行,脏话连篇有之,不听从教师教学安排随意活动有之,经常迟到有之,等等,面对这种情况,我们一方面从教师职业道德出发,告诫学生成为教师后以上行为的危害性;另一方面,制定《基于教师职业道德的课堂常规与奖惩办法》,详细规定了一些言行的奖惩措施,纳入平时分的考量范围,以此号召学生都能够从教师职业道德出发来要求并规范自己的言行,具体如表4-7所示。

表4-7 基于教师职业道德的足球课课堂常规与奖惩办法

常规指向	常规倡导内容	奖惩措施
规则意识	听到哨声后及时停止活动或集合	5秒钟无故未达到要求者平时分减2分/次
	游戏或比赛中遵守游戏或比赛规则,主动申告自己犯规行为	根据游戏规则判罚
尊重意识	不说脏话	违规者平时分减5分/次
	不谩骂、不嘲笑同伴或他人	违规者平时分减5分/次
责任意识	学生主动收集器材	遵守者平时分加2分/次
	主动捡回被踢到远处的足球	遵守者平时分加2分/次
	主动带走垃圾	遵守者平时分加2分/次
关爱团结意识	主动询问倒地同学情况,并主动拉起倒地同学	遵守者平时分加2分/次
	不指责、不抱怨同伴	违规者平时分减2分/次
问题解决意识	小组合作中能积极出谋划策	遵守者平时分加2分/次
竞争意识	游戏或比赛中积极参与,努力争胜,不懈怠	违规者平时分减2分/次

---

① 向华. 博尔诺夫"非连续性"教育思想解析[J]. 教学与管理, 2018 (15): 4-6.

此外，教师还需要善于捕捉教学中出现的突发事件，进行相应的告诫与号召。比如，在一次网球课教学中，由于下雨，教学改在风雨篮球场进行相应的网球球性与正反手的挥拍击球练习，练习过程中发现有3个学生在拿着网球扣篮，提醒后不久又开始拿着网球扣篮。这时，作为老师，需要及时根据这一情况进行集体教育，一是让学生换位思考，"如果你作为教师，你的课上经常有学生不按照你的教学安排进行活动，你会做何感想"，以此让学生意识到互相尊重的重要性；二是告诫学生在没有原因的情况下擅自活动的后果，以此让学生意识到课堂教学规则的重要性，遵守规则；三是在课堂小结时，结合这一课堂突发事件，号召同学们都能以一个未来教师的身份来管理自己、要求自己，从自己的一言一行做起，不断促进良好教师职业道德的形成。值得庆幸的是，课上受到批评的3位同学在课下积极跟笔者沟通，承认了自己言行的问题，以及平时缺乏从未来教师职业道德要求自己的错误。如此，告诫可以说达到了一定的效果。

"道德教育的关键在于从'他律'走向'自律'，走向自主性的道德教育。"① 同样，道德教育的过程不会自然而然地发生，通过告诫与号召对学生职业道德的教育，结合长期课堂常规的规约性与课堂教学突发事件的警示性加以开展，其主要目的还是在于学生能够做到"慎独"，能够将自己的言行与未来的职业道德建立起桥梁，做到自律，实现自主性的道德教育。

4. 遭遇：捕捉课堂不可预知事件的人生观教育

"所谓遭遇指的是一个人突然碰到某些事物。"② "博尔诺夫认为，只有少数重大的特定经验可以称为遭遇，它们闯入人的生活，突然地、往往令人痛苦地中断人们的活动，使之转向一个新的方向，因此在遭遇面前人们只能被迫改变自己的行为。遭遇到的可能是某件事情、某件艺术作品、某部著作等，遭遇到的可能是好事，也可能是坏事，但都能够震撼人的心灵，改变人的精神状态。"③ "通过这些遭遇可以从最内心的核心部分来检验一个人，从中判断什么对他是真实的，什么是虚假的。"④ 看来，博尔诺夫对遭遇的认识实际上是一些需要学生进行价值判断的事件，通过这种价值选择来加深对某些价值的体验或内化，让学生意识到到底什么才是自己想要的，是符合自己发展方向需要的，是符合社会主流价值方向的。而且由于遭遇具有不可预料性，在任何时候都可能出现，这同样表达了通过前面提到的教学突发事件等一些未可预知事件进行德育教育的可能与必要。

正因为遭遇的偶然性，才让我们意识到包括前面所提到的危机、课堂突发事件等情况的重要德育价值所在，"既然遭遇是无法预料所以对它是无法预先规划的，因此教育者关键要做的是为学生对付遭遇做好心理准备"⑤。就实践类课程而言，特别是篮球、排球、足球等球类课程，在教学比赛中，学生需要根据己方与对方场上情况及时做出技战术决定或调整，这本身便是一种应对偶然事件或突发事件的能力体现，特别是当实力明显高出的一方遭遇失败时，学生们可能会出现相互抱怨、相互指责等情况。此时，教师便可实时利

---

① 刘济良，杨新颖. 论非连续性教育思想对我国道德教育的启示——与道德发展阶段理论相比较 [J]. 中国教育学刊，2006（4）：23-26.
② 李其龙. 博尔诺夫的教育人类学思想述评 [J]. 华东师范大学学报（教育科学版），1996（2）：30-39.
③ 刘任丰，杜时忠. 非连续性教育思想及其对德育的启示 [J]. 思想·理论·教育，2006（Z2）：12-16.
④ O. F. 博尔诺夫. 教育人类学 [M]. 李其龙，译. 上海：华东师范大学出版社，1999：59.
⑤ 李宝石. 博尔诺夫遭遇教育思想及其对德育的启示 [J]. 现代教育科学，2010（10）：45-47.

用这一状况进行德育教育,将球场上的胜败与人生的起起伏伏联系起来,以胜不骄败不馁、永不服输的精神品质面对人生中的一些突发事件,由此提高学生对今后人生道路上未知事件的应对态度与能力。可以说,博尔诺夫非连续教育思想中有关遭遇的认识,让我们在解释教师处理学生面对生活或教学中一些不可预知事件的做法时有了相应的理论依据,更重要的是,在实践类课程与学生对待人生的态度(人生观)和德育途径之间建立起了有效融通的桥梁。

5. 结语:体育专业实践类课程的德育教育需要由自发走向自觉

新时代,"立德树人"成为我国教育的根本任务。"立什么德——各门课程的德育元素的挖掘与整理"以及"如何立德——各门课程的德育途径"等问题成为摆在高校各门课程面前亟须回答的问题,体育专业实践类课程亦是如此。一直以来,人们自发地认为实践类课程由于课程的实践体验性特点本身便具有德育的功能与价值,而这些德育价值会随着学生参与到相应的实践类课程学习中而自动内化于学生;同时,人们自发地认为一些社会突发事件或者自然灾害事件与实践类课程无关,便没必要将其纳入课堂教学内容,成为德育的重要内容。然而,博尔诺夫的非连续性教育思想让我们意识到,一方面,人之内心深处的道德意识需要"唤醒",实践类课程的德育价值同样需要教师不断自觉地加以"唤醒",加深学生的道德认知,进而达到道德内化;另一方面,学生教育、生活过程中充斥着大量的"危机、遭遇"等非连续性事件,实践类课程德育价值的实现需要"以学生的社会生活为主线,……进行突破学校体育学科界限的德育整合"[①]。因此,实践类课程需要自觉地保持课程的开放性,积极开发、筛选与课程德育价值相一致的、学生生活所遭遇到的事件,作为课程德育教育的重要内容。除此之外,实践类课程的德育还应实现实践自觉,体育教师需要主动探索实践类课程的德育途径及其有效性。

---

① 卢伯春. "多维整合":学校体育中德育的新走向[J]. 南京体育学院学报(社会科学版),2015,29(5):95-99.

第五章 我国术科课程与教学的基本问题研究："问题化取向"的术科教学基本理论体系

> 针对学校教育问题所进行的改革，如果硬是以"成功"或"失败"来论断，就不太合乎情理了。①
> ——单文经

术科教学怎么改革，或者从哪些方面改革，从理论层面来看，这是属于术科教学基本问题的研究范畴。对术科教学基本问题的梳理，一方面可以让我们更为深入地理解术科教学各层面所存在的问题，另一方面则为术科教学改革"改什么，如何改"等问题提供理论层面的改革方向。

第一节 术科教学基本问题的论域与论说方式

一、术科教学基本问题的论域

什么是教学基本问题？或者说教学基本问题的论域何在？这是论说术科教学基本问题之前需要确认的。"基本"是"主要"的意思，"基本问题"便是"主要问题"。施良方、崔允漷（1999）非常明确地将"教学基本问题"表达为"教学中的师生关系；掌握知识与发展智力；教学中的认知与情感；接受学习与发现学习"② 四个方面，这四个方面分别指向"教学参与者、教学目标与内容、教学过程、教学方法"。再从不同时期的"教学论"或"课程与教学论"有关教材来看，"教学目标、教学内容、教学方法、教学评价"作为教材体系的重要部分必被论及，这种教学论的研究被认为是一种哲学取向的教学理论研究。该取向"主要研究'为什么教'（教学目的）、'教什么'（教学内容）和'怎么教'（教学方法）等问题，研究方法以哲学思辨为主，力图建构一套关于教学的理论体系"③，这一点在王策三、李秉德、王维臣等一批学者的教学论著作中有着具体的体现。基于以上认识，本部分将从"术科教学目标、教学内容、教学方法、教学评价、教学模式"等方面展开对"术科教学基本问题"的讨论。

---

① 单文经. 教改性质的历史分析：逡逡巡巡步向理想 [J]. 教育学报, 2006, 2 (2): 25-35.
② 施良方, 崔允漷. 教学理论：课堂教学的原理、策略与研究 [M]. 上海：华东师范大学出版社, 1999: 75.
③ 王维臣. 现代教学：理论和实践 [M]. 上海：上海教育出版社, 2012: 10.

二、术科教学基本问题的论说方式

如何对术科教学基本问题进行论说呢？正如前面所言，教学理论研究存在着"目的—手段"与"问题中心"两种范式的研究取向，从研究范式的角度来看，以上所提到的哲学取向的教学理论研究是一种"目的—手段"范式下的教学理论研究，这种研究以学科体系构建为目的，除了"目的—手段"范式，还有一种研究范式——"问题中心"范式。"问题中心"范式的"研究缘起是现实教学中的问题，源于现实教学中的需要，而非为了学科体系的完善。……解决现实教学中的问题是其追求的目标。……问题中心并非'非理论'的，其理论构建是在实践基础上的理论构建，（这种研究）从长远来看更有助于学科建设"①。就本研究而言，一方面，我们并不妄想在短时间内凭一己之力建立起"术科教学理论体系"，但是就当前术科课程与教学理论研究现状来看，术科教学基本问题的探讨也实属必要；另一方面，在具体写作思维方式上，我们遵循"问题中心"范式的思维方式，围绕术科现实教学中的真问题，在试图检讨或者澄清现实问题的同时，对相应的"术科教学基本问题"做出回应，以便更好地做到理论与现实的相互关照。当然，本研究并不是对术科教学问题的专门理论探讨，论说浅尝辄止，无法详尽深入。

第二节 术科教学目标的取向问题

"教学目标是教师通过教学活动预期学生应该达到的结果"②。既然是"预期""应该"的，那么，教学目标的选择、实现情况便有"实然"与"应然"的存在。正如杜威所言，"教育自身没有目的，只是人们、父母、教师等有目的"③。尽管如此，"教学作为促进人发展的一个途径，本来就是一种功能性的价值追求，教学活动总是在人的活动中成为某种东西"④。正如我们常说"教学既是一门科学，也是一门艺术"，这实际上注定了教学"事实与价值共同体"的身份。如果说教育目标因为社会发展需要、职业需要等因素而在设定上多少带有"价值理想色彩"，那么，教学目标在现实教学那里便不可避免地存在"理想与现实的冲突"，术科教学的情况便是如此。

一、术科教学目标的实然取向

术科教学目标有哪些呢？从教育部颁布的三套普通高等学校体育教育本科专业课程方案来看，在相关术科课程的教学目标上，都注重知识（运动技术）发展的目标和相关术科教学能力发展的目标。可以说，这也是符合体育教师教育人才培养的总体目标的。按照这一教学目标的设计，术科教师和体育师范生都应该将运动技术与教学能力的发展作为术科教与学的价值取向，但是现实情况是，人们在现实教学中过分重视运动技术的传承与一般

---

① 刘义兵，段俊霞. 教学研究范式论：内涵与变革［M］. 北京：人民教育出版社，2011：324.
② 王维臣. 现代教学：理论和实践［M］. 上海：上海教育出版社，2012：39.
③ 转引自沃克，索尔蒂斯. 课程与目标［M］. 向蓓莉，王纾，莫蕾钰，译. 北京：教育科学出版社，2009：14.
④ 李长吉. 教学论思辨［M］. 北京：教育科学出版社，2009：121.

教学能力的发展，而忽视了相关术科的学科教学能力的发展。

术科教学中注重相关运动技术的发展本无可厚非，也符合术科教学的目标要求，但是"专项课只搞单项技术的提高""过分追求运动技术体系的完整性"问题便在一定程度上影响了术科教学目标的达成度，进而使得术科教学在体育教育培养目标的达成上的贡献有限，这也影响了术科的学科地位。对于该问题，王健、黄爱峰、吴旭东等学者（2005）在《体育教师教育课程改革》一书中给予了专门的评判，认为各门术科课程目标大都定位在各项目的技战术上，而学生通过各术科学习后并没有获得相应的项目教学能力[①]。对于造成这种现象的原因，书中也指出是由于人们对"运动技术与教学能力的关系认识不清""传统的'能者为师'的观念"等。另外，这可能与体育教师对术科教学时数内无法完成学科教学能力的培养这一担忧有关。因为现实中，经常能听到术科教师有关课时数与教学任务的抱怨，如"教学时数越来越少，学生能够掌握一定的技术已经不错了，哪里还有时间去培养学生的教学能力""普修课上也就是让学生打打基础，能掌握两三个技术就算好的了，课时少，平时他们又不练"[②]。看得出来，术科教师在术科教学中将主要精力用于发展学生的相关运动技术这一教学取向多少有些出于无奈，一方面，运动技术需要一定的时间通过练习而掌握，这是运动技术习得规律；另一方面，在老师看来，要学的太多，课时又有限。如此一来，术科教学中将教学目标定位于发展学生的相关运动技术也就成了"见怪不怪"之事，或者说形成了一种"集体无意识"。

随着教学改革的发展，特别是一些教学理念或者教学模式的兴起，术科教师的教学有了一定的变化，发展教学能力逐渐得到关注，但是需要指出的是，术科教学中发展的教学能力更多的是一般教学能力。时至今日，"让学生带热身运动成了教学能力培养标志性内容"[③]。从现实来看，"让学生带准备活动"这一做法也确已成为术科教学的常态，学生通过带准备活动可以发展他们的"口令""队伍调动""游戏的组织"等方面的能力，但是，应该看到，这些能力仅仅属于"一般教学能力"的范畴，与"学科内容知识"——运动技术有关的"讲解""示范""纠错""教法"等"学科教学能力"在这一教学环节未得到发展，也不可能得到发展。现实情况是，"多数学校并没有形成科学完整的术科师范技能教学训练体系和构建有效的教学模式，课堂教学也缺乏对学生进行'讲解、示范、纠错、教学设计、教法运用、组织教学'等方面的训练"[④]。

从术科教学的实然情况来看，"注重发展运动技术和一般教学能力"的术科教学目标的取向已成为术科教师的"集体意识"，对运动技术与教学能力的关系的认识不清、对运动技术习得规律与课时数之间的矛盾的担忧、术科教学传统的惯性思维等在加重这种"集体意识"的同时，也使"发展学科教学能力"成为术科教师的"集体无意识"。

---

① 王健，黄爱峰，吴旭东. 体育教师教育课程改革［M］. 北京：人民体育出版社，2005：138-139.
② 笔者在考取博士之前为教学秘书，经常查课或者看课，在与术科教师的交流中便会听到这样的说辞；此外，笔者在博士论文调研过程中专门就"运动技术与教学能力"发展情况对术科教师进行访谈，从中也了解到他们的一些看法。
③ 蔡皓，高幕峰. 中加两国体育专业术科课程教学比较研究［J］. 上海师范大学学报（哲学社会科学·教育版），2003，32（11）：117-121.
④ 向家俊. 体育教育专业学生术科能力欠缺的原因及解决对策［J］. 体育学刊，2007，14（4）：72-75.

二、术科教学目标的应然取向

教学目标既然是"预设的",那么,便是一种应然的价值取向。在三套课程纲要中,除了对运动技术有所要求外,还提到了"相关术科教学能力",这实际上指称的是"学科教学能力(PCA)"。尽管将运动项目作为学科来对待多有不妥,因为"任何一个运动项目,它本身并不具备构成学科的条件"①,但在高等师范院校,每个运动项目都有各自的教学大纲、课程体系,每个运动项目在教学方法、组织形式上也不尽相同,自然不同运动项目的教学便理应需要不同的教学能力。正因每个术科所需要的学科教学能力不同,术科教学才更有培养学生学科教学能力的职责,因为我们不能期望"学校体育学""学科教学法""教育实习"等课程能够让学生体验或者经历不同运动项目的教学过程,对于不同运动项目的教学而言,没有放之四海而皆准的教学方法、准则可以完成不同运动项目的教学活动。

如果说职前体育教师教育过程中注重相关运动技术的发展是一种"知识本位的教师教育",无法关注到体育师范生PCA的发展,那么,"能力本位的教师教育"是否有利于PCA的发展呢?能力本位的教师教育在20世纪60年代末期形成于美国,之后逐渐引领和影响着世界各地的教师教育。"能力本位的教师教育强调教师的教学技能和教学的实际效果。……其主要目标是培养能熟练教学的技艺型教师。"② 尽管能力本位的教师教育将教师教学能力的提高作为主要目标,但是,在实践中,这一理念将教师教育引向了各种教学技能的训练上,如教学导入技能、教学组织技能、教学管理技能、教学评价技能等,教学技能被分割成不同的技能模块进行训练。能力本位的教师教育相信,只要学生掌握了教学所必需的教学技能便能进行有效的教学。对此,杜威(Dewey)不无批评地指出,"技术或能力的训练形式将教师的注意力引向了一个错误方向,即注重教学方法的外在形式……未必能学会理解学生如何学习,不知道如何帮助学生进行思考;教师可以模仿教学实践,……只学如何教,却不学为什么这样教,这只能将教师束缚在盲目的试验、武断的决策和生搬硬套的行为习惯中"③。看来,PCA不应该是能力本位的教师教育理念下所倡导的那种教学能力——教学技能,能力本位的教师教育也不可能培养出基于具体教学情境和学生关照的PCA。如前面研究所言,PCA应该是这样一种教学能力,即将具体学科知识根据学生的特点、水平,以学生能够接受的方式教给不同特点、水平的学生的能力,这里便包括了既要知道如何教,也要知道为何这样教;既要自己知道相关运动技术如何做,也要知道学生对相关运动技术的学习特点与学习困难。

实际上,这里还潜藏着这样一个问题,即通过术科教学,学科内容知识(CK)——运动技术与学科教学能力(PCA)是否可以同时得到发展?如果两者之间不存在联系,那么,术科教学便会走向传统的知识本位,因为无暇顾及PCA;如果两者之间存在联系,如果发展运动技术的同时PCA也得到了发展,或者说存在一种切实可行的术科教学模式,

---

① 王健,黄爱峰,吴旭东. 体育教师教育课程改革[M]. 北京:人民体育出版社,2005:142.
② 何菊玲. 教师教育范式研究[M]. 北京:教育科学出版社,2009:86.
③ 转引自何菊玲. 教师教育范式研究[M]. 北京:教育科学出版社,2009:90-91.

在发展 PCA 的同时运动技术也得到了提高，那么，术科教学目标在现实教学中便不存在实然与应然之别。这样看来，还是需要从教师的教学行为上来解决术科教学目标的取向问题，因为即使术课教师有发展 PCA 之心但是却无可借鉴或可应用的教学模式，那么最终的教学也极有可能倒向知识传授一端。

第三节 术科教学内容的改造问题

教学内容作为实现教学目标的重要保证，一直为人们所关注。然而，现实中人们对教学内容的理解却不尽相同。有的将教学内容理解为课程，例如《中国大百科全书（教育卷）》中便指出，教学内容就是"学校给学生传授的知识和技能……也叫课程"[①]。有的将教学内容界定为信息，如王小明（2005）认为教学内容是"贮存于一定媒介中有待加工转化为教学目标的信息"[②]。还有的将教学内容界定为知识、技能的总和，如余文森等人（2007）认为，"教学内容是指在教学活动中为实现教学目标，师生共同作用的知识、技能、技巧、思想、观点、信念、行为习惯等的总和"[③]。凡此种种，在此不一一列举。无论是课程说，还是信息说，抑或是总和说，实际上都表明了教学内容"是什么"的问题，即是知识、技能、观点等。但是却未表明这些教学内容来自哪里？是教材上的呢？还是教学大纲规定的呢？抑或是相关教育文件规定的呢？这里，我们所使用的"术科教学内容"是指术科教学大纲规定的正常教学时数内传授给学生的相关术科的运动技战术、比赛及训练等相关知识。

从课程内容设置来看，术科教学内容与中小学体育教学内容在内容、结构上保持了良好的一致性，但是，这并不能遮蔽现实当中术科教学内容所存在的问题。长期以来，人们对术科教学内容所存在的问题已有所认识，总结起来，主要有以下几个方面的问题：一是术科教学内容脱离中学实际，二是术科教学内容的专业特色不突出，三是术科教学内容臃肿。这些问题长期存在于术科教学现实中，虽有改革举措，但效果未见显现。下面的论述在具体问题的称谓上可能与这三个问题存在差异，但是在论述过程中却是围绕着这三个问题展开的，对当前术科教学内容存在问题进行考察的目的，一方面在于探讨问题存在的根源，另一方面则是试图寻求一条解决诸多问题的有效途径。

一、术科教学内容的选择、整合与呈现问题

（一）术科教学内容与中小学的实际需要脱节：内容的选择问题

从现实来看，术科教学内容之所以存在与中小学实际需要相脱节的问题，与以下几方面的矛盾是分不开的。

---

① 中国大百科全书出版社编辑部编. 中国大百科全书（教育卷）[M]. 北京：中国大百科全书出版社，1985：155.
② 王小明. 教学论：心理学取向[M]. 上海：上海教育出版社，2005：148.
③ 余文森，刘家访，洪明. 现代教学论基础教程[M]. 长春：东北师范大学出版社，2007：86.

第五章 我国术科课程与教学的基本问题研究:"问题化取向"的术科教学基本理论体系

1. 矛盾一: 术科课程体系的相对稳定性与中小学体育课程教学内容的变动性

术科教学内容脱离中学实际的问题在师范教育的早期并未凸显, 这大概和当时术科课程设置与中小学体育课程设置内容相对较少有关 (早期的体操课, 再到体育课, 内容并不庞杂), 随着现代体育与教育的发展, 术科课程设置与中小学体育教学内容逐渐走向全面与开放。一方面, 高等师范院校的术科课程设置几乎囊括了所有常见的运动项目, 课程体系已相对稳定、完善; 另一方面, 中小学体育课程在积极吸取一些新兴体育项目、受学生喜欢的传统体育项目作为教学内容, 特别是随着课程改革的推进, 课程体系在不断变动。如此一来, 高等师范院校的术科课程体系的稳定性与中小学体育课程教学内容的变动性之间便产生了矛盾。这种矛盾所带来的后果便是术科课程体系的相对稳定性因无法根据社会需要 (更多的是中小学体育教学需要) 而做出灵活的改变, 这便使高等师范院校毕业的职前体育教师在知识结构上有可能无法适应中小学的体育教学实际需求。尽管这一矛盾在短期内并未形成激化之势, 但却足以影响高等师范院校作为"母机"所培养出的职前体育教师的社会认可度。王健等人 (2005) 指出, "从课程内容上看, 术科部分内容脱离中学实际, ……很多在校专业课所学内容在中学实际中运用不上, 现行课程设置中的某些必修项目在目前的中小学中很少或几乎没有开展, 而中小学开展较普遍的一些项目我们却没有学到和学好"①。当然, 这也表明高等师范院校的术科课程在具体教学内容的选择上存在问题。

2. 矛盾二: 术科教学内容的完整性与中小学体育课程教学内容的可选择性

从学科的角度来看, 学科内容体系追求的是完整性, 对于高等教育而言, "在选择课程内容时, 必须保证每门学科自身系统知识的完整性"②, 该问题从教学大纲中也有所体现。有研究显示, "体育教育专业乒乓球教学内容的选择缺少特色, 与运动训练专业乒乓球教学内容相比并无明显不同"③, 这种专业特色不突出实际上反映了作为学科的术科课程对自身学科内容体系完整性的追求, 即无论体育教育专业, 还是运动训练专业, 因为都是强调学科内容体系的完整性, 而使得在教学内容的选择上没有什么区别。

教学内容的完整性追求带来的一大问题便是学生看似学到了很多, 但是却都仅仅处于了解阶段, 没有真正掌握, 随着时间的推移, 如同陈述性知识学习一般, 也会出现"遗忘"④的情况, 这样一来, "多能"的体育教育培养目标便无法实现。但是, 对于中小学体育教学而言, 特别是随着基础教育体育课程改革对教学内容的"松绑", 体育教学内容不再像以前一样被规定得死死的, 体育教师在"教什么"的选择上有了更大的自主权, 教学内容的可选择性是建立在体育运动功能的可替代性上的, 并且以体育教师的"多能"为保障。如果体育教师仅仅只有"一专", 那么教学内容的可选择性又当如何实现呢? 因此, 术科教学内容的完整性追求实际上并没有为今后体育教师的课程内容选择权的实现提供助力, 反而因为对一些术科教学内容"走马观花"似的学习而成为阻力。

---

① 王健, 黄爱峰, 吴旭东. 体育教师教育课程改革 [M]. 北京: 人民体育出版社, 2005: 140.
② 潘懋元, 王伟廉. 高等教育学 [M]. 福州: 福建教育出版社, 1995: 158.
③ 张磊等. 范式及其反思: 我国高校体教专业术科教学改革研究 20 年 [J]. 武汉体育学院学报, 2014, 48 (7): 78-83.
④ 这里的"遗忘"是指某些运动技术长时间后可能不会做了, 动作要领也忘记了。

（二）术科教学内容的技能关注与教学法的遗忘：内容的整合问题

对于高等教育教什么知识这一问题，布鲁贝克已经从哲理上说明了，"那就是教高深学问（如果把大量未必'高深'却必要的'专门学问'加进去，那可以统称为'专深学问'）"①。伯顿·克拉克（Burton R. Clark）则指出，"自高等教育产生以来，处理各门高深知识就是高等教育的主要任务，并一直是各国高等教育的共同领域"②。高等教育中的学科教育更是需要高深知识给予支撑，因为贾斯珀斯（1959）曾下结论道，"个别的学科脱离了与整个高深学问的联系就会失去意义"③。高等教育中学科教学对高深学问的追求在术科教学中的体现便是对运动技术水平的一味关注，即术科教学只教技术（当然也有战术），加之由于传统的将体育教师在某个运动项目上的技能水平看作是其教学水平的观念，术科教师与学生在这方面似乎达成了一致，即追求运动技术的"高深"或"专深"。殊不知这种对学科知识的高深追求却加深了教师教育所存在的"学科知识"与"专业知识"的割裂，这也被称为专业化"所固有的风险"，看来这种风险与高等教育的固有品性也是有着一定渊源的。

在舒尔曼那里，这种将学科知识与教学知识分离的教师教育体系被称为"缺失的范式"（missing paradigm），舒尔曼进而提出促进二者紧密结合的"学科教学知识"理念，即PCK，PCK理念也被认为是解决学科知识与专业知识分离的有效措施。PCK强调的是学科知识、教学法知识、学生的知识等知识的整合，这一理念对术科教学内容选择的启示便是运动技术与教学法知识的有机整合，在选择相关运动技术的同时，也将"运动技术的不同教学法"作为单独的教学内容进行设置，以期更好地通过术科教学实现学生教学能力发展的术科教学目标。这看似是术科教学方法的问题，但实际上如果教学内容中有这样的设置，那么术科教师的教学方法自然也会根据这一教学内容而重视运动技术与教学法的结合教学。

"教学内容脱离社会实际的现象，历来是教育改革家抨击的焦点，也是许多教育改革改进教学的切入点。……教学内容就应该考虑到学生了解社会、接触社会的需要，让学生掌握一些解决社会实际问题的基本技能。"④ 这与斯宾塞提出的教育目的——为生活做准备有着必然的联系，斯宾塞对于如何选择教学内容也提出了自己的看法，他主张根据是否对实际生活、社会生活有用来确定各门学科及知识的相对价值。是的，所学知识如果不能很好地与社会生活相联系，不能为现实生活问题的解决提供帮助，那么，本来充满生机的课堂教学也会因为教学内容缺乏生活气息而变得死气沉沉，体育教学中人们对教材的游戏化改造实际上也是教学内容生活化的一种表现，因为胡伊青加（或译为赫伊津哈）早已指出人即游戏者的身份。

我们知道，高等教育的学科都有自身相对成熟完整的学科内容体系结构，教学便是将教科书上的这一知识结构转变为学生的知识结构，或者说植入学生原有的知识结构，达到知识传承或者说文化进化之目的。一直以来的术科教学便是如此，术科教学内容体系长期

---

① 单鹰. 高等教育原理 [M]. 北京：教育科学出版社，2008：229.
② 伯顿·克拉克. 高等教育新论——多学科的研究 [M]. 王承绪，译. 杭州：浙江教育出版社，2002：107.
③ 布鲁贝克. 高等教育哲学 [M]. 郑继伟，译. 杭州：浙江教育出版社，1987：142.
④ 余文森，刘家访，洪明. 现代教学论基础教程 [M]. 长春：东北师范大学出版社，2007：93.

以来可以说等同于竞技运动项目的技术体系，术科教师所要做的便是将必要的技战术教给体育师范生，体育师范生所要做的便是将这些技战术知识学到手，以备将来不时之需，教师勤勤恳恳地教，学生默默无闻地学。进一步来讲，"如果我们把体育教学的功能定位于培养运动员，那现行教材内容体系没有必要进行大的改革"①，其言下之意便是现行的体育教材内容亟须改革。很长时间以来，人们针对体育教学内容的竞技化倾向提出了竞技运动项目的教材化作为解决策略，"所谓竞技运动项目的教材化是指把竞技体育项目的技术方法，根据教学目标的需要改造成学生可以在课堂上学习的内容"②。但是也正如竞技运动项目教材化提倡者所认识到的，"竞技运动项目的教材化问题没有很好解决，先前由体育院校依据竞技体育教学观构建的运动项目教学内容体系仍在延续，它与新的课程标准之间存在指导思想上的距离"③。可见，一方面，竞技运动项目教材化更多的是指向基础教育领域的体育课程教学的，另一方面，教材化问题本身仍有待进一步解释，即什么是教材，什么样的教学内容结构才能算是教材等，这也是人们对竞技运动教材化各执一词的原因所在。

此外，"与教学内容的结构化相对的还有教学内容的问题化"④。我们所期望的教学效果是"学以致用"，学生能够将课堂上所学到的知识运用到实际问题的解决过程当中，布鲁姆的教育目标分类学中也将"应用"作为认知领域学习的较高目标。就师范教育而言，我们在职前教师教育培养过程中的通常做法是先把已设计好的、学生将来教学应该能用到的知识（被认为是教育目标规定下学生所应该学的知识）传授给师范生，然后在毕业之前的教育实习中运用这些所到的"割裂""堆积起来"的知识进行教学，解决现实教学问题。但是，"令人遗憾的是，在这一过程中，不少师范生往往无意识地丢掉了在校期间所掌握的较为新颖的教育教学理论和观念，倒向传统和习惯，从而成为一些旧的、本应得到放弃的教育思想和教学模式的执行者或潜在效仿者。……更为严重的是，师范教育中对培养学生真实性问题解决能力的忽视。……相对于上述较为显性的不良后果，这一隐性的危害更令人深思"⑤。这不仅指出了教育实习所可能存在的潜在危害，更指出了传统职前教师教育培养的问题所在，即对问题解决能力培养的忽视，这种情况与教学内容的"集体无问题化意识"不无关系。从现实来看，教学过程中教师对教学内容的问题化做法更多体现在对学科内容知识的提问上，如操作方法、技术要领等方面的问答，这种"结构良好的问题"对于体育师范生教学问题解决能力的培养并无进益，因为教学问题更多的是各种"结构不良问题"，这种问题不是靠单纯的识记性知识便可解决的。殷素梅等人（2013）便指出，"传统的师范教育实践中，为学生提供的大量问题被简化为单一学科知识的重复问答和机械演练，这既单调乏味，缺少对师范生当下生活和未来职业情境的预设和关照，且无助于学生开阔思维、发散思考、得出独立见解"⑥。因此，可以说，术科教学内容的生活化缺失反映了术科教学内容问题化意识薄弱，这种问题化意识必然是基于教学情境现实的

---

① 张连江，李杰凯. 论学校体育运动项目教材化问题 [J]. 上海体育学院学报，2005，29（6）：59-61.
② 张连江，李杰凯. 论学校体育运动项目教材化问题 [J]. 上海体育学院学报，2005，29（6）：59-61.
③ 张连江，李杰凯. 论学校体育运动项目教材化问题 [J]. 上海体育学院学报，2005，29（6）：59-61.
④ 郭景扬，练丽娟，陈振国. 课堂教学模式与教学策略 [M]. 上海：学林出版社，2009：176.
⑤ 殷素梅，高洪，单新涛. 师范生真实性问题解决能力简论 [J]. 湖南师范大学社会科学学报，2013（4）：15-16.
⑥ 殷素梅，高洪，单新涛. 师范生真实性问题解决能力简论 [J]. Zhouyi Research，2014（3）：83-84.

真实问题，这些问题在现实教学中产生，也需要师范生在现实教学中寻求答案。这种术科教学中所获得的问题解决能力对于体育师范生今后的体育教学也是大有裨益的，因为术科教学中形成的问题解决能力会迁移到今后的体育教学中，"迁移就是问题解决能力在不同情境中的体现程度。……而先前的学习情境将不可避免地影响到后继情境中问题解决能力的表现和发挥"①，这同时也表明术科教学中让学生多接触一些现实术科教学问题的重要性与必要性。

二、术科教学内容的选择依据：继承与发展

综上所述，当前术科教学内容所存在的种种问题都与教学内容的选择有着直接或间接的关系，一直以来，术科教学内容自然而然地选择了竞技运动项目的技战术体系，对此人们并无异议，术科教学内容该如何选择的问题长期未受到关注也是造成上述问题的原因之一。反观课程与教学论领域，虽然对课程内容或教学内容如何选择多有涉猎，但是观点并不一致。我们知道，尽管大教育家夸美纽斯认为教学是"把一切事物教给一切人类的艺术"，但教育理论与实践告诉我们，并非所有的知识信息都可以作为教学内容，教学内容或课程内容的选择②有其选择的基本准则，无论是教科书中课程内容的选择，还是教学大纲中教学内容的选择，都应该坚持这些基本准则，否则便可能出现历史上的"儿童中心主义""社会中心主义"这种偏执一方的取向。从现有研究来看，有些教学论中教学内容选择标准与某些课程论中课程内容的选择标准一致，如余文森等人（2007）主编的《现代教学论基础教程》中所谈到的教学内容选择标准，与施良方（1996）所著的《课程理论：课程的基础、原理与问题》中有关课程内容选择准则一致，都是指"应注重内容的基础性、应贴近社会生活、应适应学生和学校教育的特点"三个方面。鉴于此，我们将当前课程与教学论教材中有关课程或教学内容选择的依据或原则加以汇总，以期更加全面地了解该问题，如表5-1所示。

表5-1　课程与教学论教材中有关课程或教学内容选择依据

课程论教材及课程内容选择依据	教学论教材及教学内容选择依据
施良方（教育科学出版社，1996）《课程理论：课程的基础、原理与问题》：应注重内容的基础性、应贴近社会生活、应适应学生和学校教育的特点	余文森等（东北师范大学出版社，2007）《现代教学论基础教程》：应注重内容的基础性、应贴近社会生活、应适应学生的特点
毕恩材、王克强（辽宁教育出版社，1992）《课程问题论》：全面原则、基础原则、思想政治教育原则、职业原则、传统的继承与现实的发展相结合原则、必学与选学相结合原则、衔接原则、理论与实践相结合原则、知识与能力相结合原则、科学性与思想性相结合原则、相关原则	王小明（上海教育出版社，2005）《教学论：心理学取向》：根据国家和政党的意志、根据教学目标、根据学生心理发展水平

---

① 胡小勇.问题化教学设计——信息技术促进教学变革［D］.上海：华东师范大学，2005.
② 之所以说"教学内容或课程内容的选择"，并不是说教学内容便是课程内容，但是按照人们的认识，课程主要解决关于"教什么"的问题，教学主要解决关于"如何教"的问题。又因人们有"课程即教科书"的取向，因此，言教学内容，有时也指称课程内容了。

第五章 我国术科课程与教学的基本问题研究："问题化取向"的术科教学基本理论体系

续表

课程论教材及课程内容选择依据	教学论教材及教学内容选择依据
（英）丹尼斯·苏顿等著，张渭城等译（人民教育出版社，1985）《课程研究的理论与实践》：社会的效用、社会责任感、共同文化教养、个人满足感、有关认知的方面、家长和社会压力、心智能力	谢利民、郑百伟（上海教育出版社，2003）《现代教学基础理论》：应注重内容的基础性、应贴近社会生活、应符合学生实际
陈旭远（东北师范大学出版社，2002）《课程与教学论》：课程内容选择依据为课程目标、学生的需要、课程内容本身的性质、兴趣和身心发展水平、社会发展需要；课程内容选择的原则为必须以课程目标为主要依据、必须适应学生的特点、注重内容的基础性、应贴近社会生活和学生生活	刘合群（武汉大学出版社，2004）《现代教学论新稿》：学习者的成长需要、社会生活的需要、学科知识的发展
潘懋元、王伟廉（福建教育出版社，1995）《高等教育学》：适时原则、完整原则、经济原则、实践原则、量力原则、满足原则	单鹰（教育科学出版社，2008）《高等教育原理论》：科学性、前沿性和适宜性原则

当然，在课程内容选择的原则方面，泰勒（Tyler）、巴恩斯（Barnes）、多尔（Doll）等人也都提出过一些原则，这里也以表格形式加以汇总，如表5-2所示。

表5-2 泰勒、巴恩斯、多尔等人的课程内容选择原则①

学者	课程内容选择原则
泰勒（Tyler）	1. 学生必须具有使他有机会实践目标所蕴含的那种行为的经验；2. 学习经验必须使学生由于实践目标所蕴含的那种行为而获得满足感；3. 使学习者具有积极投入的动机；4. 使学习者看到他以往反应方式是不令人满意的，以便激励他去尝试新的反应方式；5. 学生在尝试学习新的行为时，应该得到某种指导；6. 学生应该有从事这种活动的足够和适当的材料；7. 学生应该有时间学习和实践这种行为，直到成为他全部技能中的一部分为止；8. 学生应该有机会循序渐进地从事大量实践活动，而不只是简单重复；9. 要为每个学生制定超出他原有水平但又能达到的标准；10. 使学生在没有教师的情况下也能继续学习，即要让学生掌握判断自己成绩的手段，从而能够知道自己做得如何
巴恩斯（Barnes）	1. 符合学生的能力和知识；2. 依照学校教育目标、价值，以及适当的程序原则；3. 基于先决概念和技能的分析；4. 采用逐渐增加知识的学习模式；5. 提供配合学习目标的练习活动；6. 学习活动应有变化；7. 提供讨论和写作的机会，以促进反省和吸收；8. 给予学生应对特例的机会；9. 由熟悉的情境引导至不熟悉的情境
多尔（Doll）	1. 这些经验对学生有用吗？2. 这些经验有助于满足学生需要吗？3. 学生对这些经验会觉得有趣吗？4. 这些经验能鼓励学生进一步探讨吗？5. 这些经验看起来真实吗？6. 这些经验如何符合学生的生活性能？7. 这些学习经验的现代性如何？8. 这些经验在熟悉整个学习内容上是属于基本的吗？9. 这些经验能达成许多目标吗？10. 这些经验能提供既广且深的学习吗

综合表5-1和表5-2内容来看，无论是课程内容的选择还是教学内容的选择，大部分是从"社会、学生、学科（课程）本身"三个维度提出选择原则或者依据的，可以说，这些原则对于各类学校教育具有一定的普适性。值得注意的是，在有关高等教育的教学内

---

① 本表中内容主要参照陈旭远. 课程与教学论［M］. 长春：东北师范大学出版社，2002：177-178.

容选择的原则上，相关表述则截然不同，但是各原则的具体内容却是围绕着"社会、学生、学科"三方面进行论证的。这里，本着继承与发展的理念，我们提出了术科教学内容选择的三个原则：适宜—量力性原则、前沿—基础性原则和职业—整合性原则，分别指向"学生、学科、社会"三方面。

1. 适宜—量力性原则

适宜—量力性原则是指术科教学内容的选择既需要适合学生的技能水平，又要考虑教学时数的限制，防止学生"嚼不烂、吃不饱"等现象的发生。随着体育教育专业招生政策的变化，体育师范生逐渐由原来的"重身体素质"转变为当前的"重文化素质"，体育师范生在进入体育教育专业之前从事体育训练的时间变短，加之有些省份不进行"专项"测试，只进行"身体素质"测试，这一方面使体育师范生"身体素质"水平不如以前，另一方面也使体育师范生对体育运动项目的熟悉程度降低，能够熟练完成一到两项运动项目的学生少之又少。此外，运动技术的掌握需要一定的练习时间作为保证，有研究显示，自1980年以来，"从课程设置看，课程门数不断增加，教学总课时不断减少。'学科'比例明显上升，'术科'比例大幅下降（1980年'学科'与'术科'比例为50：50；2003年为75.6：24.4）"[①]。基于对各种因素的变化情况，有学者不无担忧地指出，"在这种'学科'与'术科'比例下，学生能否真正能掌握体育运动的技术，达到体育教师最基本的运动技能要求呢?"[②]。在这种情况下，术科教学内容选择的适宜性与量力性原则至关重要，在具体的某一运动项目的教学内容选择时，既不能选择某一运动项目所包含的所有的运动技术作为教学内容，因为在现有的教学时数内让学生掌握所有的运动技术是不切实际的，学得太多必然导致"嚼不烂"现象，这是量力性原则使然；也不能选择的太少，因为学生的身体素质、课下练习时间具有个体差异性，教学虽然有统一的进度，但是也应该考虑到学生的差异性，针对学生的实际情况加以区别对待，这便要求术科教学内容的选择又具有一定的灵活性，或者说可选择性。对于那些身体素质好、技能掌握快的学生则可以教授他们本来是"介绍性"或者"选择性"的教学内容，否则学生会有一种"吃不饱"的感觉，当然，这对教师的"教"又提出了要求。

实际上，对于因为术科教学时数减少而心生抱怨的教师，在其思维中还留有这样一种前设，即学生应该在课内通过课堂教学掌握所教授的相关术科的运动技术。是的，这一想法是好的，但是通过一周1~2次90分钟的课，共16周的学习便想获得教师所希望的学习效果未免过于理想。现实的教学经验告诉我们，如果按照一学期17周来计算，考虑到节日、天气、考试等因素的影响，能够保证12~13周的教学时数、每次课学生真正的练习时间能够达到40分钟已属不易。因此，有研究者认为应该"采取课内外一体化的教学模式，解决课堂教学时数减少，教学要求不断提高的矛盾"[③]。

2. 前沿—基础性原则

前沿—基础性原则是指作为基础教育"母机"的高等师范院校，需要处理好术科教学

---

① 刘斌，何志林. 体育专业教育领域"学科"与"术科"之争辩[J]. 上海体育学院学报，2009，33（1）：91-94.

② 秋实. 体育应用学科及其方法论体系——对高等体育教育专业课程设置的哲学思考[J]. 西安体育学院学报，2001（4）：98-99.

③ 樊勇. 体育教育专业田径专选课教学改革研究[D]. 武汉：华中师范大学，2006.

第五章 我国术科课程与教学的基本问题研究："问题化取向"的术科教学基本理论体系

内容的前沿性与基础性关系，起到引领与推进基础教育发展之效果。就前沿性而言，当今社会，知识发展日新月异，竞技运动项目更是推陈出新，技战术、规则等都处于不断的变化发展中。术科教学内容的选择需要保持开放性，保持学科发展的敏感性，及时吸纳一些新的学科内容。例如为打造少儿田径运动新标准，由国际田联地区发展中心、中国教育学会体育专业委员会、中国田径协会联合推广的国际田联少儿趣味田径项目，与传统田径教学内容相比便更加符合中小学学生的性格特点，有些学校的田径教学内容已经增设该部分内容。除此之外，近年来在中小学兴起的定向越野比赛也十分受学生欢迎，田径课程也已经吸收了该项目作为教学内容。这都是术科教学内容保持学科前沿性很好的例证。另外，术科教学内容选择的前沿性还体现在对基础教育体育课程改革的敏感性上。我们知道，基础教育体育课程改革更加强调体育课程内容的自主选择性，也更加强调我国的传统体育养生运动、舞蹈与健美操、民族民间体育运动等，如果术科教学能够在教学内容的选择上根据各自的项目特点引入一些合适的传统体育项目，则能让体育师范生更好地适应今后的中小学体育教学。当然，这需要根据实际情况考虑"量力性原则"。

如果说前沿性原则是注重术科教学内容体系的不断更新的话，那么，基础性原则强调了传统术科教学内容的重要性。无论运动项目如何发展，一些基础的运动技术仍然是支撑该运动项目的基础。相应的，无论是高等师范院校的术科教学，还是中小学体育教学也都是从基础的运动技术开始教与学，只有掌握了一些基本的运动技术，才可能形成技术组合，进而完成一定的战术。例如足球，只有具备了良好的传接球技术，才可能完成"二过一、二过二"等战术意图。因此，基础性原则便是强调术科教学内容在选择上还是以基本的运动技术为主，而不是将全部的运动技术都作为教学内容。每一门术科课程都有各自完整的内容体系，从技术、战术，到裁判、比赛，而且各自之间表现出特异性，并不存在教学内容的相互替代性。有研究者认为，为了解决课程门数的膨胀和课程时数的激增问题，可采用课程综合化的策略。根据项群训练理论，"将主要课程相关或共同的教学训练的方法、原理及竞赛知识提取出来，形成有关的课程如'运动竞赛的组织与编排''裁判学''运动技能教学与训练''运动竞赛方法、原理'等课程"[①]。此一建言且不说新的课程所带来的课时量问题，单就每个运动项目的裁判法、竞赛法等便不是随意可以整合的，同是"同场对抗类"的篮球、足球等，在裁判法、竞赛法上便相差甚远，无法整合。因此，该建言虽然初衷是好的，但是其可行性和合理性有待商榷。这样一来，术科教学内容的选择更是需要慎重，既不能太多，也不能过少，而是应该选择那些从事该运动项目经常用到的、影响该运动项目顺利完成的基本运动技术。还是以足球为例，要说经常用到，则是指在比赛中经常用到的技术，如脚内侧传接球技术、射门技术等，这几项技术掌握了便可以从容地参与足球比赛中了。

如此看来，基础性原则与适宜—量力性原则有着一定的联系。基础性强调了选择的质量问题，适宜—量力性原则强调了选择的数量问题，两者共同指向了一个问题，即术科教学内容的选择并非多多益善，应以"适合、有用"为宜。

3. 职业—整合性原则

职业—整合性原则是指根据体育教师职业的需要，将各运动项目运动技术与相关的教

---

① 王健，黄爱峰，吴旭东. 体育教师教育课程改革 [M]. 北京：人民体育出版社，2005：145.

学法知识整合起来进行教学，以解决术科教学内容"生活化缺失"的问题。

有关教育目的的争论无论如何激烈，学校作为培养人、培养社会人的作用和角色是毋庸置疑的，高等师范院校更是把为各级、各类学校培养教师作为教育目标，斯宾塞提出的"教育的目的是为了人的完满生活做准备"的"生活本位说"也并非一无是处。术科教学内容作为达成体育教师教育目标的重要保障，自然要反映体育教师职业需求。教学能力的培养除了需要术科教学运用合理的教学方法外，教学内容作为教学的支撑，还需要在术科教学内容中得以体现。从现实情况来看，职业—整合性原则便是针对当前术科教学内容过于注重各运动项目自身的竞技性体系，学生运动技术的学习仅仅是为了掌握相关技术，而不能认识到运动技术学习与今后教学生活的联系，从而无法为体育教师职业提供支撑这一问题而提出的。基于PCK的相关理论，这里的整合性原则是指在术科教学中整合各术科的运动技术与相关教学法知识，通过这种教学，使学生真正体验到教学法知识在术科教学中的应用，为其学科教学能力的发展提供平台。

职业—整合性原则要求除了选择相应的运动技术外，还应该增加运动技术的教学法知识，教师在具体教学中可以以问题的形式将学生分成小组，每个小组运用一种教学法对相应的运动技术进行教学，从中让学生体会到不同教学法在运动技术教学中的差异，以期更好地将教学法这一理论知识与运动技术这一实践知识相结合，使学生在实际运用过程中体会教学法的教学意蕴，从而加深他们对运动技术教学的认识。

三、术科教学内容问题化"组织策略：内涵与组织方式

1. "术科教学内容问题化"组织策略的由来与内涵

术科教学内容在选择好以后，接下来便是对之进行组织，以便以一定的形式呈现给学生。当前，关于教学内容的组织，有关的教学论著作有着较为丰富的经验。例如，被称为"课程评价之父"的泰勒曾经认为，教学内容的组织需要遵循三个基本准则，即连续性、顺序性和整合性。而关于教学内容的组织与呈现，目前主要有三种观点，即布鲁纳的"螺旋"式组织、加涅的"层级"组织和奥苏伯尔的"先行组织者"组织。这些研究对我们认识和分析术科教学内容的组织问题具有重要的参考价值，或者说通过这些研究，我们可以看到，当前的术科教学内容是一种纵向的、遵从学科自身体系的逻辑顺序、直线式的组织和呈现方式。但是，正如前面所认识到的，这种组织和呈现方式存在着因为重视运动技能、忽视教学法，显得专业特色不明显，因为缺乏问题意识而导致教学生活关照不够等问题。因此，术科教学内容的组织和呈现也需要加以改造。当前术科教学内容在组织上延续了学科自身的体系，采用的是一种按照学科知识的逻辑顺序进行组织的方式。术科教学内容在选择和组织上存在的问题充分暴露了术科教学内容"去生活化""去问题化""去情境化"的问题，教学过程作为教学问题的解决过程，若想在术科教学中发展学生的学科教学能力，而不是仅仅传授运动技术，基于现实教学情境的教学问题解决能力的培养则当属必然。

有关教学策略的研究指出，"如何在教学过程中有效地向学生传输学习内容是教学策略的核心内容。由于学生在学习中不仅要掌握有关的学科知识结构，而且还要发展探究和解决问题的能力，因此，内容型教学策略又分为结构化策略和问题化策略两类，结

构化策略强调教学过程要提供合适的知识结构，主张抓住知识的主干，构建简单的知识体系。问题化策略追求的是知识的发生过程，它以问题为中心，引导学生围绕问题展开相应的学习活动"①。"问题化策略颇受关注。近年来，美国、英国、日本有不少人提出了'问题解决作为学校教育的核心'这一观点。显然，它已不仅指培养学生的解题能力，而是一种带有全局性的教学指导思想，有着根本性的创新意义。"② 有鉴于此，我们可以这样认为，传统的术科教学内容的组织采用的是一种结构化策略，追求的是学科知识的内在结构，而如果是以培养学生的问题解决能力为导向，那么，术科教学内容的组织则需要采用问题化策略。

当前，"问题化策略"在教学领域的提法是"教学内容问题化"，该问题在学界已有所阐述。陈爱苾（2010）指出，"教学内容'问题'化是把'内容本位'教学转化为'学生本位'教学的一个有效策略。在教学的设计中，教学内容'问题'化的做法很多"③。施传柱、高芹（2011）认为，教学内容的问题化"主张用产生于真实情景中的问题启动学生的思维，由此支撑并鼓励学生对问题解决的学习、基于案例的学习等。强调课程内容的意义建构性。……课程内容注重在情境中随时发现问题以及解决问题"④。可见，"教学内容问题化"强调的是将教学内容转化为具有教学意义的问题，学生在问题解决的过程中不断加深对教学内容的理解，这些问题也是真实情景下出现过或现时存在的问题。因此，术科教学内容问题化的内涵便是将有关术科教学的内容（主要指技战术）以问题的形式加以呈现，让学生在练习的同时不断发现技战术形成过程中存在的问题，并通过个人反思和小组合作的方式解决这些问题。那么，教学内容如何实现问题化呢？当前，教学中能够在"教学内容问题化"问题上拥有实践探索经验、并卓有成效的当属 PBL 教学模式（Problem-Based Learning），又称基于问题的学习。

2. PBL：术科教学内容问题化的实践启示

PBL 最早应用在医学教育中，是以学生为中心的教学方式，这种教学模式将学习置于有意义的问题情景中，学习者通过个人探索或合作来解决这些真实性问题，进而学习问题背后的知识，即通过问题解决来建构知识。"过去30年中，大量研究结果从不同视角证实了 PBL 学习方法的成效……从长远规划的角度看，PBL 已被证实为一种经济型的高等教育模式。"⑤ 由于 PBL 是以问题展开教学，那么，"'问题'设计的优劣是非常重要的，它直接关系到 PBL 课堂教学效果"⑥ "大量教学实例表明，教师在教学实践中并非没有问题或不设计问题，而是问题设计不成章法或随意而为，不能有效地设计出突破上述不足的高质量教学问题"⑦。从相关研究来看，研究者们对 PBL 中教学问题的设计有着不同的判断标准，这些标准对于实现术科教学内容问题化具有积极的借鉴价值。

---

① 张京，徐渊. 现代教育技术 [M]. 杭州：浙江大学出版社，2003：305.
② 王朝庄，万平. 教育学：理论与应用 [M]. 郑州：河南科学技术出版社，2008：124.
③ 陈爱苾. 课程改革与问题解决教学 [M]. 北京：首都师范大学出版社，2010：89.
④ 施传柱，高芹. 现代教育理论与实践 [M]. 北京：科学出版社，2011：124.
⑤ 杜翔云 Kolmos A, Holgaard J E. PBL：大学课程的改革与创新 [J]. 高等工程教育研究，2009（3）：29-35.
⑥ 郝云峰. 对"基于问题学习"中的"问题"之分析 [J]. 教学与管理，2009（6）：73-75.
⑦ 胡小勇. 问题化教学设计——信息技术促进教学变革 [D]. 上海：华东师范大学，2005.

（1）教学问题合理性与有效性的已有判断依据。

①好的问题情境的要求。① 郝云峰（2009）指出，问题可以是一个单个的事件，也可以是问题系列中的一个部分，一个好的问题情境应该符合以下几个基本要求。

> 1. 真实的。问题应该是现实生活的问题或者是贴近现实生活的问题。
> 2. 覆盖面广。
> 3. 复杂性。新问题的难度足以对学生的思维提出挑战，同时问题不能太难。
> 4. 顺应多种不同的教学策略和风格。问题不应显得那么呆板僵硬，它不应只有一个正确的解决办法、一种教学方法。
> 5. 劣构的。
> 6. 以学生的现实经验为基础。设计问题要考虑学生的原有知识水平、学习风格、学习经验、学习态度，选择与之相近的问题。

②创设问题检验表。② 美国著名 PBL 教学研究者 Roben Delisle 为我们提供了一张很有借鉴意义的"创设问题检验表"，如表5-3所示。

表5-3 创设问题检验表

我是否	是	否
选择了恰当的内容？		
确定了可用的资源？		
书写了问题的陈述？该陈述适合学生的身心发展水平吗？以学生经验为根基吗？		
以课程内容为依托吗？		
顺应多种教学策略和风格吗？		
结构残缺吗？（劣构）		
选择了激发活动吗？		
提出了焦点问题吗？		
确定了评价策略吗？		

③问题设计的特征。③ 张建伟（2000）认为，问题设计应体现如下特征。

> 1. 问题必须能引出与所学领域相关的概念原理。
> 2. 问题应该是结构不良的、开放的、真实的。
> 3. 这种问题需能够激发学生的动机，鼓励他们去探索、学习。
> 4. 一个好问题能够随着解决的进行自然地给学生提供反馈，让他们能很好地对知识、推理和学习策略的有效性进行评价，并促进他们的预测和判断。

④教学问题的有效性特征。④ 胡小勇、祝智庭（2005）研究认为，在单个教学问题应

---

① 转引自郝云峰. 对"基于问题学习"中的"问题"之分析 [J]. 教学与管理，2009（6）：73-75.
② 转引自郝云峰. 对"基于问题学习"中的"问题"之分析 [J]. 教学与管理，2009（6）：73-75.
③ 张建伟. 基于问题式学习 [J]. 教育研究与实验，2000（3）：55-60.
④ 胡小勇，祝智庭. 教学问题设计研究：有效性与支架 [J]. 中国电化教育，2005（10）：49-53.

该尽可能满足的 6 条有效性特征。

> 1. 问题符合课程标准中对教学内容的目标层次要求。
> 2. 问题与课程的教学内容相联系。
> 3. 问题能引起学生的认知冲突，使学生感到有认知难度，但又不会超脱于其临近发展区的认知阈限。
> 4. 问题能引起学生的参与热情和学习动机。
> 5. 问题能培养学习者的问题意识，拓展学习者的思维空间。
> 6. 问题的陈述应该清晰、具体、完整。

此外，盛群力（2007）认为，"在创设一个 PBL 问题时除了明确是一个具有领域特殊性的复杂非良构问题，还要注意以下三个方面，即与真实世界相结合、与学生特点与兴趣相结合、与教学内容相结合"①。罗祖兵（2010）指出，准备问题是进行问题教学的前提。在教育学问题教学中，好的问题必须具备典型性、现实性、开放性三个特点②。

总的来看，PBL 教学模式下的教学问题是与教学内容相结合的问题，是以教学内容为依托的问题，这一点也正是我们选择 PBL 教学模式加以借鉴的原因所在，即 PBL 教学模式下的教学问题与教学内容问题化应该说具有内在的切合性，两者都强调了教学内容的先在性，教学问题来自教学内容，也反映了教学内容。

（2）术科教学内容问题化之"术科教学问题的有效性"设计原则。

看得出来，以上对 PBL 教学模式中教学问题设计的合理性与有效性的判断，多是指向中小学教学的，但有些原则具有一定的普适性。这里，我们结合术科教学的任务，总结出符合 PBL 教学模式的术科教学问题所应该具有的特征，这些特征也是设计术科教学问题时所应该依据的原则。

①问题与术科教学内容相结合。"PBL 问题必须要服务于整个学科或科目的教学要求，并要与整个教学内容相结合。"③ PBL 旨在通过问题的解决过程达到帮助学生自主建构学科知识，发展学生问题解决能力的目的，教学问题理应以教学内容为依托，变传统的术科教学内容的传授过程为教学问题的解决过程。

②问题与真实的教学情境相结合。学科教学能力的发展需要在真实的教学情境中通过教学实践得以实现，正所谓"纸上得来终觉浅，绝知此事要躬行"。术科教学问题所依赖的真实教学情境一方面是术科教学本身的教学情境，另一方面则来自中小学的教学情境。术科教学情境的真实性自不必说，来自中小学教学情境则是指教学问题应该是中小学学生在体育课教学过程中真实出现的一些问题，通过这些问题，让体育师范生提前认识到中小学体育教学的情况，并积累解决此类问题的经验。罗祖兵（2010）指出，"在无法超越学校教育固有局限的前提下，如何让学生了解真实的教育，培养其实践教育的能力，问题教学是种可行的方式"④，但首要问题是教学问题需要具有真实性。

---

① 盛群力. 学与教的新方式 [M]. 杭州：浙江大学出版社，2007：112-113.
② 罗祖兵. 教育学问题教学：涵义、价值与操作 [J]. 高等教育研究，2010，31（3）：71-75.
③ 盛群力. 学与教的新方式 [M]. 杭州：浙江大学出版社，2007：113.
④ 罗祖兵. 教育学问题教学：涵义、价值与操作 [J]. 高等教育研究，2010，31（3）：71-75.

③问题具有一定的挑战性，能引起参与热情和激发学习动机。大量的教学实践表明，体育师范生对于术科的学习热情要高于文化课的理论学习，但是在小组合作以及问题解决方面却表现得不尽如人意，这与我们传统的灌输式教学习惯有关。PBL教学中更多的是依靠小组合作来解决相关问题，体育师范生的参与热情和学习动机将直接影响教学效果。所设置的问题如果过于简单，则无法调动学生的积极思维和创新思维，也无法激起他们解决问题的欲望。杜威的看法对我们不无启示，他认为，"不论多么轻微和平凡的困惑和挑战，只要它能引起信念的疑难，那么，便是真实的问题"①。可见，教学问题的设计并非越难越好，太难了学生可能感到茫然，不知所措，还是应该考虑学生的现有水平和能力，以让学生能产生困惑和思考为宜。

④问题具有劣构性。劣构性问题便是指前面所提到的结构不良问题。正如前面所提到的，相比于结构良好问题，结构不良问题更能发展学生的问题解决能力，但是这并不意味着脱离学科内容的结构不良问题也能发展问题解决能力。"在结构不良问题的解决中，问题解决技能和学科知识的关系就好比人的'手和工具'的关系。应该将结构不良问题解决作为课程内容的主要成分，与学科知识的教学相结合，改变以往问题解决教学中顾此失彼的局面"②。就当前的职前体育教师教育而言，术科教学更多地承担了运动技术传授的任务，而针对教学中出现的问题如何解决的知识，可能更多的是通过教育学或心理学来传授，这种"分离式"的培养方式无法让学生认识到体育教学中针对特定的教学内容可能出现的教学问题，在面对真实的教学情境时因为缺乏经验而显得力不从心。这实际上也提示我们，在教学问题的设计时，可以将相关术科的学科知识与教育学、心理学、学科教学法等学科的知识进行整合，提出相应的综合性问题，以便发展学生综合运用所学知识解决问题的能力，或者说，教学问题必然依托学科知识与教育学、心理学、学科教学法等学科的知识而存在。

⑤问题具有整合性。从PCK理论来看，学科教学能力的发展不仅仅是学科知识单一方面的发展便可实现的，还需要整合学生的知识、教学策略的知识、教学评价的知识等。"认知心理学的研究（也）表明，要成功地解决问题，必须具有陈述性知识、程序性知识、问题情境特征知识和策略知识。"③ 在现实教学中，教学策略应该随着教学内容、教学对象的变化而改变，这一点毋庸置疑。如此一来，教学问题便不是恒定的，相应的，若想发展体育师范生教学问题的解决能力，还应该让体育师范生认识到面对不同教学对象时教学策略的差异性。因此，教学问题除了结合教学内容外，还应该渗透有关学生的知识、教学策略的知识等，让体育师范生在解决相应教学问题时能够综合运用这些方面的知识，在解决相关教学问题的同时发展自身的PCK，进而提高其相关术科的学科教学能力。

（3）问题支架与3C3R模型：术科教学内容问题化之教学问题设计策略。

仅仅知道了以上术科教学问题的设计原则可能还无法顺利地设计出符合PBL的教学问

---

① 转引自殷素梅，高洪，单新涛. 师范生真实性问题解决能力简论 [J]. 湖南师范大学社会科学学报，2013（4）：15-16.
② 鲁志鲲，申继亮. 结构不良问题解决及其教学涵义 [J]. 中国教育学刊，2004（1）：44-48.
③ 梁平. 论问题解决的教学设计 [J]. 华东师范大学学报（教育科学版），2000，18（2）：50-57.

题，我们需要更具操作性的设计策略作为引导。当前，在这方面有着实践经验的是胡小勇博士提出的"问题支架"和美国北达科他州立大学的 Woei Hung 博士提出的 3C3R 问题设计模型。

①支架结构。胡小勇（2005）在其博士论文中指出，"为使教师能够设计出更加优秀，适合丰富性要求的教学问题，极需为他们提供一定的支架结构"①。基于这样的认识，他根据教学实践情况，设计出了一套符合教学问题丰富性和有效性的教学问题设计模板，如表 5-4 所示。

表 5-4 面向各科课程的教学问题设计模板

由何	是何	如何	为何	若何
识记				
理解				
应用				
分析				
综合				
评价				

表 5-4 中，横向维度分别代表着问题所指的知识类型；纵向维度分别代表着知识认知或知识学习的程度；"由何"则为整个教学问题的提供了教学情境，也就是问题从哪里来。其问题设计步骤为：教学设计者根据教学内容设计相应的教学问题—将所设计的教学问题放在表格的相应位置—分析单个教学问题质量和问题类型的整体分布—发现问题所存在的缺陷—再设计。

②3C3R 问题设计模型。2006 年美国北达科他州立大学 Woei Hung 博士依据系统论提出了"3C3R 问题设计模型"，作为一个 PBL 问题的设计模型，如图 5-1 所示。由图 5-1 可知，3C3R 问题设计模型主要由核心构件和过程构件两部分组成，其中，核心构件包括"情境、内容和联系"，过程构件包括"研究、推理和反思"，3C3R 的名称便来自其组成成分的首字母。

在 3C3R 问题设计模型中，"内容"是指学习内容，也就是教学内容，"情境"是指问题要具有一定的情境性，让学生在情境中学习，"联系"则强调了各个教学问题之间要有联系。另外的"研究""反思""推理"三个组件则是指设计的教学问题需要学生运用这三个组件进行问题的解决②。正如有研究者所指出的，"3C3R 模型从 PBL 问题的静态特性（3C）和动态特征（3R）两个方面来考虑问题的设计，为教师设计出更加有效的 PBL 问题提供了参考，具有重要的理论指导意义"③。

---

① 胡小勇. 问题化教学设计——信息技术促进教学变革[D]. 上海：华东师范大学，2005.
② Hung W. The 9-step problem design process for problem-based learning: application of the 3C3R model[J]. Educational Research Review，2009，4（2）：118-141.
③ 朱琳. 高校思想政治理论课 PBL 教学"问题"设计[J]. 教育与教学研究，2012，26（7）：65-69.

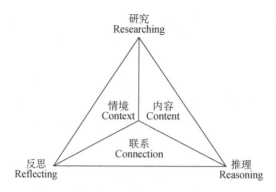

图 5-1　针对 PBL 的 3C3R 问题设计模型

为了更好地使用3C3R问题设计模型进行教学问题设计，Woei Hung博士还提出了设计教学问题的九大步骤。

3C3R 问题设计步骤[①]

步骤一：设定教学目标（Set goals and objectives）。

步骤二：进行内容或任务分析（Conduct content/task analysis）。

——方法是从概念、方法、原则或事实方面对内容的类型进行判断。

步骤三：分析现实环境（Analyze context specification）。

——强调学习环境的真实性。

步骤四：挑选或者生成PBL问题（Select/generate PBL problem）。

——寻找并形成现实生活问题的问题库（pool），从中选择一个能够提供前文分析比较丰富的问题。

步骤五：开展PBL问题功能可见性分析（Conduct PBL problem affordance analysis）。

——进行全面的问题描述，需要考虑这些问题：（1）问题是否正确提供了学习目标；（2）解决问题中参与的关键知识是否与所要学习的内容知识相吻合；（3）问题的上下文信息是否足以将学习设定在一个真实的情境中；（4）各问题的衔接是否进行了恰当的设计。

步骤六：进行对应性分析（Conduct correspondence analysis）。

——主要是保证问题的可靠性和有效性，检验这些问题是否与预期的教学内容以及学习者的学习水平相符。

步骤七：校准过程（Conduct calibration processes）。

——通过内容、情境、研究和推理四个方面，使问题成为结合了目的、内容和学习者特点的问题。

步骤八：构建反思组件（Construct reflection component）。

——从以下几方面进行反思：（1）是否获取了所有必要的知识；（2）是否有足够的深度研究；（3）是否具有有效的研究方法；（4）是否具备逻辑有效的推理过程；（5）知识的概念是否得到整合；（6）是否具有有效的问题解决策略。

[①] Hung W. The 9-step problem design process for problem-based learning: application of the 3C3R model [J]. Educational Research Review, 2009, 4 (2): 118-141.

> 步骤九：检查3C3R内部构件的关系（Examine inter-supporting relationships of 3C3R components）。
> ——检验3C3R各部分的完整性，即3C3R是否都涉及了。

不难看出，无论是"问题支架"，还是"3C3R问题设计模型"，从问题设计步骤来看，既是一个设计问题的过程，也是一个检验、评估问题有效性的过程；既是一个综合过程，也是一个反思过程。这两种教学问题的设计方式都已经通过实践证明了其有效性，术科教师可根据个人情况选择其一或者将两者结合起来综合使用，作为自己教学问题设计的辅助手段。更值得一提的是，PBL中教学问题虽然需要在课前设置好，但这并不排除教学问题的临时生成，教学中由学生提出的问题或者学生学习过程中存在的问题都可以作为PBL中的教学问题来源，因为这些问题已经具有了良好的现实情境性，并且是学生意欲解决的问题。因此，教学中临时出现的问题也是PBL教学问题的重要来源或者说组成部分。

第四节 术科教学方法的发展问题

前面提到，对于师范生或者新教师而言，"用自己被教的方式来教学生"的现象较为普遍，这足以说明在职前教师教育阶段，教师需要慎重考虑、选择和创新教学方法，以免给师范生造成某个教学内容应该用什么教学方法的"刻板印象"，进而影响到他们对一些新的教学理念的接受。术科教学在这方面的情况更是令人担忧。有研究显示，"至今的术科教学方法仍以分解法为主"[1]"当前多数术科教师采用的常规性教学方法是教师先对技术动作进行描述与讲解，然后由学生进行模仿练习，最后教师对学生产生的错误动作进行纠正。这样一成不变的教学方法导致了术科教学普遍缺乏个性，模式化、机械化、平淡化成为教学活动的常态"[2][3]。因此，无论是从教学目标的达成度，还是从教学的"危害性"来讲，术科教学方法的改进都是不得不提的问题。

一、传统术科教学方法的功利与有效问题

1. 传统术科教学方法的功利化倾向

"教学的功利化意味着教学已经偏离其'育人'的本真状态，而更大程度上是为了追求短期的、暂时的、外在的功绩和利益。……现实中教学却一再表明，功利性已经侵入教学的整个系统和每个环节，甚至已然成了教学存在的根据。"[4] 教学方法作为在教师与学生之间教学关系的具体展开行为之一，在传统教学那里，教师与学生的关系变成了"传授知识"与"接受知识"的关系，教学方法围绕着"知识"而展开，便有了"侧重教的方

---

[1] 王健，黄爱峰，吴旭东. 体育教师教育课程改革[M]. 北京：人民体育出版社，2005：141.
[2] 朱岩（2006）、邱错（2007）、曹刚（2008）、张士平（2010）、陈静（2011）、彭可可（2012）等人在其硕士学位论文中分别对云南、湖北、河南、山东、安徽、福建等高校体育教育专业（本科）相关术科课程教学现状进行了调查，该状况可以从调查结果中得到确证。
[3] 徐大成. 高师体育院系术科教学质量何以堪忧[J]. 山东体育科技，2015，37（4）：83-87.
[4] 朱文辉，靳玉乐. 教学功利化剖析与出路探讨[J]. 中国教育学刊，2015（12）：1-5.

法"与"侧重学的方法"之分,教师希望所选取的教学方法能够让学生尽快掌握相应的学科知识,完成既定的教学任务。术科教师教学方法长期的"单一性"或者说"一贯性"便反映了这种功利化倾向,一方面,术科教师长期惯用的"分解法"或者说"讲解—示范—重复练习"的方法对于体育师范生快速掌握某一运动技术而言可能确实有效,即达到英国哲学家、功利主义的创立者J.边沁(Jeremy Bentham)所指出的"最大幸福原理",因为按照术科教师传统的认识,让学生尽快、尽量地掌握相应的运动技术乃是术科教学"最大的善"。但是,仅仅注重知识传承的教学距离育人这一教育目标还是有一定差距的;另一方面,术科教师教学方法的长期一贯性也反映了J.边沁的功利主义原理的第二条原理:自利选择原理。

所谓自利选择原理,边沁认为,"什么是快乐,什么是痛苦,每个人自己知道得最清楚,所以,什么是幸福也是每一个个人所知道的。同时,个人追求自己的最大幸福,是具有理性的一切人的目的"[①]。术科教师在长期教学中已经形成一套或者说一种自己熟悉并且惯用的教学方法,当然,这种教学方法也是经过术科教师长期教学实践并已证明有效的教学方法[②],在这种情况下,教学方法的改变便意味着他们要对他们的教学习惯做出改变,这对于教师而言是一件不快乐而且痛苦的事情。课程或教学改革最大的困难也是最为关键的部分在于教师教学理念与行为的改变。如此一来,术科教师坚持一贯的教学方法而不能随着培养目标、教学要求的变化而做出改变的行为可以说是自利选择原理在作怪,自利选择原则为利己主义找到了借口。因此,术科教学方法的功利化倾向一方面表现为术科教师的教学惰性,他们不愿意做出改变;另一方面又表现为他们的教学自信心,即可以在教学时数内完成传授运动技术的教学任务,他们或许出于对新教学方法的有效性表示担心而不敢做出改变。

2. 传统术科教学方法的有效性"陷阱"

前面提到,传统的术科教学方法在发展体育师范生某项运动的运动技术时可能是有效的,"这一结果最初是在讲解式或传授式教学的研究中发现的,这种教学能最轻松地传授基本的学术性技能,学生通过练习和重复即可学会"[③]。这种有效性也是术科教师坚持自己一贯的教学方法而不愿意做出改变的重要原因所在,然而,术科教学传统的"分解法"或者说"讲解—示范—重复练习"的方法,其有效性却是带有陷阱的,即这种有效性仅仅是针对相关运动的运动技术掌握而言的,可以提高学生的动作示范能力,但是对于术科教学的另一教学目标——教学能力而言表现并不令人满意,因为对于教学而言,不仅需要动作示范,还需要纠错、组织练习等方面的能力。对于这种情况,徐大成(2015)便指出,传统的术科教学方法"虽也能中规中矩地完成教学任务,但这种缺乏创造性的教学方式对于教学目标的高效达成却只能是望尘莫及"[④]。他还认为,术科教学普遍存在着低效、无效,甚至是负效的教学组织。"一切教育现象、教育过程得以形成的最高基准点就是目标"[⑤]。因此,术科教学方法的有效性应该从教学目标出发,全面地对教学效果加以考察。

---

① 张荆. 现代社会的文化冲突与犯罪[M]. 北京:知识产权出版社,2009:334.
② 当然,这一教学方法的有效性可能更多的是在发展体育师范生学科知识上的有效性。
③ 加里·D. 鲍里奇. 有效教学方法[M]. 南京:江苏教育出版社,2002:14.
④ 徐大成. 高师体育院系术科教学质量何以堪忧[J]. 山东体育科技,2015,37(4):83-87.
⑤ 佐藤正夫. 教育原理[M]. 钟启泉,译. 北京:教育科学出版社,2001:287.

即便如此，传统的术科教学方法亦有其存在的价值，至少"分解法"或者说"讲解—示范—重复练习"的方法已经通过实践证明在发展学生运动技术方面是有效的。"正如巴班斯基所说，每种教学方法就其本质来说都是相对辩证的，它们都既有优点又有缺点，每种方法都可能有效地解决一些问题，而无法解决另一些问题"①。我国高等学校教学方法的改革也经历了这样一个"扬弃"的过程，对此，有研究认为，"我国高等学校教学方法的改革，并非简单地否定或者排斥注入式的教学方法，而是对注入式教学方法的改进、完善和扩展，无论在什么时候，知识传授和保存都是大学最基本、最核心的使命"②。这对于传统术科教学方法的改革而言同样具有借鉴和指导意义。

二、现代术科教学方法的多元与缺席问题

1. 现代术科教学方法的多元化：虚假的繁荣

近年来，随着现代教学技术的发展、教学理念的不断更新、教育的国际化进程，传统的高等院校教学方法在不断借鉴、吸纳、改革的同时，新的教学方法层出不穷。如发现法、程序教学法、情景教学法、问题教学法、范例教学法等逐渐成为主流的教学方法，在我国高校各专业教学中得到广泛应用。"总之，通过改革开放30年的探索和实践，我国已经建立起多元化的教学方法体系。"③ 进入21世纪，有关术科教学方法的教学改革实验陆续见诸报道，这其中最引人注目也最为宏大的，当属上海体育学院"术科普修课程教学研究课题组"所进行的教学实验。上海体育学院"术科普修课程教学研究课题组"（2001）曾经对上海体育学院足球、篮球、排球、田径等7门术科普修课程进行教学改革实验，根据课程不同采用了情境教学法、案例教学法、微格教学法、模拟教学实习、导学—自学—实践—评价—创新的教学流程、课堂模拟比赛等教学方法，在培养学生教学能力、裁判能力、问题解决能力、自学能力方面取得了良好的教学效果④。此外的术科教学方法改革大多为硕士研究生针对某个术科项目的教学所进行的教学实验。詹晓梅（2005）设计了"创设情境，自主确定目标—自主学习，个别指导—协作学习，相互修正和完善—反馈校正，意义建构—迁移训练，知识创新"的建构主义教学模式，取得了良好的实验结果⑤。于军等（2008）采用"启发式""讨论式""探索式""自主式""合作式"教学，变"封闭型"课堂为"开放型"课堂。此外，还积极引进网络教学、多媒体教学，保证了田径类课程教学内容的有效实施⑥。王新龙（2012）则在篮球教学中采用讲授法、讨论法、演示观摩法、实践法等多种方法来提升体育院校体育教育专业本科篮球方向学生的教学能力⑦。张海灵（2010）通过实验证实，基本教学能力方案设计中采用"合作互助、角色互换""一对一配对"和学生自带准备活动和整理活动等教学环节，学生亲身经历和体验了

---

① 张英彦. 教育学 [M]. 合肥：合肥工业大学出版社，2008：255.
② 王英杰，刘宝存. 中国教育改革30年：高等教育卷 [M]. 北京：北京师范大学出版社，2009：249.
③ 王英杰，刘宝存. 中国教育改革30年：高等教育卷 [M]. 北京：北京师范大学出版社，2009：249.
④ 上海体育学院"术科普修课程教学研究课题组". 对上海体育学院术科普修课程教学改革的研究 [J]. 上海体育学院学报，2001，25（4）：80-84.
⑤ 詹晓梅. 建构主义学习理论适用于田径技术教学的实验研究 [D]. 南昌：江西师范大学，2005.
⑥ 于军，刘运祥，马祥海. 新《指导纲要》背景下的体育教育专业田径类课程整体改革研究 [J]. 北京体育大学学报，2008，31（9）：1260-1263.
⑦ 王新龙. 体育院校体育教育专业本科篮球方向学生教学能力的研究 [D]. 北京：北京体育大学，2012.

教学的过程，很好地发展了教学组织能力、讲解示范能力、纠正错误能力和语言表达能力①。从以上研究不难看出，来自一线术科教师的术科教学改革经验总结并不多，结合相关调查和笔者近两年的教学观察与访谈，可以说，相关的研究成果并未得到推广，术科教学方法的现状较之于以前并未有较大的改变，零星的术科教师的教学改革尝试也并未成为"可以燎原之火"。这种教学实验中所表现出的术科教学方法的丰富性实则是一种"虚假的繁荣"，研究归研究，实践归实践，基于教学的研究未能很好地反哺术科教学。

2. 现代术科教学方法的现实困境：现代化缺席

《教育规划纲要》把"基本实现教育现代化"确定为2020年我国教育发展的首要战略目标。教育的现代化是教育系统的现代化。褚宏启（2013）指出，教育现代化的本质是教育现代性的增长，主要是指教育体系、教育内容与方法（课程与教学）、教育管理、教育资源等方面的增长过程②。可见，教学方法的现代化乃是教育现代化的应有之义。相比于其他学科领域的教学方法而言，尽管近年来人们对术科教学方法存在的问题有所认识，传统的灌输式的教学方法已受到批判，并且实践中术科教师也在力求改革创新，但实事求是地讲，术科教学方法的现代化进程显然要缓慢一些，这不仅表现在现实教学中术科教学方法的单一、传统上，还表现在人们对术科教学方法现代化问题的认识局限上。

作为为数不多的研究，毛振明先生（2011）在其主编的《体育教学论》中指出，"体育教学方法的现代化与整个教学方法的现代化一样，其主要表现在教学设备的现代化上"③。这里将体育教学方法的现代化归结到教学设备的现代化这一点上未免过于狭窄，相比较而言，一般教育学领域对于教学方法的现代化问题的认识则要深刻得多。孙锡敏（1993）在20世纪90年代便对教学方法的现代化特征进行了讨论，认为启发式精神是现代教学方法的总特征；教学应该以发展学生智能为出发点，保证传授知识与发展能力的最佳结合，注重多种教学方法的综合运用和互相配合，力求教学方法的最优化，广泛运用现代化教学技术和手段④。张景斌、蓝维（2000）则认为，"现代化教学方法除具有实践性、多样性、继承性和发展性等特点外，还具有如下特征：教与学并重，使学生学会学习；培养学生智能，注重全体学生的全面发展；注重方法的整体效应"⑤。不难看出，教学方法的现代化是一个由注重教师教转变为注重学生学，由注重知识传授到重视能力、情感因素发展的过程，也是一个注重教学方法与现代科学技术相结合，并注重多种教学方法综合运用的过程。这些特征既符合了教育理念的发展要求，也符合人们对教育质量的要求，这些特征对于术科教学方法的现代化进程而言无疑具有重要的借鉴价值。

总之，一方面，术科教学方法的发展应该立足自身，积极吸取相关术科教学改革的实践经验，在术科教学实践中不断完善；另一方面，积极借鉴其他学科相对成熟的教学方法"为我所用"，大胆创新术科教学方法，形成多样化、项目化的现代术科教学方法体系，从而改变单一化、功利化的传统术科教学方法。

---

① 张海灵. 高师体育教育专业篮球必修课学生基本教学能力培养实验研究 [J]. 首都体育学院学报 2010, 22 (5): 58-65.
② 褚宏启. 教育现代化的本质与评价 [J]. 教育研究, 2013 (11): 4-10.
③ 毛振明. 体育教学论 [M]. 2版. 北京: 高等教育出版社, 2011: 168.
④ 孙锡敏. 教学方法现代化的几个特征 [J]. 教育理论与实践, 1993, 13 (1): 39-42.
⑤ 张景斌, 蓝维. 学校教育现代的理论与实践 [M]. 北京: 首都师范大学出版社, 2000: 145-146.

三、术科教学方法的有效性"追问"

教学方法作为实现教学目标的重要保证，在泰勒那里被表述为有效的组织教学经验，尽管人们对于"有效"一词颇有争议①，但是，实施有效的教学方法进行教学是教学的永恒追求，教育伊始的教学如此，追求现代化的教育更是如此，从巴班斯基的教学最优化理想，到人们对"有效教学"理念的热衷，实际上都反映了对教学方法有效性的追求。那么，哪些术科教学方法才是有效的呢？或者说术科教学方法的有效性体现在哪些方面呢？这些问题对于一线术科教师而言或许多余，或者说过于"矫情"，因为他们从一开始便认为自己所采用的教学方法是有效的，但是，正如有研究者所意识到的，"如何理解有效的教学方法？有效的教学方法的特点是什么？搞清这些基本问题有助于深化教学方法变革的研究"②。

1. 术科教学方法有效性的内涵与特征

现实当中，我们经常会说某某教学方法是有效的，这实际上是对教学方法有效性最通俗的表达。值得注意的是，"有效的教学方法"与"有效教学方法"虽然只差一个字，但语义却相差甚大，现实中人们也容易混淆。"有效教学方法"是被实践证明"有效的教学方法"，而"有效的教学方法"则带有强烈的时代性和时效性。对此，吕红日（2010）指出，"所谓'有效的教学方法'中的'有效'是一个相对概念，它带有明显的社会时代特征。'有效'总是在某段时期内和特定教育背景下的'有效'。……而（笔者加）'有效教学方法'于八十年代在西方兴起。当时可以归入有效教学方法一类并且有影响的方法有直接讲授法、整体讲授法、狐光法、主题循环法"③。为了避免人们在使用时的混淆，他还建议将"有效的教学方法"改称为"教学方法的有效性"。由此可见，教学方法的有效性带有明显的相对性和反思性。相对性乃是指在确定了教学对象、教学内容后某一教学方法相对于其他教学方法在达到教学目标上是更为有效的，这是程度上的相对性；另一方面，在某一个时期表现为有效的教学方法，在新的社会形势、要求下可能变得不再那么高效或者有效了，这是时间、空间上的相对性，例如苏格拉底问答式的"产婆术"在当时被认为是有效的教学方法，但是在今天以班级授课制为形式的教学中，这种方法便不一定有效了。反思性正是因为其表现出的相对性而存在，因为程度上的相对性，我们才有必要思考哪种教学方法能更有效地达到教学目标；因为时间、空间上的相对性，我们才有必要思考某一教学方法的本土化抑或是现实可用性问题。基于此，我们认为，术科教学方法的有效性作为对"哪种术科教学方法是有效的"问题的回答，需要从具体的时代、具体的教学目标、具体的教学对象和教学内容等方面出发来综合考量，其主要特征便是相对性。

2. 术科教学方法的有效性策略

正是教学方法有效性的相对性特征，使得教学方法的有效性有时难以"捕捉"，我们

---

① 首先，不同时期人们对教学所承担的责任认识不同，自然的，对于教学方法的有效性也有不同的标准；其次，有效便意味着还有无效，那么，有些教学方法在传授知识上有效，但在发展能力上无效，这如何评定该教学方法的有效性，这也是一个问题。
② 吕红日. 教学方法的有效性思考 [J]. 当代教育科学，2010（22）：45-49.
③ 吕红日. 教学方法的有效性思考 [J]. 当代教育科学，2010（22）：45-49.

的兴趣也逐渐转向了这样一个问题，即如何促进或保证术科教学方法的有效性。

(1) 策略一：术科教学方法的综合。

归根结底，"有效性"判断是一种价值判断，因为价值取向不同，有效性的判断标准便不同，以社会需要取向、学生取向还是学科知识本身取向来判断教学方法的有效性，虽然都是以学生学习结果来考察，但是同一种教学方法在这三方面却有着不同程度的有效性。一种教学方法对于传授学科知识可能是有效的，但是对于发展能力便可能是无效的，一种方法很难说能够达到丰富的教学目标。另外，"因为不同的教学方法之间存在互补性，但就教学方法本身而言，发挥这种互补性可以弥补使用单一教学方法所带来的必然缺陷，提高教学方法的综合效能，改善教学效果"①。因此，"有效的教学方法往往是几种方法的有效综合，形成方法的群体"②。如前面所提到的，王新龙(2010)综合采用讲授法、讨论法、演示观摩法、实践法等多种方法进行教学，在提高学生篮球运动技能和发展学生篮球教学能力上取得了良好的教学效果。

(2) 策略二：术科教学方法的改造。

教学方法有效性在时间、空间上的相对性表明没有一种方法适合一个国家的所有历史时期和所有国家的教育，一个国家的不同时期会有不同的教育问题，不同国家的同一时期也有不同的教育问题，这并不意味着过去的或国外的教学方法不能"为我所用"，创新或者说本土化便是教学方法有效性的重要保障。因此，要保证一种或多种教学方法的有效性，需要根据本国的实际教育情况对过去和国外的教学方法进行改造，以便适合当前和本国的教育状况。例如，基于问题学习的教学方法在国外的医学教育领域已经取得很好的教学效果，被证明可以很好地培养学生的临床问题解决能力，更好更快地适应医生工作。那么，这种教学方法是否能够应用到我们的职前教师教育课程教学中呢？这便需要对该教学方法加以改造，以适应我们的学生和我们的教师。

值得注意的是，"有效的教学方法"与"有效教学"两者是既有联系又有区别的。"有效教学"的实现需要"有效的教学方法"，而"有效的教学方法"又不足以支撑起"有效教学"这杆大旗。因为有效教学还包含了有效教学策略、有效教学评价等环节，还需要合理统筹各种教学要素。在美国教育学者加里·D. 鲍里奇(2002)眼里，有效教学需要教师在教学中表现出5种关键行为和5种辅助行为，其中关键行为为包括"清晰授课、多样化教学、任务导向、引导学生投入学习过程、确保学生成功率"，辅助行为则包括"利用学生的思想和力量、组织、提问、探询、教师影响"③。这里，鲍里奇更多是从教师的行为上来表达保证有效教学实现的条件，这些行为更多反映在教学方法上，如多样化教学便是指教师要在教学中采用多种教学方法来呈现教学内容。鲍里奇认为，"丰富教学的最有效方法是提问题"④。可见，有效的教学方法是有效教学的关键所在。但是不能因此忽视教学的其他方面，因为从备课，到课堂教学，再到评价，都属于教学系统。因此，有效教学的实现需要整个教学系统的有效运作。接下来，我们便将视角转向术科教学评价。

---

① 王维臣. 现代教学：理论和实践 [M]. 上海：上海教育出版社，2012：106.
② 吕红日. 教学方法的有效性思考 [J]. 当代教育科学，2010 (22)：45-49.
③ 加里·D. 鲍里奇. 有效教学方法 [M]. 易东平，译. 南京：江苏教育出版社，2002：8, 16.
④ 加里·D. 鲍里奇. 有效教学方法 [M]. 易东平，译. 南京：江苏教育出版社，2002：9.

第五节　术科教学评价的优化问题

自从泰勒将评价纳入课程编制框架之后，评价问题便成为课程或者教学研究领域的重要问题，备受关注。教学评价改革问题也是现实课程或教学改革的重中之重。作为对课程或教学实施的情况或者说对教学效果的判断，评价所具有的甄别、反馈等功能无论对教师的教还是对学生的学，都具有重要的参考价值；同时，教学评价作为"指挥棒"，又对教师的教和学生的学有着重要的导向作用，现实中"考什么便教什么、学什么"的"应试教育"取向实际上是评价的导向功能使然①。随着对教学评价研究的深入，"过程性评价与终结性评价""定性评价与定量评价""诊断性评价与形成性评价""绝对性评价与相对性评价"等逐渐进入人们的视野，并在教学实践中得到应用，这对于丰富教学评价理论，推进教学评价的改革无疑具有重要的意义。当然，教学评价理论涉及的问题比较多，如"评价谁""谁来评价""何时评价""如何评价""评价的有效性"等都属于教学评价的问题，对这些问题的不同回答也形成了不同的评价观。这里，我们所讨论的术科教学评价问题特指术科教师依据教学大纲对体育师范生术科学习效果的判断过程，尽管这一过程包括了过程性评价和终结性评价，但是在讨论中更多是集中在终结性评价上，因为相对而言，人们普遍认为术科教学在学期末的考核中所暴露出的"考核与培养目标的脱节""单一""僵化"问题较为突出，并且此类问题长期存在，可以说，术科教学评价的改革问题一直为人们所关注，但是也一直为人们所"头痛"，因为长期存在未得到有效解决而逐渐成为一个"老大难"问题。

一、传统术科教学评价的"去情境化"问题

1. "技评+达标"的评价方式：技术记忆能力的考察

长期以来，术科教学已形成以"理论+技评+达标"为内容的术科教学评价方式，其中，"理论"主要是针对相关运动项目的历史、技战术、裁判、比赛等陈述性知识的闭卷考试，"技评+达标"则是术科任课教师本人或以"教考分离"的形式，由"非任课教师"根据运动技术完成质量或数量给予技术和标准进行现场打分与记录，主要考查学生对相关运动技术的掌握情况。"技评+达标"的术科教学评价方式其优缺点是较为明确的，其优点在于能很好地考查学生对某些运动技术的掌握情况，达到对运动技术记忆能力的考查，在我国过去和当前很长一段时间内人们对体育教师的判断还停留在"能者为师"上，即运动技能好便可以做体育老师了，这种认识无论从术科老师还是从当前的中小学招聘体育教师的倾向上表现得比较明显，这样一来，注重对学生运动技术掌握情况的考查的"技评+达标"评价方式便取得了合法地位，在术科教学改革中"经久不衰"。这种评价方式的缺点也是明显的，即仅仅能考查学生的运动技术记忆能力，无法考查学生对相应运动技术的理解或者说在教学过程中运用运动技术进行教学的能力，而这种能力理应是体育师范生进行术科学习所应获得的主要能力，因为判断他们今后体育教学效果好坏的不是他们的运动

---

① 虽然这一状况违背了评价的本意，但确实反映了评价所具有的导向功能。

技术完成质量的好坏，而是能否很好地将相关的运动技术教给相应的教学对象。"技评+达标"的评价方式所带来的教学后果也是明显的，在这种评价导向下，学生像运动训练一样对所学运动技术进行重复的机械练习，以期能够更好地让身体记住这些动作并适时展示出来，他们追求的术科学习目标也仅仅是能够高质量地完成技术动作，获得高分①。"考什么便教什么、练什么"的思维方式在使教学简单化的同时，也使"本来作为教学过程一个必要环节的评价身价倍增，而其所产生的'回波效应'则导致了'机械教学'"②。当然，这也是评价所具有的导向功能的具体体现。从教学评价的模式来看，"技评+达标"的评价方式属于泰勒的"目标达成模式"，又称"行为目标评价模式"。该模式"通过对目标的行为化表述，增加了目标的可操作性，评价者可以清晰而准确地判断目标达成的情况"③。虽然各时期教学文件都把发展学生的教学能力作为一个重要的教学目标，但是由于对"如何进行教学能力的评价"的问题还没有权威且行之有效的、可操作性强的评价方式，于是，术科教学的评价便只剩下对学生运动技术掌握情况的考察了。不可否认的是，尽管"目标取向的评价在本质上受'科技理性'或'工具理性'的支配，其核心是追求被评价对象的有效控制和改进"④。这种评价的直接目标是获知教学效果（学生学习结果）是否达到"达标"的有关数据，而且"目标达成模式尽管现在已经被人们称作'传统评价模式'，受到了来自各方面的批判，但它至今仍然是现实的'普遍模式'"⑤。

2. "教学能力"的评价：基于教学情境的价值判断

对于教学而言，目标是否达成自然非常重要，目标取向的教学评价也自然有其合理之处和存在的价值。实际上，人们对传统术科教学评价方式的批判更多的是因为这种评价遗忘了教学目标的重要部分——教学能力。这些批判中，如考核内容上过于强调对体能和技能的评价，忽视对学生能力的评价，⑥考核评价方式方面缺乏针对体育教育专业学生特点环节的评价⑦等，都强调了传统术科教学评价体系中对教学能力的漠视问题，这也说明传统术科教学评价有其待完善与改进之处。

教学理论与实践发展至今，教学能力的评价问题早已不是什么新鲜事物。我们有大量反映教师教学能力的课堂教学（或质量）评价量表或量规，作为评价的依据；有"说课""片段教学""模拟上课"等评价方式，作为评价信息的来源。这里，我们所关心的是这种评价是在怎样的环境中展开的，是模拟的情境还是真实的教学场景，抑或是假设的教学情境，因为这对于教学能力的评价而言是极为关键的。众所周知，课堂教学是在现实的情境中展开的，具有很强的情境性，这种情境性也使教学过程变得复杂起来，教学的复杂性因为学生的个体差异、临场反应、教学环境等因素的无法预知性而更考验和体现教师的教学能力，一个教学能力很强的教师能够从容地应对这种复杂性，而一个新手则对教学的复

---

① 这还是对那些有学习动力的学生而言，当前很多体育师范生的术科学习仅仅是为了获得相应的课程学分，他们不在乎动作能做得多好，只要考试通过就好，存在所谓"及格万岁"的消极现象。
② 王凯. 真实性评价：建构性课堂中的评价方式 [J]. 教育科学, 2003, 19 (3)：46-50.
③ 迟艳杰. 教学论 [M]. 北京：高等教育出版社, 2009：237.
④ 刘兴富. 现代教育理论选讲 [M]. 沈阳：东北大学出版社, 2009：133-134.
⑤ 迟艳杰. 教学论 [M]. 北京：高等教育出版社, 2009：238.
⑥ 宁南锋. 北京体育大学体育教育专业足球普修课程教学大纲研究 [D]. 北京：北京体育大学, 2009.
⑦ 兰彤. 对沈阳体育学院体育教育专业本科乒乓球教学大纲的再审视 [J]. 沈阳体育学院学报, 2008, 27 (3)：106-109.

第五章 我国术科课程与教学的基本问题研究:"问题化取向"的术科教学基本理论体系

杂性准备不足。因此,教学能力的考察也应该在现实的教学情境中展开,"体育教学能力是和具体的活动联系的,体育教学能力只有在活动中,而且只有在没有这些能力就不能实现的活动中表现出来"①。那些与体育教学有关的教学原则、教学方法、教学程序等陈述性知识虽然可以通过记忆记录下来,并对教学能力的提高有一定帮助,但是由于缺乏教学场景的应用机会,"一旦学习者面临真实世界的(由何)问题,便失去了将'劣构问题良构化'或'设计劣构问题解决方案'的实际能力,更失去了将解决既定内容问题能力迁移到新情境(单元问题)或超情境(基本问题)中的问题解决能力"②。因此,术科教学评价中对教学能力的评价应该是在现实的教学情境中进行的,理论测试很难能够反映出学生运用所学知识进行教学问题解决的学科教学能力。而如果将评价看作给学生提供一个对自己所学情况的反馈机会,并且评价活动不是学习的终点,学生通过评价活动能够参与到具体的教学实践中,从而有所收获,那么,在现实教学情境中对教学能力的评价则更显得重要和有意义。值得一提的是,有研究指出,"传统教学评价的环境是去情境化的,评价内容是去过程化的,仅仅考察知识结果的掌握状况,忽视对知识形成过程的评价"③。看来,教学评价的"去情境化"问题并不只是存在于术科教学评价中,而是教学领域所共有的问题。

二、术科教学评价方式的现代转向

潘洪建(2007)曾断言,当代教学评价将随着知识观的转变而发生转向,新的教学评价将"更加关注知识获得的具体过程,重视对知识内化、建构、生成过程的评价,重视设置真实的、具体的情境,展开真实性评价与动态性评价,观察学生的真实表现"④。此言非虚,人们对传统教学评价所存在的"知识存储(巴西教育家保罗·弗莱雷之语)—输出"而未曾有知识应用弊端的批评,教育界对多元评价的呼唤等,在真实性评价那里都得到了回应。真实性评价自此正式进入我们的视野,随着对其认识的深入,我们发现,真实性评价在西方基础教育领域、职业教育领域、PBL领域都有良好的表现,可以说是一种对问题解决能力、创造能力等进行考察的有效评价方式。当然,真实性评价并非万能,却值得借鉴。

1. 真实性评价:凸显真实情境下教学能力的评价

英国教育学者汤姆·本莱特认为,评价一个教育系统的成功或有效与否有两条标准,一条是学生能否在现实问题中应用所学的知识与技能解决问题,这些现实问题可能是超越日常教学情景的,对此,美国教育家麦克泰伊(McTighe)也提出了两条评价标准,其中一条与汤姆·本莱特的相一致,即终身学习标准,是指学生能否跨越学科把所学知识、技能应用于日常生活;另一条称为内容标准,是指教育能否为学生提供某一领域的学术知识与技能。这些标准正是对布鲁姆教育目标分类学中"知识、理解、应用、分析、综合"等学习效果分类的再肯定,真实性评价也正是源于对传统教学评价只注重对知识记忆能力的考察而无法考察学生运用知识解决现实问题的反思与批判,从而实现对高级思维能力的学

---

① 王美红. 体育教育专业本科生教学能力形成因素的系统分析[D]成都:四川大学,2004.
② 胡小勇. 问题化教学设计-信息技术促进教学变革[D]. 上海:华东师范大学,2005.
③ 潘洪建. 当代知识转型及其对教学改革的启示[J]. 教育科学论坛,2007(6):5-8.
④ 潘洪建. 当代知识转型及其对教学改革的启示[J]. 教育科学论坛,2007(6):5-8.

习结果的评价。真实性评价"这一概念一经提出,就受到了教育研究者、课程开发者、教育决策人员以及一线教育工作者的极大欢迎"①。

"真实性评价"(authentic assessment)是由美国学者 Grant Wiggins 在 1989 年提出的。在 Wiggins 看来,"真实性评价是检验学生学习成效的一种评价方式,是基于真实任务情境的评价,它要求学生应用必需的知识和技能去完成真实情境或模拟真实情境中的某项任务,通过对学生完成任务状况的考察而达到培养学生思考问题、反思实践、提高研究技巧的目的"②。Kathleen Montgomery(2001)也给真实性评价下了一个定义,认为"所谓的真实性评价是指教师让学生完成一系列真实性任务,或在模拟真实的情境中给学生以解决实际问题的任务,用以考查学生知识和技能的掌握程度,以及实践、解决问题、交流合作、批判性思考等多种复杂能力的发展状况"③。看得出来,真实性评价旨在考查学生运用所学知识与技能解决现实问题的能力,并且希望通过这种评价来达到培养学生问题解决能力的目的。前面我们已经认识到,教学能力从实质上来讲是诸多现实教学问题的解决能力,而且对教学能力的评价应该在现实教学情境中进行。在美国教师教育领域存在着技术理性教师教育观和反思性实践教师教育观,这两种教师教育观对教学能力的认识不同,因而对教学能力的评价理念与方式也不相同。国内学者周钧(2005)对这两种教师教育观进行了比较分析,认为技术理性的教师教育观把教师看作技术人员,教师的资格能力主要由知识和技能构成,因此,对教师教学能力的评价内容限定在了知识与技能上,多采用标准化的纸笔考试的方式进行;相对的,反思性实践的教师教育观把教师看作反思性实践者,教师的资格能力是多维的,由知识、技能和品性等构成。由此,教师资格能力的评价也应该是多元的,反思型教师教育所推崇的评价模式便是真实性评价或绩效评价。这种评价的方式很多,包括了问题解决、模拟练习、成长记录袋等④。由此可见,技术理性教师教育观最大的缺陷便是忽视了教师教学能力或教学实践知识得以形成和表现的复杂教学情境性,从而追求评价更加具有确定性的学科知识和技能,这也是客观主义知识观在教师教育领域的又一具体表现。如果说术科教学评价中"技评+达标"已经解决了对体育教师教学所需学科知识的评价的话,那么对体育师范生教学能力的评价则至少可以尝试采用真实性评价,因为这至少符合了职业教育评价的发展趋势,即"建立一种能评价复杂的、情境性能力的真实性评价模式"⑤。而"真实性评价兴起的一个非常重要的原因,在于能够对学习和教学产生积极的影响"⑥。

2. 术科教学的真实性评价方式:模拟上课

(1)任务的真实性何以可能?

真实性评价主要由真实性任务和量规两部分组成,实际上,真实性评价之所以"真实",是因为它强调了测验中让学生所完成任务的真实性,这种真实性是学生在今后的专业生活中可能遇到的真实问题,是现实生活中发生过的真实案例,对于任务的真实性判断

---

① 杨向东. "真实性评价"之辩[J]. 全球教育展望, 2015(5): 36-49.
② 张继玺. 真实性评价: 理论与实践[J]. 教育发展研究, 2007(1): 23-27.
③ 王少华. 真实性评价——国际教育评价发展的新阶段[J]. 教育评价研究, 2007(11): 11-13.
④ 周钧. 技术理性与反思性实践: 美国两种教师教育观之比较[J]. 教师教育研究, 2005, 17(6): 76-80.
⑤ 徐国庆. 实践导向职业教育课程研究: 技术学范式[M]. 上海: 上海教育出版社, 2005: 294.
⑥ 杨向东. "真实性评价"之辩[J]. 全球教育展望, 2015(5): 36-49.

标准，真实性评价的提出者 Wiggins 并没有给出答案，但是国外学者对此有诸多追问和回答，这里将各种观点以表格的形式加以呈现，具体如表 5-5 所示。

表 5-5 "真实性评价"中"任务真实性"的各种观点

代表学者	具体判断标准
Kathleen Montgomery	真实性任务由某一特定领域的专家制定或设计，能反映现实生活中的活动，具有表现性或挑战性
Jon Mueller	其一，要求学生自己积极地建构而不是被动地选择；其二，任务必须源于真实世界或模拟真实世界并且具有挑战性
Archbald，Newmann	真实性学业成就：能够创造知识、具有严谨的探究能力、个体所从事的活动或实现的学业成就具有超越评估本身的审美、实用或个人价值
Cumming	真实性学业成就：建构性学习、严谨的探究、高层次思维、问题解决、实用和审美价值

从表 5-5 来看，学者们提出的判断标准各异，Kathleen Montgomery 与 Jon Mueller 可以看作一类观点，Archbald，Newmann 与 Cumming 的观点主要集中于学业成就上，正如杨向东（2015）所言，"上述两种观点都强调真实性评价和学生未来社会生活的现实要求和挑战的一致性，但强调的侧重点有所不同。前者强调评价任务本身的现实程度，而后者则侧重于所考查学业成就的本质"①。显然，两种观点对于如何判定任务的真实性还是有一定的分歧，对此，Meyer 不无告诫地指出，"真实性评价任务的环境是课堂内外的实际生活环境，没有特定的和统一的标准，反映学生对事实和概念获得以及实际运用的能力"②。这可能是因为真实性评价所希冀的任务的真实性本身便是一厢情愿的理论愿景，哲学家赫拉克利特曾说过，"人不能两次踏入同一条河流"，现实教学情境的"不可复制性"也是人们将教学看作一门艺术的原因。如此，真实性评价所需要的真实性任务与预期现实生活的相似性之间便无法保证其"保真性"，不可复制性是真实性评价面临的一大难题。杜威是真实性评价的倡导者，在杜威看来，"对学生有积极后果的测验，是和生活中广泛的问题相联系的……这就是真实性评价，而评价要做到真实性，关键是要与生活相联系"③。而且，"不论多么轻微和平凡的困惑和挑战，只要它能引起信念的疑难，那么，便是真实的问题"④。同时，Wiggins 也指出，"真实性评价旨在重现作家、商务人士、科学家、社区管理者、设计师或者历史学家们通常面对的各种挑战或要求。真实性评价任务本身就是这些人所面对的任务或问题情境的实际案例"⑤。实际上，真实性评价面临的这一难题更多来自教学情境的不可复制性，但是，不同的教师在教学中还是可能会碰到相似或相同的问题，特别是在学科教学内容具体展开的过程中，同一年龄段的学生因为具有相似的认识能力、心理特点、行动特点等，可能会存在相似的教学问题表现，而这也为一些教学原则

---

① 杨向东. "真实性评价"之辩 [J]. 全球教育展望，2015（5）：36-49.
② 转引自张继玺. 真实性评价：理论与实践 [J]. 教育发展研究，2007（1）：23-27.
③ 徐国庆. 实践导向职业教育课程研究：技术学范式 [M]. 上海：上海教育出版社，2005：291.
④ 殷素梅，高洪，单新涛. 师范生真实性问题解决能力简论 [J]. 周易研究，2014（3）：83-84.
⑤ 杨向东. "真实性评价"之辩 [J]. 全球教育展望，2015（5）：36-49.

的制定提供了依据,否则,如果教学真的没有任何规律可言,充满着不确定性,那么,教学便只是一门艺术了。这样,任务的真实性问题便与问题的真实性问题之间建立起了联系,即任务是否来自真实的教学问题,或者由真实的教学问题组成。Messick(1994)也注意到了任务的复杂性和保真性问题,认为设计真实性评价任务时需要关注这两个方面。其中,复杂性(comprehensiveness)是指关键性任务的特征数量和范围,保真性(fidelity)则是指每个任务的特征和现实生活中相关问题的相似程度[①]。如此一来,模拟现实的教学情境或者以模拟的形式再现现实教学中存在的问题,并将其转化为真实性评价中的真实性任务便成为可能,而"模拟真实情境的任务"也是 Wiggins 等人对真实性评价进行解释的题中之意。

(2)真实性任务与模拟上课。

那么,哪些任务形式可以作为真实性任务呢?该问题涉及在术科教学考核中采用何种形式进行真实性评价。现实中,对某一问题发表自己的看法、展示作品、小组通过讨论或合作完成某项研究、开展实验室实验、完成开放性问题、进行实际演讲等都可以作为真实性任务的具体形式,但是这些都与术科教学的特点相去甚远。从现实中人们在术科教学中开展的教学评价改革实验、PBL 教学实验以及教师招聘考试来看,对教学能力进行评价的形式主要有说课、片段教学或模拟上课,那么,这些评价形式是否都可以作为真实性任务来对教学能力进行真实性评价?

首先,说课可以说是"具有中国特色"的教学行为,人们对说课的认识莫衷一是,在教师教学技能评比或者教师招聘过程中采用的说课,主要包括"说教材、说教法、说学生、说过程、说评价"等。对于说课能否反映师范生或教师的教学能力或教学水平,人们的认识也不一,有的认为说课可以作为评估教师教学水平的有效手段,有人认为"说课所创设的游离于课堂教学实践之外的虚拟课堂,无法呈现教师真实的教学能力"[②]。然后,片段教学是新近一段时间,各地在招聘教师、考取教师任职资格证书或者教师教学技能评比中经常用到的一种方式,片段教学"是指教师在没有学生的情况下,面对教学同伴、教学同行、评委等,围绕着指定的某一片段内容所展开的虚拟教学。……对招聘教师而言,可以在较短的时间内对教师课堂教学能力进行一个初步的判断"[③]。有研究认为,"片段教学之所以能在招聘、职称评审、选拔课堂教学参赛者等考评方式中占有越来越重的分量,源于它具有教学仿真性,能在有限的时空内较客观地反映教师的实践水平"[④]。另外,"模拟上课是指职前学生或体育教师在没有学生参与的情况下、在规定的时间内,选择课中的某一环节,运用模拟方式向评委展示教学的过程中表现出来的一种较为稳定的教学行为方式"[⑤]。从概念和构成要素上来看,片段教学与模拟上课都是在没有学生参与情况下进行

[①] Messick S. The interplay of evidence and consequences in the validation of performance assessments [J]. Educational Researcher, 1994, 23 (2): 13-23.
[②] 郑金洲. 说课的变革 [M]. 北京:教育科学出版社, 2007: 11.
[③] 肖俊宇. 小学语文片段教学指南 [M]. 福州:福建教育出版社, 2014: 1-3.
[④] 钟建林. 聚集片段教学 [M]. 北京:教育科学出版社, 2012: 67.
[⑤] 刘海元. 学校体育教程 [M]. 北京:北京体育大学出版社, 2011: 131.

的模拟教学行为，有研究认为，"模拟课堂教学又叫作片段教学"①，如果说两者之间有什么区别的话，最大的区别可能在于片段教学是选择教学过程中的某一片段进行教学，如动作讲解示范阶段、练习阶段等，而模拟上课则可以是一整堂课的模拟，当然，模拟上课也可以是对某一教学片段的模拟，所以认为两者具有一致性也是有其道理的。就说课而言，虽然也是在模拟教学的情境下进行，但是由于设定了说课的内容框架和结构，与片段教学或模拟上课相比，即便也对一些问题进行了预设，在与学生的互动情况、课堂组织管理情况等更能表现课堂情境性的因素方面也大打折扣；另外，就术科而言，说课可能过于理论化了，存在"说得多做得少"的情况，而体育课教学更多的是需要教师的示范、教法组织、课堂管理等实际的行动。因此，片段教学或模拟上课在复杂性和保真性上都要优于说课，三者之间，我们更倾向于将片段教学或模拟上课作为真实性任务。

此外，考虑到体育师范生处于教学能力养成期，"口令、队伍调动、游戏组织、教态"等教学基本功以及对体育教学基本程序的把控能力也是重要的考核内容。因此，术科教学评价应该采用模拟上课的形式，让体育师范生针对某个技术动作的教学设计一堂完整的中小学体育课进行模拟上课，全面考察学生的体育学科教学能力。当然，我们也不排斥在术科教学考核中采用片段教学的做法，因为并不是所有的术科，也不需要所有的术科都进行"准备部分与结束部分"的模拟，但却不能因为这个理由而使所有术科教学评价都忽视了这部分内容的考核，这便提示我们，相关的术科教学文件应该对哪些术科课程采用完整的模拟上课形式进行教学能力评价，哪些术科课程可以采用片段教学进行教学能力考核明文规定，以便术科教师做到有章可循，而不至于教学能力考核流于形式或者止于口号。

三、术科教学多元评价方案

当前，很多学校的术科教学评价已经实现了"平时+期中+期末"的评价模式，术科教学过程中教师根据学生的出勤情况、课堂表现等给予学生平时成绩，这可以视为一种过程性评价，期中成绩则更多的是学期中对学生运动技术掌握情况的考察，如果这可以视为诊断性评价，为学期后面的教学提供反馈的话，那么，再加上期末的终结性评价，术科教学的评价可以说也算是实现了"多元评价"，但情况并非如此。仅就期末考核而言便存在"单一、僵化、无法考核能力"的问题，因此，这里的术科教学多元评价方案更多的是指术科期末考核中的评价方案，说多元，是相比于以前的"理论+技评+达标"而言，又多了一项"模拟上课"考核内容。由于"理论+技评+达标"的评价方案在现实中已经比较成熟，这里主要对"模拟上课"的考核方案根据文献资料以及本研究的教学实验情况进行呈现。研究表明，"教学评价方案的内容主要有：评价目的、对象、标准、方法、组织实施、实施期限和完成报告的时间、评价报告接受者和评价预算"②，以下的评价方案主要从评价目的、对象、标准、方法、组织实施几方面展开。

1. "理论+技术+教学能力（个人）"的术科期末考核方案

该方案是每个学生进行模拟上课考核学生的教学能力。其言外之意便是，还可以通过小组模拟上课的形式进行个人教学能力的考核，这一考核方式将在下一考核方案中呈现。

---

① 王伟鸣. 体育模拟课堂教学考核分析 [J]. 体育世界（学术），2015（4）：100-102.
② 周永凯, 田红艳, 王文博. 现代大学教学评价理论与实务 [M]. 北京：中国轻工业出版社，2010：27.

"理论+技术+教学能力（个人）"的术科期末考核方案（必修课或专项课）

一、评价目的

根据术科教学目标，考查学生相关运动项目的理论知识、运动技术掌握情况以及学科教学能力，在获得教学效果的同时，为学生今后的学习提供参考，并进一步熟悉"模拟上课"这一教学能力考核形式。

二、评价对象

体育教育专业某术科课程学生。

三、评价标准

1. 理论采用闭卷考试，根据评分标准进行评分。

2. "技术"根据各术科已经制定的"技评+达标"成绩评定标准进行打分。

3. "教学能力"根据《基于观察的体育师范生教学能力评价量规》或其他教学能力评价量表或量规进行打分。

四、评价方法

1. 理论：闭卷考试。

2. "技术考核"：任课教师（或教考分离的学科组教师）对相关运动技术的完成质量和数量进行现场记录、评分。

3. "教学能力（个人）考核"：教师在考试前一周随机分配给每人模拟上课的教学内容，学生用一周的时间每人根据考试要求准备10分钟左右的模拟上课内容（模拟上课中要有队伍调动口令、一节带口令的热身操展示、游戏组织、相关技术的示范与讲解、纠错、组织练习、评价等环节），考试前提交一份完整的教案。学生分组（5人左右一组），小组中1人进行模拟上课时，其他小组成员作为教学对象参与模拟上课过程，任课教师（或教考分离的学科组教师）对学生的模拟上课情况进行现场打分，或进行录像课后打分。

五、组织实施

（一）准备阶段

1. 为学生提供模拟上课的有关教学资源（文档、视频）。

2. 利用理论课或者课下时间让学生熟悉模拟上课的注意事项、构成要素、教学过程以及评分标准。

3. 对学生进行分组，学生可利用课下时间在本小组内根据教学内容进行模拟上课练习，并进行小组内的探讨。

（二）实施阶段

1. 考试采用正常教学时数内的课内随堂考核，每次考试至少2位任课老师协同参与①，"技术考核"与"模拟上课"同时进行，采用轮换的形式进行考试，即两组先进行技术考核，另外两组进行模拟上课，然后根据实际情况进行轮转。两位老师分别负责技术考核组和模拟上课组的考试。

---

① 按照每个年级体育教育专业4个班计算，每两个班1位任课教师，一般来说，每门术科课程会由两位任课教师承担。如果是采用教考分离形式，则一般会有3位教师组成学科组成员。

2. 每组考核结束后老师可利用 3~5 分钟时间加以点评，以便起到评价的反馈功能。

    3. 期末成绩组成建议：期末成绩=30%理论成绩+30%技术成绩+40%教学能力成绩。一方面，突出教学能力的重要性；另一方面，淡化理论成绩，遏制学生理论考试的作弊心理。①

  2. "理论+技术+教学能力（小组）"的术科期末考核方案

  这一考核方案是学生以小组为单位进行模拟上课的评价，再根据小组成员的自评、互评分进行个人教学能力的评定。

"理论+技术+教学能力（小组）"的术科期末考核方案（必修课或专项课）

一、评价目的

  根据术科教学目标，考查学生相关运动项目的理论知识、运动技术掌握情况以及学科教学能力，在获得教学效果的同时，为学生今后的学习提供参考，并进一步熟悉"模拟上课"这一教学能力考核形式。

二、评价对象

  体育教育专业某术科课程学生。

三、评价标准

  1. 理论采用闭卷考试，根据评分标准进行评分。

  2. "技术考核"根据各术科已经制定的"技评+达标"的成绩评定标准进行打分。

  3. "教学能力（小组）考核"：根据《基于观察的体育师范生教学能力评价量规》（或其他教学能力评价量表或量规）确定小组模拟上课成绩；学生根据《小组合作评价量规》填写小组合作自评与他评表，计算出小组内每个人的分数。

四、评价方法

  1. 理论：闭卷考试。

  2. "技术考核"：任课教师（或教考分离的学科组教师）对相关运动技术的完成质量和数量进行现场记录、评分。

  3. "教学能力（小组）考核"：学生分组（5人左右一组），教师在考试前一周随机分配给每个小组模拟上课的教学内容，每个小组用一周的时间根据考试要求准备10分钟左右的模拟上课内容（模拟上课中要有队伍调动口令、一节带口令的热身操展示、游戏组织、相关技术的示范与讲解、纠错、练习组织、评价等环节），考试前提交一份完整的教案。小组中选定1人进行模拟上课，其他小组成员作为教学对象参与模拟上课过程，任课教师（或教考分离的学科组教师）对学生的模拟上课情况进行现场打分，或进行录像课后打分。模拟上课结束后学生填写小组合作自评与他评表，计算出小组内每个人的分数。最后每个人的模拟上课分数由"40%小组合作自评与他评得分+60%小组模拟上课得分"构成。

---

① 当然，现在有些学校规定理论成绩或技术成绩中，任意一项成绩不及格的，则该门课程总成绩便不及格。此项规定的合理性还有待商榷。

五、组织实施

（一）准备阶段

1. 为学生提供模拟上课的有关教学资源（文档、视频）。
2. 利用理论课或者课下时间让学生熟悉模拟上课的注意事项、构成要素、教学过程以及评分标准。
3. 对学生进行分组，学生利用课下时间在本小组内根据教学内容进行模拟上课练习，并进行小组内的探讨。

（二）实施阶段

1. 技术考核与教学能力考试都采用正常教学时数内的课内随堂考核，先利用一次课进行技术考核，然后第二次课进行模拟上课的教学能力考核。由于只有4~5组学生进行模拟上课测试，每组10~15分钟，这样，一节90分钟的课完全可以完成小组模拟上课的考核，因此，该方法由任课教师一人便可完成，当然，如果有教考分离的学科组，则可进行小组成员打分求平均分的方式，以便更加合理。
2. 每组考核结束后老师可利用3~5分钟时间加以点评，以便起到评价的反馈功能。
3. 期末成绩组成建议：期末成绩＝30%理论成绩+30%技术成绩+40%教学能力成绩。一方面，突出教学能力的重要性；另一方面，淡化理论成绩，遏制学生理论考试的作弊心理。

值得注意的是，在以小组为单位进行教学能力考核中，我们引入了"小组合作自评与他评"的评价方式，该评价方式让学生根据自己和小组内的其他成员在小组模拟上课准备过程中的表现进行打分，来考察他们对小组工作的贡献，以此作为评价他们个人教学能力的一个组成部分。这种方式可能存在两个问题，一是合理性问题，即以"小组自评与他评成绩+小组模拟上课的成绩"来评价"个人教学能力成绩"的合理性，因为教学能力需要个人在教学过程中展现，教学能力必然存在个体差异，但是，这里人为的对个人的教学能力进行了评价，合理性还有待进一步考证，但是从教学实验情况看，这种评价还是具有一定的区分度的。二是学生的自评与互评成绩具有区分度，这也解决了人们所普遍存在的担忧，即让学生进行自评和互评，学生会不会因为个人感情或者同学之间的面子问题而给自己和小组内的同学都打很高的分或是一样的分呢？开始时，我们也有这样的顾虑，但是从教学实验实际情况来看，并没有出现这样的情况，我们发现学生之间的打分比较慎重，没有随意地给所有人都打一样的分，而且高分较为集中在小组长和进行模拟上课的同学身上，这也在一定程度上说明了引入小组自评与互评的可行性。

另外，在与术科教师的访谈过程中，有教师认为必修课的教学能力考核应该以"片段教学"进行，即主要让学生边讲解边示范某项运动技术，并展示学生易犯错误和纠正办法，以及有哪些练习手段等，专项课可以通过模拟上课进行教学能力的考核。我们认为这也是一种较为合理的做法，当然，以上给出的教学能力评价方案也只是提供了一种参考，术科教师可以在教学中根据实际情况加以选择、改造与完善。

第六节 术科教学模式的改进问题

从广义上来讲,前面所谈到的教学内容、教学方法、教学评价的诸多问题都可以归为教学模式问题,因为"教学模式"是"指反映特定教学理论逻辑轮廓,为实现某种教学任务的相对稳定而具体的教学活动结构"①。这里的教学活动结构便主要是指教学方法与教学评价等。由于"教学模式具有一定的稳定性,一个教学模式一旦形成,被老师与学生所认同,它就会被长期地应用到教学之中去,老师会按照这个教学模式去教,学生会按这个教学模式去学"②。从现实教学情况来看,"培养体育教师的术科也主要是'运动技能授课'模式,从这种模式中'脱胎'的教师,怎么可能很好地适应新的教学模式呢?"③ 因此,传统的术科教学模式也需要加以改进,以适应新时期社会对体育人才的需求。

一、传统"运动技能教学模式"的优缺点

传统的术科教学模式是一种运动技能授受教学模式,有学者也称为"运动训练模式"(王健等,2005),该称谓在人们讨论中小学体育教学模式时被经常使用。邵伟德(2005)认为,"此教学模式的主要依据是运动技能形成的规律,其次是以前的体育教材内容主要是以竞技运动项目来编排的,因此传统的体育教学自然就十分重视运动技能的教学……把示范、讲解、练习、纠正错误动作、再练习作为教学的程序或过程,从而形成了传统的运动技能教学模式或程序式教学模式"④。从术科教学的现实状况来看,这一说法也是适用于术科教学情况的。

1. 运动技能术科教学模式的优点

一般而言,教学模式都是以一定的教学理念或教学思想为指导,为特定的教学目标服务的。正如其名称一样,运动技能术科教学模式将主要任务放在发展学生的运动技能上,按照运动技术的结构进行教学,采用得较多的教学方法是分解教学法。由于教师在这种模式中处于主导地位,教师便能够较好地掌握学生运动技术的学习进展,灵活地进行教学进度的调整,从而在一定程度上保证学生运动技能的学习效果。

2. 运动技能术科教学模式的缺点

运动技能术科教学模式的缺点也是比较明显的,主要集中在以下两个方面。一是教学效果受到限制。虽然该模式在发展学生运动技能方面具有一定的效果,但是由于教学时数有限,每个运动项目的运动技术又很多,现实情况是,教师虽然在教学中竭力地发展学生的运动技能,但是学生对有些运动技能的掌握情况并不好,近几年更是出现了毕业的体育师范生"运动技能下滑"的情况,"学生学不会或学不好运动技能,导致'蜻蜓点水'式

---

① 顾明远. 教育大辞典 [M]. 上海:上海教育出版社,1998:194.
② 龚坚. 现代体育教学论 [M]. 重庆:西南师范大学出版社,2009:153.
③ 王健,黄爱峰,吴旭东. 体育教师教育课程改革 [M]. 北京:人民体育出版社,2005:141.
④ 邵伟德. 体育教学模式论 [M]. 北京:北京体育大学出版社,2005:49-55.

和'简单低级重复式'的学习效果"①。学生看似学了很多运动技术，但是没有几项能够达到熟练掌握的程度。二是在教学方法上，教学创新受到限制。该模式下的术科教学主要采用的是分解教学法，而且"示范、讲解、练习、纠正错误动作、再练习"成为主要的教学程序，长此以往，术科学习让学生人为地意识到运动技术应该如此教学，他们毕业进入中小学后便也承袭了术科教师的教学方法，这在无意间使得学生的教学创新受到了限制。

二、"参与式PBL术科教学模式"的理论构建

任何一种教学模式的提出都是为了解决某个教学问题或教学中的某个方面的问题，教学模式具有目标针对性，也就是说每个教学模式都是针对某个教学目标设置的，有其使用范围，没有包罗万象、万能的教学模式。术科教学的目标在于发展学生的运动技术和教学能力，那么，有没有一种教学模式可以同时达到这两个教学目标呢？对此，相关研究又告诉我们，"一般而言，一种模式具有多种目标，而多种目标又有主次之分，其中主要的目标便是此模式与彼模式相区别的特征之一，也是人们有针对性地选用模式的重要依据之一"②。针对当前传统的运动技能术科教学模式过于注重学生运动技能的发展，对教学能力关注不够的缺点，我们依据当前术科教学改革既有成果以及其他学科的教学情况，根据术科教学目标，选择了参与式教学模式和PBL教学模式作为我们构建新的③术科教学模式的实践基础与理论依据，从理论基础、实施目标、教学内容、教学程序、教学评价等方面进行参与式PBL术科教学模式的构建。

1. "参与式PBL术科教学模式"的理论基础

（1）参与式教学理论。

参与式教学是20世纪六七十年代在英国兴起的，最初是一种社会学理论，后来被引入教育学领域，并得到广泛应用，该理论提倡在参与中学习知识、发展能力。近年来，术科教学中也出现了参与式教学的"身影"，现实中较为集中地体现为学生参与教学准备活动环节，这个可以说在当前的术科教学中已成为常态。当然，也有一些教学实验研究项目（多表现为硕士研究生论文）在教学设计中让学生参与到了讲解示范、课堂组织等重要环节，并且实验结果表明术科教学中采用参与式教学不仅学生的运动技能发展未受到影响，更重要的是，学生的教学能力也得到了更为明显的发展，这也是我们选择参与式教学的原因所在。

（2）PBL教学理论。

现实实践表明，"基于问题的学习在近50年理论研究和实践探索的发展中，基于建构主义学习理论的PBL在大学组织体制改革和教学改革的浪潮中脱颖而出，愈来愈彰显其创造力和生命力"④。"三十多年来，基于问题的学习一直是高等教育中重要的推动力。基于

---

① 李强. 论体育教育专业学生运动技能学习的理性回归 [J]. 沈阳体育学院学报，2010，29（5）：108-110.
② 邵伟德. 体育教学模式论 [M]. 北京：北京体育大学出版社，2005：22.
③ 这里的"新的"是相对传统术科教学模式而言，实际上，参与式教学模式与PBL教学模式在教学领域都已不算是新型教学模式，人们已比较熟悉，两种教学模式的教学效果也已为人们所认可。
④ 杜翔云，科莫斯，钟秉林. 基于问题的学习：理论与实践 [M]. 杜翔云，译. 北京：高等教育出版社，2013：前言.

问题的学习自产生之日起就争议不断,但它在高等教育的某些领域,尤其是专业教育领域(建筑、工程、法律和医疗等等)的改革中扮演中极其重要的角色。"① 医学教育、工程教育、师范教育领域的教学实践已证实,PBL教学在发展学生小组合作意识、问题解决能力方面有着独特的效果。当前,PBL在高等师范院校体育专业教学领域的应用多见于理论课,术科教学中采用PBL进行教学的案例还比较少,这也说明人们在借鉴PBL教学理论上还需要更大的勇气。PBL教学理论提倡以问题的形式呈现教学内容,学生围绕这些教学问题通过小组合作的形式展开学习,进而解决问题,在"做"的过程中建构知识、发展能力,这正是术科教学改革所需要尝试和值得尝试的举措。

(3) 体验式教学理论。

"'体验'是当前基础教育乃至教师教育中一种重要的课程价值取向。"② 体验式教学旨在让学生亲自参与到教学中,通过体验教学过程,完成对知识的理解、整合和建构。当前,体育师范生普遍存在"学得好,不会教"的情况,体验式教学便"通过心理预演、交流分享、角色体验等活动,帮助学生形成知识的产生式表征系统,解决'怎么教'的问题"③。体验式教学还强调知识的个人意义的建构,学生通过教学中的体验,反思自己教学中存在的问题,在这个过程中,他们自己建构着对教学的理解。尽管教学中过于注重体验也受到人们的质疑,但是,参与过程必然伴随着个人体验,通过反思活动可以使体验上升为参与者的实践教学经验,并促进其对有关教学问题的思考。

2. 实施目标

参与式PBL术科教学模式与传统的运动技能教学模式最大的不同是学生有机会"亲身"参与到术科教学中,"体验"并"反思"术科教学过程,学生以小组为单位解决一些现实的术科教学问题。当然,该模式并不是以淡化学生运动技能的发展为代价来获得学生教学能力的发展,因为运动技能是教学能力发展的保障和基础。因此,该模式的实施具有双重目标,即致力于运动技能与教学能力的共同发展。

3. 教学内容

在参与式PBL术科教学模式实施过程中,术科教学内容以"问题"的形式加以呈现。有时这些"问题"出现在教学过程中,由教师提出,学生以小组为单位来完成;有时这些"问题"更像是教学任务,由教师在下课时布置给下节课参与教学的学生或小组。因此,这里的"问题"一方面是有关运动技术方面的,我们称其为"学科内容问题";另一方面则是有关运动技术教学的,我们称其为"教学问题或教学任务"。

(1) 学科内容问题。

案例一:网球课上,在教授完学生底线正手平击球技术后,我们将学生分成4组,由小组长带领进行练习。练习前我们给每个小组都设置了这样的问题:观察同学在练习过程中还存在哪些错误动作?这些错误动作是怎样引起的?你们小组为了纠正这样的错误动作

---

① 杜翔云,科莫斯,钟秉林. 基于问题的学习:理论与实践 [M]. 杜翔云,译. 北京:高等教育出版社,2013.1:40.
② 吴红. 教师教育课程体验式教学基本流程解析 [J]. 当代教育科学,2011 (9):33-35.
③ 吴红. 教师教育课程体验式教学基本流程解析 [J]. 当代教育科学,2011 (9):33-35.

都做了哪些尝试？效果如何？在每个小组各自练习20分钟后，利用10分钟时间让各个小组进行汇报与交流。

案例二：网球课上，我们发现"寻找击球点"对部分学生而言是个挑战，便临时改变教学安排，将学生分组后，把存在"击球点"寻找困难的学生平均分配到每个小组中，给每个小组提出了以下问题：这些学生为什么总是打不到球？你们小组都做出了怎样的尝试来改变这种状况？效果如何？

（2）教学问题或教学任务。

案例一：足球教学中，我们给每一个进行带准备活动的学生都提出了要求，即准备活动中的游戏安排不能与前面同学的重复，而且尽量与足球结合起来。

案例二：足球教学中，课中在进行完脚内侧传球的练习后，利用课间休息（5分钟）的时间，将学生分成两组，要求学生创新一到两种脚内侧传球的练习方式，在课间休息后以小组为单位进行尝试，并根据出现的问题加以改进。尝试练习10分钟后再以小组为单位进行汇报并进行小组间的交流。

4. 教学程序

（1）教学程序设计依据。

Savin-Baden 和 Major（2004）等人认为具有8种基于问题学习的教学模式，分别是单科模式、小样本模式、漏斗模式、理论奠基模式、双轨模式、拼凑模式、整合模式、复合模式。然而，从现实来看，"整个学习过程以探究和学生实践为中心，一成不变地使用基于问题学习的方式通常是不太可能的"[①]，姜晓昱（2007）则指出，"将PBL模式与传统模式相结合才是当前的正确选择"[②]，在总结实践经验的基础上，他提出了PBL应用于高等院校本科教学实践的三种模式，即初级型、中级型和高级型。其中，中级型"也可称为PBL模式和传统模式的均衡分配型，PBL思想在这里将得到较多应用"[③]。在这种模式下，先安排一定课时由教师讲授重点知识或新知识点，然后由教师提出一个或多个近似现实的问题，教师可提供一定的解决问题的资源。学生课下形成解决方案，在上课时进行小组汇报，其他学生和教师一起进行评价，最后教师和学生一起反思、总结知识的讲授、学习情况。

考虑到学生的学习习惯和对术科相关知识的认知缺失，他们对学科知识以及专业知识都需要一个了解和熟悉的过程，也正如"理论奠基模式"所秉持的假设，即假设一些知识比另外一些更为基础，因此，在学生开始解决问题之前应该把一些较为基础的知识教给学生。对此假设，虽然我们持保留意见，但是PBL的多数教学实验表明，学生对于PBL这种教学模式是需要一个熟悉过程的。因此，我们试图构建的参与式PBL术科教学模式并不仅仅是单纯的问题探究式教学模式，而是以"传统的授课方式+PBL"相结合的混合模式，也即上述研究中提到的PBL的中级型。当然，由于我们将给学生布置带准备活动、讲解、示范、设计创新性的练习方式、纠错等参与教学的环节，这些环节也可以当作"教学问题或教学任务"来对待，同属于教学内容的问题化范畴或者PBL教学范畴。因此，在后面

[①] 杜翔云，科莫斯，钟秉林. 基于问题的学习：理论与实践 [M]. 杜翔云，译. 北京：高等教育出版社，2013．1：18.

[②] 姜晓昱. PBL应用于高等院校本科教学实践的三种变型 [J]. 江苏高教，2007（3）：75-77.

[③] 姜晓昱. PBL应用于高等院校本科教学实践的三种变型 [J]. 江苏高教，2007（3）：75-77.

的教学实验设计中更多体现的是 PBL 教学改革，但实际上参与式教学中的"参与"活动已植入 PBL 教学中。

（2）具体教学程序。

第一，总体教学程序：传统+PBL 教学。参与式 PBL 教学模式总体教学程序如图 5-2 所示。

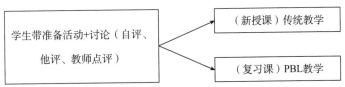

图 5-2　参与式 PBL 教学模式总体教学程序

总体教学程序说明：对于"带准备活动"这一教学环节，学生并不陌生，所以从术科教学开始便设置了该环节，但是更重要的是学生带完准备活动后的讨论环节，这里通过"自评+他评+教师点评"的方式让学生意识到自己在准备活动环节表现的优缺点；准备活动结束后，如果是新授课，我们采用的仍然是传统式的教学，即"讲解+示范+练习"的方式，如果是复习课，将采用 PBL 教学。

第二，PBL 教学程序。PBL 教学程序如图 5-3 所示。

图 5-3　PBL 教学程序

PBL 教学程序各环节的具体说明如下。

①小组讲解、示范：复习课上，学生分为两组，每组由一名学生担任小组长，负责该组的准备活动、讲解、示范、分组实践等。

②布置问题或分配任务：根据教学进度，针对已学习过的运动技术，课前或课中布置创新性练习方式的任务，或者分组练习时布置"查错、纠错"的任务。

③分组实践：针对教师在课堂中的讲解、示范等提出的要求，组长（实行组长轮流制，即每堂课由不同的学生担任组长）负责各自小组的练习，每组学生可以进行相互点评，遇到较集中的问题由教师协助解答。

④组间评议：在每组根据自己的教案练习后，两个小组的组长进行对调，以各自小组的练习方式来进行新一轮的练习。练习结束后进行 5 分钟左右的效果评价，效果评价采用"学生自评+他评+教师评价"的方式，不强调练习方式的有效性，而是突出练习方式的创新性、适切性（适合学生年龄、水平、适合技术动作本身的特点）。

⑤教师点评：在每次课的结束部分，由教师对普遍存在的问题进行评价，同时对各组学习情况以及合作情况进行客观评价，提出改进意见。

⑥课后总结：教师根据课堂学习情况，布置下次课教学安排及课外技术练习要求。小组长在完成一次课的教学任务后，在课下完成不少于 200 字的反思日记，针对自己教学组织中存在的问题进行反思。

5. 教学评价

教学评价采用"技评+达标+模拟上课"的考核方式，"技评+达标"主要考查学生的运动技能情况,"模拟上课"将按照个人或小组的方式进行教学能力的考核。具体考核流程可参照前文制定的术科教学考核方案。

以上,我们从教学目标到教学评价的全过程,对术科课程与教学的基本问题给予了广泛的思考,相关内容既有理论思考的结果,也有基于实践教学经验总结的教学成果,内容涵盖多并不代表研究的求全求大,概因教学基本问题研究需要使然,现对以上内容做一小结。

孙荔(2014)曾将当前师范生的现状比喻成"茶壶里煮饺子",意在说明当前师范生虽然学了诸多学科专业知识、教育学知识,但是到头来在面对现实的中小学教学时,仍略显尴尬,知道很多却说不出来。尹小敏(2014)则将出现这种状况的原因归为师范生在4年的学习中无法连续地、较长时间地接触中小学教学情境,而大学所学的教育理论知识又是抽离于中小学的教育教学情境的去情境化知识,这使得很多初任教师在面对复杂的教学情境时,常常会发现自己似乎置身于一片"沼泽的低谷"中,无法从容地解决现实教学中的复杂问题。殷素梅等人(2013)更是认为"教师专业能力的最终归宿和实践体现就是一个教师在真实而复杂的教育情境中如何合理有效地解决各种教育教学问题,而师范生的教学问题解决能力实在堪忧"[1]。这些显而易见的历史问题[2]并非因为基础教育改革而表现出的高等教育与基础教育的发展不协调,而是职前教师教育阶段课程与教学本身存在问题。因此,追求教学改革应该成为职前教师教育的主旋律。

术科教学有师范生教育所普遍存在的问题,也有因为术科教学的特点而独特存在的问题,我们以问题为导向,旨在解决在术科教学基本问题方面存在的现实问题,从教学内容问题化,到问题化教学(及PBL教学),再到真实性评价,在回应"教育即生活"的昭示的同时,也在努力践行"在做中学"这一具有实用主义、建构主义和马克思实践观的教师教育的实践取向范式。教师教育研究专家达林·哈蒙德(Linda Darling-Hammond)将教师教育中所存在的理论知识与实践经验的脱节问题表达为"致命的弱点"(Achilles' Heel)[3]。对此,舒尔曼也曾强调,在教师教育过程中,专业教育的基本问题是理论与实践的关系如何协调,以及如何更有效地帮助职前教师获得实践经验[4]。教师教育的实践取向便是为了摆脱工具理性取向下教师教育的"先理论准备,再实践应用"的理想发展轨迹,寻求理论与实践在课内或课外的最佳结合点,"问题取向"的术科教学改革体系很难说能够一劳永逸地解决术科教学中现存的一切问题,教学改革也并非可以一蹴而就,但是,不迈出这一步就永远不知道前面是什么样的风景。

---

[1] 殷素梅,高洪,单新涛.师范生真实性问题解决能力简论[J].周易研究,2014(3):83-84.
[2] 之所以称为历史问题,是因为师范生教学能力的缺乏问题已不是一日之问题。
[3] Darling-Hammond L. Constructing 21st-century teacher education [J]. Journal of Teacher Education, 2006, 57 (3): 300-314.
[4] 舒尔曼.理论、实践与教育的专业化[J].王幼真,刘捷,译.比较教育研究,1999,(3):36-40.

第六章 后记：新时代术科课程的身份问题

《课程：走向新的身份》是美国当代课程领域极富影响力的课程理论家威廉·F.派纳（William F. Pinar）主编的一本学术研究论文集，正如其书名，该书涉及了课程发展史、课程中的性别、种族、政治和生态等重大问题，其吸引人之处在于让我们产生了这样的思考：新时代，术科课程是否也需要走向新的身份呢？如果是，又该走向怎样的新的身份呢？李江（2015）在谈到"课程身份"一词时，认为"课程身份内含了课程及其与周围主体的关系，是课程实施过程中与教师、学生等外界因素积极互动的过程，是在实施情境中不断演变、推进的过程。这一互动过程给予师生充分的创造空间"[1]。显然，这一认识符合了课程统整、课程整合、综合课程等现代课程理念对课程保持开放性的要求，同时也符合课程社会学中功能主义、新马克思主义、解释论和结构主义的整个研究范式和论说方式。一个不争的事实是，课程在实施过程中除了与教师和学生等利益相关者有着积极互动外，作为对国家意识形态的传递，必然与国家和社会需要保持良好的互动。术科课程在发展过程中形成的注重自身学科化体系的发展思路因为"只能是'知识性''学科性'的课程，课程体系被严重窄化。其中，很重要的学校空间外的课程被忽略了"[2]，而为人们所诟病。新时代的术科课程无论是"从属于教育外部社会的'被决定课程'，（抑或是）适应现实社会要求的'适应性课程'和旨在促进社会变革的'革新性课程'"[3]，都理应突破这种窄化思维，在"立德树人""课程思政"等新时代教育根本任务和教育理念下不断追求多元的课程身份，充实完善课程内容，在"社会、学科和学生需要"之间建立起良性的课程身份互动更新机制。基于此，新时代的术科课程至少需要在以下三个方面给人以新的期待和愿景。

其一，之于社会需要，术科课程需要从"立德树人"的教育根本任务出发，在培养体育专业人才"公德、职业道德、个人私德"等方面需要继续探索"立什么德"以及"如何立德"等问题，此为术科课程内容与实施路径的革新之路向。

其二，之于学科需要，术科课程需要从"知识属性"出发，继续思考和梳理"运动技术与知识""运动技术与运动技能""运动技术与应用""运动技术与理解"等关系，此

---

[1] 何云峰. 现代基础教育研究[M]. 上海：上海教育出版社，2015：91.
[2] 李金初. 人生中心教育论[M]. 上海：商务印书馆，2019：173.
[3] 李金初. 人生中心教育论[M]. 上海：商务印书馆，2019：172.

为术科课程与教学基础的夯实之路向。

其三，之于学生需要，术科课程需要从"专业发展"出发，进一步思考和探索"运动技能提高与教学能力发展""运动技能提高与学会育人"的协同创新路径，此为术科课程与教学"传统坚守与时代命脉注入"的发展之路向。

参 考 文 献

[1] 孟刚. 竞技运动教材化——现代体育与健康课程的基本理念[J]. 体育学刊, 2002 (5): 8-10.

[2] 曹卫. 对"竞技运动教材化"的思考[J]. 中国体育科技, 2003 (3): 13-14.

[3] 周脉清. 对学校竞技体育运动教材化的再思考[J]. 中国成人教育, 2012 (18): 150-151.

[4] 王健, 包云, 贾萍. 高校体育教育本科专业田径类课程内容整合研究[J]. 山东体育学院学报, 2006 (6): 92-95.

[5] 张磊, 孙有平, 季浏, 等. 范式及其反思: 我国高校体教专业术科教学改革研究20年[J]. 武汉体育学院学报, 2014, 48 (7): 78-83+97.

[6] 黄爱峰. 依附与自主: 中国体育教师教育百年省思[J]. 山东体育学院学报, 2003, 19 (4): 6-8.

[7] 方爱莲. 新世纪我国体育教育专业人才培养的思考[J]. 北京体育大学学报, 2004, 27 (6): 802-804.

[8] 张明伟, 吕东旭. 高校体育教育专业学生教学能力培养的调查分析[J]. 体育学刊, 2009, 16 (4): 48-52.

[9] 王健, 黄爱峰, 吴旭东. 体育教师教育课程改革[M]. 北京: 人民体育出版社, 2005: 141, 142, 145, 147-148.

[10] 杨贤均, 陆步诗, 李新社. 大学课程结构优化的思考[J]. 中国高教研究, 2009 (5): 77-79.

[11] 袁贵仁. 中国教师教育的新境界——中国高等师范教育体制改革研究作序[M]. 北京: 北京师范大学出版社, 2001: 15.

[12] 康翠萍. 师范性与学术性统一: 高等师范教育运作的基本原则[J]. 江苏高教, 2001 (3): 81-83.

[13] 刘俊. 新闻学研究: 本土问题聚焦下的学术进展[M]. 北京: 中国传媒大学出版社, 2015: 56.

[14] 施良方, 崔允漷. 教学理论: 课程教学的原理、策略与研究[M]. 上海: 华东师范大学出版社, 1999: 23-24.

[15] 弗朗西斯·马尔赫恩. 当代马克思主义文学批判[M]. 刘象愚, 译. 北京: 北京大学出版社, 2002: 2.

[16] 郝明君. 课程中的知识与权力[M]. 重庆: 重庆大学出版社, 2009: 159, 160.

[17] 褚清源. 立场: 20位课改人物访谈录 [M]. 济南: 山东文艺出版社, 2017: 57.

[18] 刘洪涛, 毛丽红, 王文莉, 等. 我国体育教师教育政策的演变历程及特征研究 [J]. 吉林体育学院学报, 2017, 33 (02): 8-11+33.

[19] 曹晓明. 对我国体育教师教育制度沿革与发展的研究 [D]. 济南: 山东师范大学, 2010.

[20] 刘斌. 从体操到体育 [D]. 长沙: 湖南师范大学, 2011.

[21] 黄爱峰. 体育教育专业的发展与改革 [M]. 武汉: 华中师范大学出版社, 2008: 23.

[22] 张健. 中国教育年鉴 [M]. 长沙: 湖南教育出版社, 1988: 329.

[23] 王健. 体育专业课程的发展及改革 [M]. 武汉: 华中师范大学出版社, 2003: 60, 67, 84, 116-118, 127.

[24] 许宗祥. 广州体育学院优秀教学研究成果论文汇编 [M]. 北京: 人民体育出版社, 2006: 28.

[25] 张玉宝. 从"计划"到"国标": 体育教育专业课程设置演变、特征、启示 [J]. 体育学刊, 2020, 27 (1): 93-98.

[26] 国家教委办公厅关于印发《普通高等学校体育教育专业九门主干课程教学指导纲要》的通知 [N]. 国家教育委员会政报, 1998 (3).

[27] 于军. 体育教育专业术科必修课教学现状及改革思路 [J]. 山东体育学院学报, 1997 (03): 73-75.

[28] 孙二军, 李国庆. 高师院校"学术性"与"师范性"的释义及实现路径 [J]. 高教探索, 2008 (02): 95-99.

[29] 王长纯. 简论当代教师教育发展的基本特征 [J]. 外国教育研究, 1996 (6): 1-6.

[30] 李春华, 王伯华. 建国以来高校体育教育专业体操普修课教材改革研究 [J]. 北京体育大学学报, 2010, 33 (7): 101-104.

[31] 陈琳, 蒋艳红, 李凡, 等. 高校教材建设的时代性要求研究 [J]. 现代教育技术, 2011, 21 (10): 20-23.

[32] 王锦山. 体育院系术科教材更新的探讨 [J]. 教材通讯, 1988 (01): 21-22.

[33] 张祝平. 我国体育院校本科足球通用教材研究 [J]. 科技视界, 2012 (14): 66-78+56.

[34] 辛锋. 改革开放以来高校体育教育专业田径教材知识体系的演进 [J]. 山东体育科技, 2014, 36 (3): 90-94.

[35] 高松山, 董顺波. 我国高校篮球教材建设现状分析与重构设想 [J]. 首都体育学院学报, 2009, 21 (3): 337-339.

[36] 陈婷婷, 李明达. 我国体育院校篮球教材结构的变化特征分析 [J]. 成都体育学院学报, 2012, 38 (10): 91-94.

[37] 张赫, 唐炎. 体育教育专业教师教育类课程存在的问题及其改进建议 [J]. 体育学刊, 2017, 24 (1): 110-114.

[38] 庄小平. 高等教育管理实践与探索 [M]. 长沙: 湖南教育出版社, 2011: 589.

[39] 马宁, 王拱彪. 对我国体育院校(系)体育教育专业体操专修教材的研究 [J]. 体育科技, 2013, 34 (2): 127-129.

参 考 文 献

[40] 张燕镜. 师范教育学 [M]. 福州：福建教育出版社，2013：185.

[41] 钟勇为. 冲突与调谐：大学教学改革的基本问题探论 [D]. 武汉：华中师范大学，2009.

[42] 刘义兵，段俊霞. 教学研究范式论：内涵与变革 [M]. 北京：人民教育出版社，2011：8，295，302，303，324.

[43] 崔允漷. 教学研究的目的—手段范式评述 [J]. 华东师范大学学报（教育科学版），1998（2）：1-8.

[44] 张斌贤. 从"学科体系时代"到"问题取向时代"——试论我国教育科学研究发展的趋势 [J]. 教育科学，1997（1）：16-18.

[45] 杨明. 浅谈我院体育教育系现行体操教学大纲存在的几点不足 [J]. 沈阳体育学院学报，2000（2）：70-72.

[46] 杨永芬，郭强. 我国体育教育专业田径本科专修教学大纲的分析研究 [J]. 广州体育学院学报，2008，28（3）：111-122.

[47] 兰彤. 对沈阳体育学院体育教育专业本科乒乓球教学大纲的再审视 [J]. 沈阳体育学院学报，2008，27（3）：106-109.

[48] 朱岩. 云南省高校体育教育专业（本科）体操普修课程教学大纲的现状研究 [D]. 昆明：云南师范大学，2006.

[49] 宁南锋. 北京体育大学体育教育专业足球普修课程教学大纲的研究 [D]. 北京：北京体育大学，2009.

[50] 李海停. 我国体育院校体育教育专业排球普修课教学大纲的比较研究 [J]. 体育成人教育学刊，2011，27（4）：86-88.

[51] 吴岩. 教育研究创新与研究范式变革 [J]. 中国高等教育，2006（9）：17-18.

[52] 曹刚. 河南省高校体育教育专业田径普修课程教学现状分析及对策研究 [D]. 开封：河南大学，2008.

[53] 张士平. 山东省高校体育教育专业篮球普修课课程教学现状分析 [D]. 济南：山东师范大学，2010.

[54] 樊勇. 体育教育专业田径专选课教学改革研究 [D]. 武汉：华中师范大学，2006.

[55] 詹晓梅. 建构主义学习理论适用于田径技术教学的实验研究 [D]. 南昌：江西师范大学，2005.

[56] 张惠红，冯天佑. 普通高校体育教育专业田径课程改革的实验研究 [J]. 北京体育大学学报，2003，26（2）：213-215.

[57] 田赐福，崔绍梁，范道和，等. 体育系体操教学改革的现状和趋势 [J]. 北京体育学院学报，1990（2）：63-69.

[58] 于军，刘运祥，马祥海. 新《指导纲要》背景下的体育教育专业田径类课程整体改革研究 [J]. 北京体育大学学报，2008，31（9）：1260-1263.

[59] 上海体育学院"术科普修课程教学研究课题组". 对上海体育学院术科普修课程教学改革的研究 [J]. 上海体育学院学报，2001，25（4）：80-84.

[60] 肖威. 高师体育教育专业术科课程考核内容与办法的实验研究 [J]. 北京体育大学学报，2004，27（6）：808-812.

[61] 徐刚. 对体育教育专业学生田径课中教学实践能力培养的研究 [J]. 沈阳体育学院学报, 2002 (2): 39-41.

[62] 孙泽文. 现代大学教学引论 [M]. 武汉: 华中师范大学出版社, 2006: 1.

[63] 李秉德, 李定仁, 徐继存, 等. 教学论学科建设问题的回顾与展望笔谈 [J]. 西北师范大学学报 (社会科学版), 2000, 37 (1): 56-57.

[64] 余东升. 质性研究: 教育研究的人文学范式 [J]. 高等教育研究, 2010, 31 (7): 63-70.

[65] 王俊. 审思与重构: 解读高等教育的性别符码 [M]. 武汉: 华中师范大学出版社, 2017: 245-246.

[66] 石中英. 本质主义、反本质主义与中国教育学研究 [J]. 教育研究, 2004 (1): 11-20.

[67] 安维复. 科学哲学新进展: 从证实到建构 [M]. 上海: 上海人民出版社, 2012: 130.

[68] 孟强. 科学划界: 从本质主义到建构论 [J]. 科学学研究, 2004 (06): 561-565.

[69] 郝德永. 课程认识论的冲突与澄清 [J]. 全球教育展望, 2005, 34 (1): 15-19.

[70] 郝德永. 超越左与右: 课程改革的第三条道路 [M]. 北京: 教育科学出版社, 2013: 94-95.

[71] 郑杭生. 促进中国社会学的"理论自觉"——我们需要什么样的中国社会学?[J]. 江苏社会科学, 2009 (5): 1-7.

[72] 侯利文, 曹国慧, 徐永祥. 关于学术话语权建设的若干问题——兼谈社会学"实践自觉"的可能 [J]. 学习与实践, 2017 (12): 82-89.

[73] 孟万金. 具身德育: 背景、内涵、创新——论新时代具身德育 [J]. 中国特殊教育, 2017 (11): 69-73.

[74] 江小春. 简论体育的"具身德育"功能 [J]. 中国特殊教育, 2017 (08): 93-96.

[75] 赫尔巴特. 普通教育学·教育学讲授纲要 [M]. 李其龙译. 北京: 人民教育出版社, 1989: 12.

[76] 赵厚勰, 李贤智, 靖国平. 外国教育史教程 [M]. 武汉: 华中科技大学出版社, 2018: 154.

[77] 张焕庭. 西方资产阶级教育论著选 [M]. 北京: 人民教育出版社, 1985: 259-260.

[78] 马国新. 为何而教 [M]. 北京: 中国轻工业出版社, 2015: 143.

[79] 张伟, 孙哲. 体育教学功能解析与实现途径研究 [M]. 北京: 中国商业出版社, 2018: 111.

[80] 徐继存. 论课程责任及其履行 [J]. 课程.教材.教法, 2018, 38 (3): 37-43+111.

[81] 李储涛. 身体德育: 学校体育的德育起点 [J]. 上海体育学院学报, 2012, 36 (6): 72-75.

[82] 谭泽中, 苏一凡. 贯彻十七届四中全会精神 推进高校党的基层组织建设 [M] 广州: 华南理工大学出版社, 2010: 534.

[83] 黄向阳. 德育内容分类框架——兼析我国公德教育的困境 [J]. 全球教育展望, 2008 (9): 48-52.

[84] 魏贤超. 德育课程论 [M]. 哈尔滨：黑龙江教育出版社, 2004: 248.

[85] 索尔蒂斯. 论教育哲学的前景 [J]. 闵家胤, 译. 国外社会科学, 1984 (3): 6-10.

[86] 埃利斯. 课程理论及其实践范例 [M]. 张文军, 译. 北京：教育科学出版社, 2005: 29.

[87] 布鲁纳. 教育过程 [M]. 邵瑞珍, 译. 北京：文化教育出版社, 1982: 24.

[88] 成都体育学院体育史研究所. 中国近代体育史资料 [M]. 成都：四川教育出版社, 1988: 273.

[89] 季苹. 教什么知识：对教学的知识论基础的认识 [M]. 北京：教育科学出版社, 2009: 9, 13, 21, 33.

[90] 佐藤学. 课程与教师 [M]. 钟启泉, 译. 北京：教育科学出版社, 2003: 105.

[91] 黄爱峰, 王健. 一个真实的假问题：体育教育专业"术科"探究 [J]. 西安体育学院学报, 2006, 23 (4): 92-95.

[92] 李召存. 课程知识论 [M]. 上海：华东师范大学出版社, 2009: 47, 45.

[93] 迟艳杰. 我国基础教育课程改革的知识论基础之反思 [J]. 教育科学研究, 2011 (5): 22-25.

[94] 金岳霖. 知识论 [M]. 北京：商务印书馆, 1983: 1.

[95] 刘海元, 田凌. 体育学科对培养学生智力内容与结构的研究 [J]. 西安体育学院学报, 2005 (1): 110-112.

[96] 谢维营. 本体论批判 [M]. 北京：人民出版社, 2009: 49.

[97] 张洪潭. 体育基本理论研究：修订与拓展 [M]. 桂林：广西师范大学出版社, 2007: 241.

[98] 李永华, 张波. 学校体育的使命：论体育素养及其提升途径 [J]. 南京体育学院学报, 2011, 25 (4): 99-101.

[99] 丘钟惠, 庄家富, 孙梅英, 等. 现代乒乓球技术的研究 [M]. 北京：人民体育出版社, 1982: 67.

[100] 吴小勇. 论篮球运动的技战术关系 [J]. 成都体育学院学报, 2005, 31 (2): 82-85.

[101] 顾渊彦. 基础教育体育课程改革 [M]. 北京：人民体育出版社, 2004: 54.

[102] 邓若锋. 身体练习体验是体育学习的一种价值诉求 [J]. 体育学刊, 2013, 20 (6): 65-69.

[103] 张洪潭. 技术健身教学论 [M]. 上海：华东师范大学出版社, 2000: 33.

[104] 孙有平, 张磊. 体育课程知识本质与意义的本体论追问 [J]. 体育学刊, 2013, 20 (4): 78-82.

[105] 张磊. 再论"体质论"与"技能论"——兼评张洪潭之"技术健身论" [J]. 体育学刊, 2009, 16 (10): 11-13.

[106] 杨炳荣. 默会知识与体育教学改革 [J]. 北京体育大学学报, 2003, 26 (2): 243-244.

[107] 杨培基, 于晓东. 论体育课程中的运动技术及其教学 [J]. 体育与科学, 2009, 30 (5): 77-79.

[108] 刘斌. 体育专业教育中的"术科"课程 [J]. 体育学刊, 2010, 17 (8): 64-67.

[109] 石江年, 张建华, 张惠珍. 论缄默知识在体育教学中的存在与传递 [J]. 体育学刊, 2014, 21 (1): 86-90.

[110] 孟宪乐. 实践知识: 当代教师专业化新的知识基础 [J]. 全球教育展望, 2004 (11): 52-55.

[111] 邓友超, 李小红. 欧克肖特的教育哲学初探 [J]. 外国教育研究, 2005, 32 (6): 5-9.

[112] 迈克尔·欧克肖特. 政治中的理性主义 [M]. 张汝伦, 译. 上海: 上海译文出版社, 2004: 10.

[113] 波兰尼. 个人知识——迈向后批判哲学 [M]. 许泽民, 译. 贵阳: 贵州人民出版社, 2000: 46-47, 73.

[114] Manen M V, Li S. The pathic principle of pedagogical language [J]. Teaching & Teacher Education, 2002, 18 (2): 215-224.

[115] 高慎英. 论学习方式的变革及其知识假设 [D]. 上海: 华东师范大学, 2002.

[116] 姜朝晖, 王远. 欧克肖特的教育哲学及其启示 [J]. 教育探索, 2010 (10): 144-145.

[117] 张光. 解释学视域下的对话教学 [M]. 北京: 中国社会科学出版社, 2012: 11.

[118] 多尔. 后现代课程观 [M]. 王红宇, 译. 北京: 教育科学出版社, 2000: 185.

[119] 范梅南. 教学机智——教育智慧的意蕴 [M]. 李树英, 译. 北京: 教育科学出版社, 2001: 111-112.

[120] 程亮, 刘耀明, 杨海燕. 对话教学 [M]. 福州: 福建教育出版社, 2007: 15, 7.

[121] 张卿. 学与教的历史轨迹——20 世纪的教育心理学 [M]. 济南: 山东教育出版社, 1995: 254, 256.

[122] 奥苏伯尔等. 教育心理学——认知的观点 [M]. 佘星南, 宋钧, 译. 北京: 人民教育出版社, 1994: 141, 148, 658, 661.

[123] 宁连华. 参与者知识观: 探究学习的立论基点 [J]. 现代教育科学, 2004 (4): 35-37.

[124] 张再林, 燕连福. 从经验到体验: 现代西方哲学的彻底经验主义走向 [J]. 江海学刊, 2010 (2): 56-62.

[125] 王皋华. 体育教学技能微格训练 [M]. 北京: 北京体育大学出版社, 2005: 258.

[126] 钟启泉. 教育的挑战 [M]. 上海: 华东师范大学出版社, 2008: 307, 310, 311, 312, 308, 309.

[127] 邓友超, 李小红. 欧克肖特教育哲学初探 [J]. 外国教育研究, 2005 (6): 5-9.

[128] 库伯. 体验学习: 让体验成为学习和发展的源泉 [M]. 王灿明, 朱水萍, 译. 上海: 华东师范大学出版社, 2008: 24.

[129] 季苹. 教什么知识: 对教学的知识论基础的认识 [M]. 北京: 教育科学出版社, 2009: 34.

[130] 郁振华. 从表达问题看默会知识 [J]. 哲学研究, 2003 (5): 51-57.

[131] 郁振华. 人类知识的默会维度 [M]. 北京: 北京大学出版社, 2012: 3, 16, 21, 46, 57, 88, 92.

[132] 夏正江. 论知识的性质与教学 [J]. 华东师范大学学报（教育科学版），2000 (2): 1.

[133] 申继亮，王凯荣. 论教师的教学能力 [J]. 北京师范大学学报（人文社会科学版），2000 (1): 64-71.

[134] 蔡宝来，王会亭. 教学理论与教学能力：关系、转化条件与途径 [J]. 上海师范大学学报（哲学社会科学版），2012，41 (1): 49-58.

[135] 喻平. 数学教学的三种水平及其理论分析 [J]. 课程·教材·教法，2012，32 (1): 63-69.

[136] 王九红. 教学机智从哪儿来？——基于学科教学知识视角的案例分析 [J]. 江苏教育研究，2015 (1): 36-41.

[137] 姚云. 教育类课程在我国教师教育中的设置研究 [J]. 湖南师范大学教育科学学报，2003，2 (4): 61-65.

[138] 叶澜. 一个真实的假问题——"师范性"与"学术性"之争 [J]. 高等师范教育研究，1999 (2): 10-16.

[139] 张正锋. 关于"学术性"与"师范性"之争的原因分析 [J]. 黑龙江高教研究，2004 (5): 7-9.

[140] 谢赛，胡惠闵. PCK 及其对教师教育课程的影响 [J]. 教育科学，2010，26 (5): 55-58.

[141] Shulman L S. Knowledge and teaching: foundations of the new reform [J]. Harvard Educational Review, 1987, 57 (1): 1-22.

[142] 梁永平. PCK：教师教学观念与教学行为发展的桥梁性知识 [J]. 教育科学，2011，27 (5): 54-59.

[143] 袁维新. 学科教学知识：一个教师专业发展的新视角 [J]. 外国教育研究，2005，32 (3): 10-14.

[144] Lederman N G, Gess-Newsome J. Do subject matter knowledge and pedagogical content knowledge constitute the ideal gas law of science teaching [J]. Journal of Science Teacher Education, 1992. 3 (1): 16-20.

[145] 郑志辉，魏书敏，赵新云. 学科教学知识发展中的转化：国外研究探微 [J]. 黑龙江高教研究，2013 (6): 68-71.

[146] 冯茁，曲铁华. 从 PCK 到 PCKg：教师专业发展的新转向 [J]. 外国教育研究，2006，33 (12): 58-63.

[147] Dijk EMV, Kattmann U. A Research Model for the Study of Science Teachers' PCK and Improving Teacher Education [J]. Teaching & Teacher Education, 2006, 23 (6): 885-897.

[148] 朱德全. 基于问题解决的处方教学设计 [J]. 高等教育研究，2006，27 (5): 83-88.

[149] 阿兰兹. 学会教学 [M]. 丛立新，译. 上海：华东师范大学出版社，2005：27.

[150] 李家清，冯士季. 论基于《标准》的职前教师专业能力形成机理 [J]. 教师教育研究，2013，25 (6): 41-46.

[151] 胡小勇. 问题化教学设计——信息技术促进教学变革 [D]. 上海：华东师范大学，2005.

[152] 罗伯逊. 问题解决心理学 [M]. 张奇，译. 北京：中国轻工业出版社，2004：8，42，119，159，120.

[153] 顾明远. 中国教育大百科全书 [M]. 上海：上海教育出版社，2012．12：1663-1664.

[154] 郑作龙. 行动视域下隐性知识探析 [J]. 科学学研究，2013，31（10）：1453-1458.

[155] 鲁志鲲，申继亮. 结构不良问题解决及其教学涵义 [J]. 中国教育学刊，2004（1）：44-48.

[156] 张建伟. 基于问题解决的知识建构 [J]. 教育研究，2000（10）：58-62.

[157] 张永. 从问题解决心理学的视角看课堂教学 [J]. 上海教育科研，2006（1）：38-40.

[158] 袁维新，吴庆麟. 问题解决：涵义、过程与教学模式 [J]. 心理科学，2010，33（1）：151-154.

[159] 李森，潘光文. 教学论研究的事实与价值之思 [J]. 西南大学学报（社会科学版），2008（6）：130-138.

[160] 张磊，孙有平. 我国体育与健康课程综合化进程中需明晰的几个问题——基于综合课程的理解 [J]. 天津体育学院学报，2013，28（4）：345-349.

[161] 高洁. 追寻幼儿教育的游戏精神 [M]. 北京：教育科学出版社，2013：138.

[162] 李春玲，张鸿燕，安铁岭. 教师职业道德师范生用书 [M]. 北京：人民文学出版社，2005：33.

[163] 王健. 教学实践理性及其合理化 [M]. 南京：南京师范大学出版社，2010：47.

[164] 索磊. 教学价值理性的迷失与恢复 [J]. 教育科学，2014，30（6）：45-50.

[165] 胡文龙，张胤. 工具理性与价值理性的融合 [J]. 理工高教研究，2007，26（6）：13-14.

[166] 李海英. 教师教育课程设置的价值取向 [J]. 全球教育展望，2005（1）：40-44.

[167] 张淑芳. 高等教育中工具理性和价值理性整合的必要性 [J]. 理论月刊，2008（6）：78-80.

[168] 雅斯贝尔斯. 什么是教育 [M]. 邹进，译. 北京：生活·读书·新知三联书店，1991：84.

[169] 马克思·韦伯. 经济与社会（上卷）[M]. 林荣远，译. 北京：商务印书馆，1997：56-57.

[170] 赵昌木. 教师专业发展 [M]. 济南：山东人民出版社，2011：35.

[171] 吕有平，张占文. 高师体育专业术科教学应重视对学生教学能力的培养 [J]. 兰州大学学报（社会科学版），2001（29）：134-136.

[172] 赵文平. 教学价值研究：教学论亟需深入关注的领域 [J]. 教育理论与实践，2011，31（3）：53-56.

[173] 向家俊. 体育教育专业学生术科能力欠缺的原因及解决对策 [J]. 体育学刊，2007，14（4）：72-75.

[174] 秦淳, 曹湘君, 崔绍梁, 等. 在体育院系技术课教学中培养学生教学能力的研究 [J]. 北京体育学院学报, 1981 (2): 44-49.

[175] 银霞, 汤志娜. 学科教学知识的概念批判与发展 [J]. 教育科学, 2014, 30 (6): 39-44.

[176] Marks R. Pedagogical content knowledge: from a mathematical case to a modified conception [J]. Journal of Teacher Education, 1990, 41 (3): 3-11.

[177] 凯西·卡麦兹. 建构扎根理论: 质性研究实践指南 [M]. 边国英, 译. 重庆: 重庆大学出版社, 2009: 34, 73, 80.

[178] 陈向明. 质的研究方法与社会科学研究 [M]. 北京: 教育科学出版社, 2000: 332, 333, 328, 281.

[179] 郁振华. 默会知识论视野中的科学主义和人本主义之争 [J]. 复旦学报 (社会科学版), 2002 (4): 39-45.

[180] 祁龙祥. 高校体育课程的学科性质及运动技术的地位 [J]. 体育学刊, 2003, 10 (4): 90-91.

[181] You J A. Portraying physical education-Pedagogical Content Knowledge for the professional learning of physical educators [J]. Physical Educator, 2011, 68 (2): 98-112.

[182] 郑志辉. 分类学视野下的学科教学知识发展策略: 国外研究探微 [J]. 课程教学研究, 2014 (2): 12-16.

[183] 王建安, 叶德营. 知识分类与知识表征 [J]. 自然辩证法通讯, 2010, 32 (4): 13-18.

[184] Jüttner M, Boone W, Park S, et al. Development and use of a test instrument to measure biology teachers' Content Knowledge (CK) and Pedagogical Content Knowledge (PCK) [J]. Educational Assessment Evaluation & Accountability, 2013, 25 (1): 45-67.

[185] 彭启福. 理解之思: 诠释学初论 [M]. 合肥: 安徽人民出版社, 2005: 234, 123.

[186] 曹正善. 理解: 向教学本体论的回归之路 [J]. 四川师范大学学报 (社会科学版), 2004, 31 (6): 57-62.

[187] 孙荔. 试析师范生教学能力与教学理解的尴尬处境 [J]. 教育评论, 2014 (12): 68-70.

[188] 徐彦辉. 数学理解的理论探讨与实证研究 [D]. 上海: 华东师范大学, 2009.

[189] 马扎诺, 肯德尔. 教育目标的新分类学 [M]. 高凌飚, 吴有昌, 苏俊, 译. 北京: 教育科学出版社, 2012: 32.

[190] 陈耕春, 赵诚民. 动作学习认知理论探讨——对奥苏伯尔有意义学习论及动作学习定性之补正 [J]. 西安体育学院学报, 1997, 14 (4): 66-70.

[191] Shulman L S. Those who understand: knowledge Growth in Teaching [J]. Educational Researcher, 1986, 15 (2): 4-15.

[192] 舒尔曼. 实践智慧: 论教学、学习与学会教学 [M]. 王艳玲, 译. 上海: 华东师范大学出版社, 2013: 132, 13, 258, 162, 164, 161, 52.

[193] O. F. 博尔诺夫. 教育人类学 [M]. 李其龙, 等译. 上海: 华东师范大学出版社, 1999: 56, 59.

[194] 冯跃, 刘谦. 非连续性教育的人类学评析 [J]. 教育研究, 2014, 35 (1): 35-40.

[195] 刘济良, 杨新颖. 论非连续性教育思想对我国道德教育的启示——与道德发展阶段理论相比较 [J]. 中国教育学刊, 2006 (4): 23-26.

[196] 冯文全, 高静. 论非连续性教育思想与学校德育创新——兼论中国传统蒙学中的非连续性教育思想 [J]. 教育研究, 2016, 37 (8): 23-32.

[197] 冯克诚. 教育与教育学文论选读 [M]. 北京: 人民武警出版社, 2011: 137.

[198] 李俊堂. 论防疫教育中学校的课程责任 [J]. 课程教学研究, 2020 (4): 70-77.

[199] 胡莉英. 发挥疫情教育的正向价值 [J]. 思想政治课教学, 2020 (4): 51-52.

[200] 鲁洁. 边缘化 外在化 知识化——道德教育的现代综合症 [J]. 教育研究, 2005 (12): 11-14+42.

[201] 卢伯春. "多维整合": 学校体育中德育的新走向 [J]. 南京体育学院学报 (社会科学版), 2015, 29 (5): 95-99.

[202] 朱雁. 博尔诺夫非连续性教育思想及其启示 [J]. 学校党建与思想教育, 2016 (18): 94-96.

[203] 粟景妆. 斯普朗格: 德国现代教育体系的开创者 [J]. 教育与职业, 2013 (19): 111-112.

[204] 向华. 博尔诺夫"非连续性"教育思想解析 [J]. 教学与管理, 2018 (15): 4-6.

[205] 李其龙. 博尔诺夫的教育人类学思想述评 [J]. 华东师范大学学报 (教育科学版), 1996 (2): 30-39.

[206] 刘任丰, 杜时忠. 非连续性教育思想及其对德育的启示 [J]. 思想·理论·教育, 2006 (Z2): 12-16.

[207] 李宝石. 博尔诺夫遭遇教育思想及其对德育的启示 [J]. 现代教育科学, 2010 (10): 45-47.

[208] 单文经. 教改性质的历史分析: 逡逡巡巡步向理想 [J]. 教育学报, 2006, 2 (2): 25-35.

[209] 王健. 课程改革中的教学变革: 若干困境与现实选择 [J]. 教育学报, 2008, 4 (4): 25-33.

[210] 施良方, 崔允漷. 教学理论: 课堂教学的原理、策略与研究 [M]. 上海: 华东师范大学出版社, 1999: 75.

[211] 王维臣. 现代教学: 理论和实践 [M]. 上海: 上海教育出版社, 2012: 10, 39, 106.

[212] 沃克, 索尔蒂斯. 课程与目标 [M]. 向蓓莉, 王纾, 莫蕾钰, 译. 北京: 教育科学出版社, 2009: 14.

[213] 李长吉. 教学论思辨 [M]. 北京: 教育科学出版社, 2009: 121.

[214] 蔡皓, 高幕峰. 中加两国体育专业术科课程教学比较研究 [J]. 上海师范大学学报 (哲学社会科学·教育版), 2003, 32 (11): 117-121.

[215] 何菊玲. 教师教育范式研究 [M]. 北京: 教育科学出版社, 2009: 86, 90-91.

[216] 中国大百科全书出版社编辑部. 中国大百科全书（教育卷）[M]. 中国大百科全书出版社，1985：155.

[217] 王小明. 教学论：心理学取向[M]. 上海：上海教育出版社，2005：148.

[218] 余文森，刘家访，洪明. 现代教学论基础教程[M]. 长春：东北师范大学出版社，2007：93.

[219] 潘懋元，王伟廉. 高等教育学[M]. 福州：福建教育出版社，1995：158.

[220] 单鹰. 高等教育原理论[M]. 北京：教育科学出版社，2008：229.

[221] 伯顿·克拉克. 高等教育新论——多学科的研究[M]. 王承绪等译. 杭州：浙江教育出版社，2002：107.

[222] 布鲁贝克. 高等教育哲学[M]. 郑继伟，译. 杭州：浙江教育出版社，1987：142.

[223] 张连江，李杰凯. 论学校体育运动项目教材化问题[J]. 上海体育学院学报，2005，29（6）：59-61.

[224] 郭景扬，练丽娟，陈振国. 课堂教学模式与教学策略[M]. 上海：学林出版社，2009：176.

[225] 刘斌，何志林. 体育专业教育领域"学科"与"术科"之争辩[J]. 上海体育学院学报，2009，33（1）：91-94.

[226] 秋实. 体育应用学科及其方法论体系——对高等体育教育专业课程设置的哲学思考[J]. 西安体育学院学报，2001（4）：98-99.

[227] 张京，徐渊. 现代教育技术[M]. 杭州：浙江大学出版社，2003：305.

[228] 王朝庄，万平. 教育学：理论与应用[M]. 郑州：河南科学技术出版社，2008：124.

[229] 陈爱苾. 课程改革与问题解决教学[M]. 北京：首都师范大学出版社，2010：89.

[230] 施传柱，高芹. 现代教育理论与实践[M]. 上海：科学出版社，2011：124.

[231] 杜翔云 Kolmos A，Holgaard J E. PBL：大学课程的改革与创新[J]. 高等工程教育研究，2009（3）：29-35.

[232] 郝云峰. 对"基于问题学习"中的"问题"之分析[J]. 教学与管理，2009（6）：73-75.

[233] 张建伟. 基于问题式学习[J]. 教育研究与实验，2000（3）：55-60.

[234] 胡小勇，祝智庭. 教学问题设计研究：有效性与支架[J]. 中国电化教育，2005（10）：49-53.

[235] 盛群力. 学与教的新方式[M]. 杭州：浙江大学出版社，2007：112-113.

[236] 罗祖兵. 教育学问题教学：涵义、价值与操作[J]. 高等教育研究，2010，31（3）：71-75.

[237] 梁平. 论问题解决的教学设计[J]. 华东师范大学学报（教育科学版），2000，18（2）：50-57.

[238] Hung W. The 9-step problem design process for problem-based learning: application of the 3C3R model [J]. Educational Research Review, 2009, 4 (2): 118-141.

[239] 朱琳. 高校思想政治理论课 PBL 教学"问题"设计[J]. 教育与教学研究，2012，26（7）：65-69.

[240] 徐大成. 高师体育院系术科教学质量何以堪忧 [J]. 山东体育科技, 2015, 37 (4): 83-87.

[241] 朱文辉, 靳玉乐. 教学功利化剖析与出路探讨 [J]. 中国教育学刊, 2015 (12): 1-5.

[242] 张荆. 现代社会的文化冲突与犯罪 [M]. 北京: 知识产权出版社, 2009: 334.

[243] 加里·D. 鲍里奇. 有效教学方法 [M]. 易东平, 译. 南京: 江苏教育出版社, 2002: 8, 9, 14, 16.

[244] 佐藤正夫. 教育原理 [M]. 钟启泉, 译. 北京: 教育科学出版社, 2001: 287.

[245] 张英彦. 教育学 [M]. 合肥: 合肥工业大学出版社, 2008: 255.

[246] 王英杰, 刘宝存. 中国教育改革30年: 高等教育卷 [M]. 北京: 北京师范大学出版社, 2009: 249.

[247] 王新龙. 体育院校体育教育专业本科篮球方向学生教学能力的研究 [D]. 北京: 北京体育大学, 2012.

[248] 张海灵. 高师体育教育专业篮球必修课学生基本教学能力培养实验研究 [J]. 首都体育学院学报 2010, 22 (5): 58-65.

[249] 褚宏启. 教育现代化的本质与评价 [J]. 教育研究, 2013 (11): 4-10.

[250] 毛振明. 体育教学论 [M]. 2版. 北京: 高等教育出版社, 2011: 168.

[251] 孙锡敏. 教学方法现代化的几个特征 [J]. 教育理论与实践, 1993, 13 (1): 39-42.

[252] 张景斌, 蓝维. 学校教育现代的理论与实践 [M]. 北京: 首都师范大学出版社, 2000.01: 145-146.

[253] 吕红日. 教学方法的有效性思考 [J]. 当代教育科学, 2010 (22): 45-49.

[254] 王凯. 真实性评价: 建构性课堂中的评价方式 [J]. 教育科学, 2003, 19 (3): 46-50.

[255] 迟艳杰. 教学论 [M]. 北京: 高等教育出版社, 2009: 237, 238.

[256] 刘兴富. 现代教育理论选讲 [M]. 沈阳: 东北大学出版社, 2009: 133-134.

[257] 王美红. 体育教育专业本科生教学能力形成因素的系统分析 [D] 成都: 四川大学, 2004.

[258] 潘洪建. 当代知识转型及其对教学改革的启示 [J]. 教育科学论坛, 2007 (6): 5-8.

[259] 杨向东. "真实性评价" 之辩 [J]. 全球教育展望, 2015 (5): 36-49.

[260] 张继玺. 真实性评价: 理论与实践 [J]. 教育发展研究, 2007 (1): 23-27.

[261] 王少华. 真实性评价——国际教育评价发展的新阶段 [J]. 教育评价研究, 2007 (11): 11-13.

[262] 周钧. 技术理性与反思性实践: 美国两种教师教育观之比较 [J]. 教师教育研究, 2005, 17 (6): 76-80.

[263] 徐国庆. 实践导向职业教育课程研究: 技术学范式 [M]. 上海: 上海教育出版社, 2005: 294.

[264] 殷素梅, 高洪, 单新涛. 师范生真实性问题解决能力简论 [J]. Zhouyi Research, 2014 (3): 83-84.

[265] Messick S. The interplay of evidence and consequences in the validation of performance assessments [J]. Educational Researcher, 1994, 23 (2): 13-23.

[266] 郑金洲. 说课的变革 [M]. 北京: 教育科学出版社, 2007: 11.

[267] 肖俊宇. 小学语文片段教学指南 [M]. 福州: 福建教育出版社, 2014: 1-3.

[268] 钟建林. 聚集片段教学 [M]. 北京: 教育科学出版社, 2012: 67.

[269] 刘海元. 学校体育教程 [M]. 北京: 北京体育大学出版社, 2011: 131.

[270] 王伟鸣. 体育模拟课堂教学考核分析 [J]. 体育世界 (学术), 2015 (4): 100-102.

[271] 周永凯, 田红艳, 王文博. 现代大学教学评价理论与实务 [M]. 北京: 中国轻工业出版社, 2010: 27.

[272] 顾明远. 教育大辞典 [M]. 上海: 上海教育出版社, 1998: 194.

[273] 龚坚. 现代体育教学论 [M]. 重庆: 西南师范大学出版社, 2009: 153.

[274] 邵伟德. 体育教学模式论 [M]. 北京: 北京体育大学出版社, 2005: 22, 49-55.

[275] 李强. 论体育教育专业学生运动技能学习的理性回归 [J]. 沈阳体育学院学报, 2010, 29 (5): 108-110.

[276] 杜翔云, 科莫斯, 钟秉林. 基于问题的学习: 理论与实践 [M]. 杜翔云, 译. 北京: 高等教育出版社, 2013. 1: 前言, 18, 40.

[277] 吴红. 教师教育课程体验式教学基本流程解析 [J]. 当代教育科学, 2011 (9): 33-35.

[278] 姜晓昱. PBL 应用于高等院校本科教学实践的三种变型 [J]. 江苏高教, 2007 (3): 75-77.

[279] Darling-Hammond L. Constructing 21st-century teacher education [J]. Journal of Teacher Education, 2006, 57 (3): 300-314.

[280] 舒尔曼. 理论、实践与教育的专业化 [J]. 王幼真, 刘捷, 译. 比较教育研究, 1999 (3): 36-40.

[281] 何云峰. 现代基础教育研究 [M]. 上海: 上海教育出版社, 2015: 91.

[282] 李金初. 人生中心教育论 [M]. 上海: 商务印书馆, 2019: 172, 173.